成人教育传播研究

——以媒介生态学为视角

陈明欣 著

山东教育出版社

图书在版编目（CIP）数据

成人教育传播研究：以媒介生态学为视角/陈明欣著.
—济南：山东教育出版社，2017

ISBN 978-7-5701-0018-7

Ⅰ.①成…　Ⅱ.①陈…　Ⅲ.①成人教育—研究—中国
Ⅳ.①G729.2

中国版本图书馆CIP数据核字（2017）第268307号

成人教育传播研究

——以媒介生态学为视角

陈明欣　著

主　管：山东出版传媒股份有限公司

出版者：山东教育出版社

（济南市纬一路321号　邮编：250001）

电　话：（0531）82092664　传真：（0531）82092625

网　址：www.sjs.com.cn

发行者：山东教育出版社

印　刷：济南继东彩艺印刷有限公司

版　次：2018年1月第1版第1次印刷

规　格：710mm×1000mm　16开本

印　张：18.25印张

字　数：240千字

书　号：ISBN 978-7-5701-0018-7

定　价：35.00元

（如印装质量有问题，请与印刷厂联系调换）

印厂电话：0531-87160055

目录

绪 论

　　教育传播是人类特有的一种社会活动，"是人类传播活动的一种特殊表现形式。它与人类的一般传播活动，除有共性外，还有着自己的个性"①。它依照一定的目标，遵照一定的标准，通过一定的途径，在物质流、能量流和信息流的促动下，实现信息在教育传播主体和接受主体之间的传递、互动、反馈和意义建构。其传播效益主要体现为传播完成后，传受双方尤其是接受者掌控信息量的增加，以及由此而来的知识的扩展、技能的提高、体能的强化、大众化价值观的确立和社会化程度的提升。在一定意义上，教育传播是自然人走向社会化的核心手段和过程。因为，"真正的学习，涉及人之所以为人此一意义的核心。透过学习，我们重新创造自我。透过学习，我们能够做到从未能做到的事情，重新认识这个世界及我们跟它的关系，以及扩展创造未来的能量"②。"完整的学习革命将并不止包括学校教育。"③如果我们把人与人之间的信息流动和交流视为广义的教育传播和学习行为，那么，教育传播和学习接受就成为自然人走

---

　　① 南国农，李运林. 教育传播学 [M]. 北京：高等教育出版社，2005：7.

　　② [美]彼得·圣吉. 第五项修炼——学习型组织的艺术与实务 [M]. 郭进隆译，上海：上海三联书店，1994：14.

　　③ [新西兰]戈登·德莱顿，[美]珍妮特·沃斯. 学习的革命——通向21世纪的个人护照 [M]. 上海：上海三联书店，1998：55.

向社会化的唯一途径。

作为人类特有的社会行为，教育传播具有自身完整的生态系统。这一系统依赖物质、能量和信息的输入，通过系统的运作过程，从而实现能量的增殖①、转换和最终的输出——受众的知识、技能、道德水准和社会化程度的提升。作为基本的人工生态系统，它所追求的理想状态是一种动态的平衡，是动态的、开放的、系统代谢和功能层次不断提升的平衡；但平衡总是相对的，变化是永恒的，教育传播生态的人工性，使它与自然生态相比，更容易受到人们意志和行为的左右与支配，其自身的平衡总是被人们自身的行为所打破。同时，教育传播活动本身往往破坏自身赖以生存的相对脆弱的资源和环境，造成传播生态失衡甚至生态危机。这是教育传播生态研究必须重点关注的问题。

从传播学的角度看，我国的国民教育可以大致划分为四个有机构成部分：基础教育传播、高等教育传播、职业教育传播和成人教育传播。四种传播形态的划分标准不太统一，但源于国际惯例并见诸《教育法》及一系列法规文件，上述划分方法一直沿用至今。上述划分较为准确地描述了我国国民教育传播的基本现状，符合我国教育传播的实际，故本书仍然以四分法为基础来布局研究的内容、结构与思路。

依照四分法的逻辑，一般意义上，基础教育传播系指高中及高中前的学校传播，它是最基础层次的教育传播，是国民教育传播体系的根基，是提高国民素质的基础工程。在我国，基础教育传播实施12年学制，前

---

① 本书使用的"增殖"一词，迥异于表征价值或价格扩展、增加所使用的"增值"一词，系指事物、行为、系统、过程、能量等的量的增加、范围的扩张、层次的递增，当然也包含质量、能效的提升。我们认为，事物和系统的发展进化遵循着这样的规律，即先有量的增加，然后经过竞争、整合、进化，才有质的提升；因此，"增殖"一词首先表征为量和规模的增加。下同。

九年为义务教育阶段，制度要求义务教育对该年龄段公民实现全员覆盖。高等教育传播系指以培养各级各类高级专门人才为目的的、高中以后的专科、本科教育，以及各个层次的研究生教育，学历目标的实现是其最基本特征，学校传播是其基本形式。职业教育传播指以培养各级各类专业技术人才为目的、以就业为导向、以最基本的各类岗位规范为标准的职前性质的学校传播。而成人教育传播则是以广大在职从业者和曾经在职从业的公民为对象，以提升其知识、能力、文化素养、生活质量、总体素质为目的的各级各类学校及非学校性质的信息传播行为。

上述四种教育传播形态因其任务、对象、内容不同而具有不同的传播思路、传播手段、传播程序，具有不同的效益评估标准。放眼茫茫人海，唯成人群体为大；纵览复杂人生，唯成人阶段为长。成人教育就其传播对象而言，覆盖了基础教育传播、高等教育传播、职业教育传播所不能涵盖的其他公民群体，成为实施全民教育和终身教育传播的中坚力量。

在我国国民教育传播四个基本形态中，成人教育传播规模最为宏大，层次最为丰富，受众最为广泛，内容最为复杂，任务最为繁重，与经济、政治、社会、文化、人口、消费的联系最为紧密，最能明确体现教育传播的人权本质、经济功能和文化价值。成人教育传播的这些特性和优长，使它成为构建终身教育传播体系和建设学习化社会的主体力量。这在客观上也昭示着这样一个事实：考察教育传播的生态问题，成人教育传播可以作为现实的样本。它最能全面反映教育传播生态具有的优长、面临的问题。因此，本书以我国成人教育传播为对象，以教育本身即是一种社会传播行为这一认识为宏观背景，以成人教育信息的传递即成人教育信息系统的运行为重点，从生态学的视角对成人教育传播进行全方位的透视，全面考察其面临的生态问题，追寻其失衡的内外在原因，并探索应对失衡，追求和谐、平衡、高效传播的宏观思路和基本途径。

第一节　成人教育传播研究的背景

人类已进入一个快节奏、多变化的知识经济时代。经济、政治生态的重构带来了连锁反应，经济的博弈、政治的交手、文化的竞争、军事的较量……竞争，使人类从生存生活观念到具体的生存生活方式都发生了革命性的变革，加上信息技术的突飞猛进，于是，人的价值的认定、人力资源开发的评估，就有了更新的标尺。竞争呼唤现代化人才的培养，在对人才规格的确定和人才价值的评估上，学习力、创新力这些过往曾经陌生的概念成为时下关键的标尺。人才培养成为社会进步和经济发展的基础工程。应当说，对教育和学习价值的重新发现和充分认定，以及由此而来的教育与学习理论的成熟和实践上的一系列突破，成为我们这个时代的一大特征。而这，客观上也成为研究成人教育传播得以参照的背景。

一、经济全球化、社会信息化成为现实

经济全球化是我们目前面临的一个现实。这一概念最早于1985年提出（1985，特·莱维），主要指贸易、投资、金融、生产等经济活动在全球范围内的运作、扩展与逐步融合，即生产要素跨越民族和国界，在全球范围内实现最优化的流动和配置。经济全球化是一个过程，其中，经济、市场、技术与通讯形式都越来越具有全球特征，民族性和地方性在减少。这一过程具有三个基本特征：第一，世界各国经济联系加强，相互依赖程度日益提高；第二，不同国家国内经济运行规则日渐趋于一致；第三，国家间经济协调机制逐步强化，各种多边或区域组织对世界经济的协调

和约束作用不断增强。经济全球化依赖四个基本载体，即经济贸易自由化、生产运营国际化、金融业务和科学技术的全球化。

"世界正在成为一个巨大的信息交流场。"[①]进入后工业时代，人类的生存"已经全面信息化和媒介化了，或者说人们生活在媒介信息建构的世界之中。人们所享受的'生活'，除了少数例外，已经不是原汁原味的生活，而是被媒介化了的、时尚化了的生活，是在信息化、全球化等诸如此类的想象中得以形成的生活"[②]。

很显然，伴随着经济全球化，社会信息化已成为现实；而且在一定意义上，正是社会的信息化，拉动和促成经济全球化程度的进一步扩展、加深。社会信息化是指随着现代信息技术特别是网络技术的发展成熟，经济、政治、社会、军事、科技、文化、教育等各个领域逐步完成信息技术的全面覆盖和普及。信息技术的开发以及信息的生产、加工、传播和运营，成为社会运转的最基本的技术支撑，成为重要的基础和前提。经济的运作、政治的运筹、社会的进步、军事的发展、科技的创新、文化的建设、教育的推进等，无不依赖信息技术的发展和促动。

实现社会信息化需要建设相对完善的信息技术产业体系，开发成熟的信息系统，并构建包括政策法规、管理体制、费用投入、文化、教育、道德观念等相互配套的社会支持系统，最终实现信息效益的不断累积和边际效益的最大化。其中，信息高速公路的建设是实现社会信息化的核心工程。信息高速公路这一概念最早出现于1992年2月美国总统发表的国情咨文中。该咨文倡导美国在20年之内，开发利用最广泛的信息资源，建设完善、高效的信息处理与控制系统，逐步建成完善的信息高速公路，

----

① [新西兰]戈登·德莱顿，[美]珍妮特·沃斯. 学习的革命——通向21世纪的个人护照[M]. 上海：上海三联书店，1998：5.

② 支庭荣. 大众传播生态学[M]. 杭州：浙江大学出版社，2004：32.

使全方位的信息服务覆盖到每一个公民，使美国经济运转全面借力无障碍的信息环境。这一目标已经在2007年提前5年基本实现。

在我国，社会信息化建设取得了长足的进展，当年的"863计划"已经把信息高速公路建设纳入研究的视野。目前，社会信息化进程在城市和农村全面推开，一些领域如电子商务、在线支付等已大幅领先世界。这必将对教育传播的外部生态产生积极的影响。经济全球化、社会信息化带动了人类传播包括教育传播的飞跃性发展；反过来，人类传播活动的发展又促进了经济全球化和社会信息化的全面深入。事实上，正是人类各种形式和途径的传播活动使经济全球化得以实现，使社会信息化程度不断深入。

二、国际竞争加剧，人才竞争空前激烈

全球化绝不是大一统的代名词。经济全球化30多年的演进昭示的是一段竞争搏杀的历史。因为全球化打破的是世界经济过往的彼此封闭和区域的保守状态，追求的是信息技术支撑下的全球大市场、大流通、大协作、大循环、大融合。于是，狭隘的地域观念和经济运营的地域模式成为历史，贸易壁垒逐步被拆除，全球经济领域统一的游戏规则将小国寡民和地区保护主义连根拔起；新的经济运营模式、新的经济交往原则和评价标准、新的产品和技术规格、新的人力资源开发要求呈现在世界各国面前，不同社会制度和意识形态下的不同经济体都在程度不同地做着同样的事情——努力挤上全球化的列车，从中享受发展所带来的利益。不少国家经历了艰难的阵痛，被迫放弃过往的宁静、保守与封闭，参与到由发达国家制定、推动的新的游戏规则中来。

这一局面使世界各国面临两个现实问题：其一，如何在世界经济竞争中占据优势地位；其二，如何在全球化进程中拥有与地位相当的话语权。在思考这样的问题、探究解决路径的过程中，世界各国不约而同地

把目光投向了人，投向了人力资源开发，而最终投向了教育传播。因为，"财富将首先依赖于一个国家的人民学习新技能的能力，特别是确定问题、找出新的解决方法和增添新价值的能力"①。迥异于以土地为基础的农业经济和以矿产资源为基础的工业经济，在目前以信息化为基础的知识经济社会，经济增殖的基础已经由自然的土地和矿产转向人自身，转向人的大脑、人的智力。向知识和智力要财富，向人才要优势和话语权，成为基本的取向。正如有学者指出的那样："在当今社会中，知识资源早已是一种权利资源……从某种意义上讲，信息传播的形形色色的赌注都指向了权利的转移。"②个人、组织、民族、国家要在社会信息化和经济全球化的竞争中生存发展，于是，扩大教育传播的覆盖面，推行全民教育和终身教育传播，构建全民学习的学习化社会，使信息传播教育化、信息接受学习化、知识占有最大化，就成为上至国家、下至个人的必然选择。接受教育再也不是部分公民的专利，而成为全体公民终身的基本需求。

三、以人为本、可持续发展成为国家发展的战略选择

在人类经济和社会发展的历史长河里，从对物质资源的索取和追求转向对人力资源的崇拜和系统开发，这标志着人类资源观的飞跃。在原始状态下，物质资源的获取保证着生命的延续和发展，获取生命赖以生存发展的自然资源成为人类近乎唯一的任务；农业经济时代，土地成为资源的核心，有无土地以及拥有土地的多少，成为评价人生价值的客观标尺，经济和社会的发展依赖的是对土地的分配和开发；工业经济时代，矿产资源成为经济活动依托的核心，成为财富的主要标志，对矿产资源

①［新西兰］戈登·德莱顿，［美］珍妮特·沃斯. 学习的革命——通向21世纪的个人护照［M］. 上海：上海三联书店，1998：15.

②陈卫星. 关于传播的断面思维，转引自《媒介哲学》［C］. 开封：河南大学出版社，2004：126.

的争夺、开发、加工、贸易成为工业经济时代的突出标志。由于对自然资源的过度崇拜和全方位依赖，曾经使人类难以冷静地反观自身，难以客观认识和评估自身的价值，难以认识到自己的大脑也是资源，智慧是更高层次的财富，难以认识到人力资源的开发也是创造财富的过程。

以信息技术高度发展为标志的知识经济时代已然到来。知识经济这一概念昭示着对人的重新发现，对人的价值的重新评估认定。人取代自然资源成为经济活动的核心，大脑成为创造财富的无尽源泉。人力资源成为国家竞争、决胜和取得话语权的决定因素。因此，人力资源的开发、国民整体素质的提升就成为国家宏观决策必须关注的核心问题。正是在这个背景下，科教兴国，坚持以人为本、可持续发展的科学发展观被确立为我国应对全球化、信息化，进行现代化建设的基本指导思想。科教兴国，立足点在人，重点在教育，因为社会的可持续发展首先是人自身的可持续发展，没有人的全面的可持续发展，没有高水平的覆盖公民全员和贯穿公民一生的教育传播提供最有力的智力支撑，一切将无从谈起。而这，客观地为教育传播的发展和生态的重构提供了理论支持和现实基础。尤其是以高智能移动网络终端为代表的现代信息技术对社会的全面覆盖，使我们进入了自媒体和大数据时代。信息生产、传播、贮存、应用的速率成倍增长，在这个速度面前，我们既往的发展显得步履蹒跚。信息化时代，经济社会和人自身的发展高度依赖信息的传播、流动、接受和内化，这无疑为教育传播尤其是面向广大成人公民的教育传播开辟了无限的空间。

四、国际教育传播理念出现飞跃性发展

20世纪后半叶尤其是20世纪80年代以来，伴随着世界范围内科学技术的飞速发展、各国人口结构和经济结构的变化及生活方式的变革，教育传播在全球经济和社会发展中所处的地位和作用越来越突出。有关教

育和成人教育传播的新理论、新思想不断出现，及时指导、更新着教育传播的实践，丰富了教育传播的理论宝库。

（一）教育传播和学习接受的终身观

在传统的教育理念和教育实践中，教育传播是一种阶段性的任务，传播对象被人为地确定为幼儿、青少年等特定年龄阶段的公民。也就是说，在传统的视角里，教育传播并没有把所有公民都视为合理而自然的受众，而是对传播对象武断地加以选择。在这种理念所指导的传播实践中，广大成年人接受教育的权利貌似合理地被剥夺。于是，公民一生被人为地划分为接受教育和从事劳动两个不可兼容的阶段，劳动和学习成为两个相对封闭而缺少沟通的世界。

这种局面到20世纪70年代有了根本改变。随着科技的发展和新技术革命的突飞猛进，知识更新周期大大缩短，那种人生中一个阶段集中学习知识和技能然后终身受用的信条，被严酷的现实打破。阶段性教育和学习的封闭性以及其结果的静态化、凝固化与经济社会发展的动态需求严重错位，不少从业者不得不一次次暂时停止工作而重操学业，进行必要的知识补偿和技能更新，于是，终身学习的必要性开始显现。

一个突出的现实是，由于知识的生产和使用周期大大缩短，知识老化的频率加速，因此，"知识终止"和"知识失业"成为屡见不鲜的社会现象。人们终身接受教育、从事学习不仅必要，而且日益迫切，成为疗救"知识终止"和"知识失业"的有效手段。所谓"知识终止"，是指原来学习的知识已老化、陈旧，不能适应现在生产和工作岗位的要求；所谓"知识失业"，是指受过相当程度教育的人找不到就业岗位，或受教育程度与所从事的工作岗位不成正比，甚至出现学非所用、用非所学的现象，使本来不富裕的教育资源遭到极大浪费，进而影响经济与社会的发展和进步。治理"知识终止"和"知识失业"，必须加强终身学习能力的培养，使劳动者的知识技能不断得到自主更新、充实和完善，不断提高适应工作、变换岗位的能力，使其学用一致，充分发挥知识的功效。

虽然作为人类教育发展的美好蓝图，终身教育至今还没有在哪个国家和地区圆满实现，但作为一种新的教育理想，它一直在指导着教育传播实践不断向覆盖公民终身和社会全员的目标迈进。教育传播规模的膨胀性扩大、质量的大幅度提升、内容的空前丰富、形式的多种多样，在一定程度上都可以被看作终身教育理念促生的骄人业绩。

作为一种新的教育理论，终身教育思想也在发展中不断得到丰富完善，关于学习化社会的理论就是终身教育理念发展的最直接结果。学习化社会的理论由罗勃特·哈钦斯1968年第一次提出，经埃德加·富尔等教育思想家的充实、丰富和完善，成为20世纪80年代以来从宏观上指导全球教育传播发展和基本走向的教育思想。

所谓学习化社会，是指以相应的机制和手段促进和保障全民学习和终身学习的社会。其基本特征是：所有公民持续不断学习、终身学习，进而形成积极向上的社会风气；倡导人人是学习之人、处处是学习之所、时时是学习之时、事事是学习内容；强调学习是公民个人价值实现的基础和前提；强调学习是组织、种群、民族和国家文明进步的基本支撑；强调教育和学习不仅要贯穿个人一生和覆盖社会全员，而且任何有意义的信息传播都可以被看作广义的教育，任何有意义的信息接受都可以被看作广义的学习，学习成为公民个人乃至整个社会生活的有机组成部分。在学习化社会里，传媒不仅建构话语权，其行为在客观上也成为一种教育传播活动。"传媒是非正规教育和成人教育的有效传输工具。""不管人们对传媒作品的质量如何评价，它们都是我们的文化环境的组成部分。"①学习构成了这个文化环境最亮丽的风景。

---

① 国际21世纪教育委员会. 教育——财富蕴藏其中［M］. 北京：教育科学出版社，1996，12：100.

彼得·圣吉在《第五项修炼——学习型组织的艺术与实务》中曾谆谆告诫我们："学习是一个终身的过程。你永远不能说：'我们已经是一个学习型组织。'学得愈多，愈觉察到自己的无知。"①学习将伴随人生的始终，并成为社会全员的共性行为。

学习化社会的理论基于但远远突破了传统教育传播的概念，强调以教育传播为基础的学习的终身化和全员化；强调以主动的学习取代被动接受的教育传输，以学习者为主体确定教育传播的内容、思路、方式、方法和效益的评估，以学习接受带动教育传播；强调学习者的主体意识和主动精神，而且从宏观角度上强调组织、团队和全社会学习意识、学习环境、学习方式、学习支持系统的构建；强调立法和政府行为的有效促动。

终身教育和学习化社会的思想，在联合国教科文组织《学会生存——教育世界的今天和明天》及《教育——财富蕴藏其中》两份报告里，得到了充分的阐释。"很久以来，教育的任务就是为一种刻板的职能、固定的情景、一时的生存、一种特殊行业或特定的职位做好准备。教育灌输着属于古旧范畴的传统知识，这种见解至今仍然十分流行。然而，那种想在早年时期一劳永逸地获得一套终身有用的知识或技术的想法已经过时了。传统教育的这个根本准则正在崩溃……我们要学会生活，学会如何去学习，这样便可以终身吸收新的知识；要学会自由地和批判地思考；学会热爱世界并使这个世界更有人情味；学会在创造过程中并通过创造性工作促进发展。"②正因为如此，"国际教育发展委员会特别强调两个基

① [美] 彼得·圣吉. 第五项修炼——学习型组织的艺术与实务 [M]. 郭进隆译，上海：上海三联书店，1994：11.

② 联合国教科文组织国际教育发展委员会. 学会生存 [M]. 北京：教育科学出版社，1996：98.

本概念：终身教育和学习化的社会。由于在校学习已不能再构成一个明确的'整体'……教育体系必须全部重新加以考虑，而且我们对于这种教育体系所抱有的见解本身也必须重新加以评议。如果我们要学习的所有东西都必须不断地重新发明和日益更新，那么教学就变成了教育，而且就越来越变成了学习。"①

终身教育和学习化社会的理论至少从以下几个方面促进了教育传播内涵和外延的发展：其一，这一理论凸显了教育传播无限的包容性，纵向上贯通公民一生，横向上覆盖公民全员，内容上囊括一切，兼容并包，形式上随时随地，不拘一格，教育真正成为一种普遍的信息传递和接受行为。其二，该理论突出了成人教育传播在国民教育体系中的重要地位，为成人教育传播创造了广阔的空间。传统的教育传播完成阶段性的任务，其受众是部分公民——所谓的学龄期成员，而学习却是所有公民的要求和权利。既然是最基本的权利就应当以适当的传播手段予以满足，所以，在终身教育理念下，以成人为受众的教育传播就从边缘走向了国民教育传播的核心，成为其核心组成部分。其三，促进教育传播更加关注社会弱势群体，诸如老人、妇女、失业者、残疾人和贫困群体的学习问题。第五届世界成人教育大会通过的《汉堡成人学习宣言》明确指出："终身学习意味着根据年龄、性别、残疾、语言、文化和经济差异等因素重新考虑学习内容"，并"促请教科文组织鼓励各会员国制定有利于残疾人参与教育计划以及注意到文化、语言、性别和经济方面多样性的政策立法"②。显然，宣言所倡导的教育传播的覆盖面空前扩大了。其四，促进教育传播纠正过分偏重技术教育的弊端，更加关注人文教育，尤其是社

---

① 联合国教科文组织国际教育发展委员会. 学会生存 [M]. 北京：教育科学出版社，1996：16.

② 汉堡国际成人教育大会宣言 [J]. 黄健译，成人高等教育研究，2000(2).

会文化生活知识的传递。因为社会全员的学习取向不仅仅是科学的和技术的，更可能是生活的、文化的、休闲的和娱乐的。其五，促进教育传播和学习由个人行为向组织、团队意识和行为转变。学习型组织是学习化社会的基本组织单位，它基于公民个体但却融合提升个体的学习欲求，使学习化社会的建设更具有实践的可行性。学习化社会不是学习者个体数量的简单相加和机械组合，而是更加依赖各种学习型组织的孕育、发展、扩张和完善。

教育和学习一旦成为个人和组织的主体意识与日常习惯，教育传播就成为个人生活和社会运转的有机组成部分。这，应该是教育传播理论上的一次飞跃。

（二）教育传播和学习接受的经济观

教育传播经济观的确立基于人力资本理论的提出与发展。人力具有资本的属性，具有增殖的价值，这个认识由来已久。到20世纪60年代，以美国经济学家舒尔茨的《人力资本投资》为代表，人力资本完整的理论体系初步形成。目前，这一理论正不断得到深化和发展。

依据人力资本理论的观点，人力资本（human capital）被看作与物质资本相对应的概念，指凝聚在劳动力身上的信息、知识以及所表现出来的技能。这种能力是生产增殖的主要因素，是促进个人和社会财富创造与积累的源泉。人力资本理论的主要观点主要有以下几个方面：其一，人力资源是一切资源中最核心的资源。在经济增长中，由于人是生产活动中最活跃的因素，因此，人力资本的价值远远高于物质资本。人力资本投资与国民收入成正比，比物质资源增殖速度更快。其二，人力资本的核心是提高人口质量。教育、医疗、保健的投资尤其教育传播的投资是人力资本投资的主要部分。教育传播的支出不再是一种单纯的消费，而应视为一种投资，这种投资的经济效益远大于物质投资。舒尔茨认为，现代经济发展已经不能单纯依靠自然资源和人的体力劳动，必须提高体力劳动者的智力水平、技能水平，增加脑力劳动的成分，以此来代替原有的生产要素。向大脑要财富是人力资本理论的潜台词。教育传播是提高人力资本最基本的手段。其三，教育投资应以市场供求关系为依据，以人力价格的浮动为衡量符号。从这个角度看，教育传播不再是纯公益性的事业，而是具有了工具的本质和经济的属性。

人力资本理论于20世纪80年代初传入我国，逐渐被我国教育和经济界所接受并产生广泛的影响。"首先，这一理论打破了教育的纯消费观，树立了教育的投资观和经济意识；其次，它改变了教育评价的传统标准，使劳动者的劳动价值进入教育评估指标，从而肯定了教育传播的生产力属性；再次，它直接促进我国教育直面并逐步迈向市场……在与市场联系更为紧密的成人教育领域，出现了市场运作和市场化的良好趋势。"①

以往，关于教育传播的属性问题，学术界曾有过经济基础和上层建筑之争。有学者认为，教育的核心功能是培养人，培养有素质、有技术、能促进经济社会发展的人才，它完成了作为生产力中最活跃因素的人的塑造，并进而实现了生产力的提升，教育无疑更具有工具的价值、生产力的属性，属于社会的经济基础。也有学者认为，教育是一种社会行为、公益事业，主要任务是传承文明，是国家和政府实施管理的基础工程，国家的意志，包括制度、政策、法令、主张，以及民族的文化、精神、传统，都借助教育得以传播、实施，所以，教育本质上属于上层建筑，其效益不宜作量的评估。

事实上，教育传播兼具经济基础和上层建筑双重属性，既有产业属性也有事业和公益属性，既传播和建构知识、技术，也传播、传承文化和文明，既是工具，也有自身独立的价值诉求。人力资本理论促使我们

---

① 心毅. 试析面向21世纪我国成人教育发展的国际参照系［J］. 复印报刊资料·成人教育，2000（5）.

树立了教育传播的经济观。我们不否认教育传播充分的公益性和人文价值，但教育传播既然是社会经济运行的基础环节，那么简单地说就是一种间接的潜在的经济行为。这在客观上适应了科教兴国和可持续发展战略的实施，使教育传播在注重规模扩张的同时，更加注重质量和效率，关注投入的产出效益；使传播更加关注社会和经济发展的客观需求，更加关注人才市场的波动与变化，更加关注学生的职业生涯教育和就业，更加注重管理效益。

（三）教育传播和学习接受的人权观

1985年，在法国巴黎召开的联合国教科文组织第四届世界成人教育大会上，与会学者提出了"成人学习的权利"这一概念，认为接受教育和从事学习是成人基本人权的组成部分。自此，教育传播的人权观被世界各国所普遍认可。教育传播的人权观体现了教育平等和教育民主的理念，强调了不分民族、种族、职业、信仰，不问年龄、性别、经济处境、身体状况，接受教育和从事学习的机会应该均等，从而把教育传播的视野由主要集中于学龄期公民，转向为全体公民提供教育传播服务，提供学习的基本保障。

1997年，第五届世界成人教育大会于德国汉堡召开。来自135个国家和地区的14个系统组织、有关政府以及民间机构的1415名代表与会。会议的主题是"成人学习：21世纪的关键"。会议面对全球经济和技术发展、资源锐减、人口膨胀且日渐老龄化、贫富差距加大等现实问题，再次强调，必须支持、维护和满足公民的教育和学习权利，呼吁成人教育传播的多样性，并主张将教育传播的人权观上升为国家意志。会议通过的《汉堡成人学习宣言》指出：以经济全球化和信息技术广泛应用为标志的"知识经济"，对经济结构、工作模式、生活方式及国家作用都将产生巨大影响；信息量的迅速膨胀，使获取和使用信息成为人们生存的重要能力；而成人教育则是帮助人们面对这些变革的有效手段，是迈入21世纪的一把钥匙，应从目标、内容、方法等方面重新认识成人教育。成人教育不只是第二次学习机会或学习某种技能的手段，也是提高个人修养、塑造个性和公民意识，平等、自助地参与社会和经济生活的需要。会议通过的《成人学习未来议程》包括12个主题：成人学习和民主；21世纪的挑战；提高成人学习的质量与改善条件；保障识字等基本教育的普遍权利；成人学习中的性别平等和增强妇女的能力；成人学习与变化着的工作世界；与环境、健康和人口相关的成人学习；成人学习与文化、媒介和新信息技术；全民成人学习；不同群体的愿望和权利；成人学习的经济因素；增强国际团结与合作。议程同时特别指出："受教育权是所有人的一种普遍权利"，"应该要求社会的所有成员都参与成人学习并在必要时给予帮助"。

2009年于巴西贝伦召开的第六届国际成人教育大会，进一步深化了教育传播的人权观，并从成人教育是基本人权、成人教育是终身学习的一部分、识字是终身学习的一种基本能力，以及成人教育政策、管理、质量、资金来源、监督机制等多个方面，关注并探索了践行成人教育人权观的路径及关涉的主要领域。

教育传播的人权观把成人公民接受教育和从事学习视为其基本的权利，其重要影响和意义主要体现在以下几个方面：其一，肯定了每个人参与教育、从事学习的机会均等，权利不可侵犯，国家和社会应该为每个公民接受教育和从事学习提供机会、可能与保障；其二，充分认定了成人学习作为基本人权的理论基础和现实价值，认定成人教育与其他类型的教育传播地位平等；其三，教育传播的人权观所倡导的教育民主和教育平等观念，为成人教育传播的规模扩张和各类非学历培训的繁荣提供了思想基础。[①]

---

① 黄尧. 面向21世纪中国成人教育发展研究［M］. 北京：高等教育出版社，2002：51.

（四）教育传播和学习接受的可持续发展观

人类社会进入后工业时代以后，在全球范围内突现了一系列共性的问题。诸如环境恶化，资源锐减，因人口过度膨胀导致的人口素质下降和生存发展危机，等等，这些问题已然成为人类生存发展的大敌。在这种情况下，全球采取一致的措施，积极阻止环境持续恶化，有序地利用自然资源，并使人口增长、经济发展与资源环境相协调，就成为人类必须共同面对和完成的任务。这便是可持续发展理论诞生并很快得到广泛认可的现实基础。

1992年，联合国环境和发展大会在巴西召开，可持续发展理论开始逐步转化为世界各国富有自身特点的实践。可持续发展理论具有深广的内涵和丰富的包容性，其根本目的是努力寻求一条人口、经济、社会、文化、环境和资源相互协调的道路，既能满足当代人的需求，又不对满足后代人的需求构成现实的危害。该理论主张人类对环境资源的利用应当适度、有序、可持续，人口的发展与经济社会发展、环境资源必须保持基本平衡；同时，呼吁通过有效的行为措施，不断地、持续地提高人的素质，提高人类科学认识、利用和改造自然的能力。可持续发展理想的实现，依赖大众生态意识、生态道德的养成，最终依赖人们的行为，"依赖于生态教育体系的建立和生态教育的全面发展，并鼓励广大公众自觉参与环境保护，倡导绿色生活方式和消费方式"①。归根结底，教育成为实施可持续发展的核心途径。

可持续发展理论支持了成人教育传播的发展。该理论"诞生于对资源锐减、环境恶化、人口膨胀的担忧；期望于人类生存、生活素质和水平的大幅提高；最终瞩目于对教育——全员的、终身的、不拘一格的、内容丰富的教育的呼唤……人类社会的可持续发展，首先是人自身的可

---

① 周鸿. 人类生态学［M］. 北京：高等教育出版社，2001：243.

持续发展，是素质的可持续提高、能力的可持续强化、认识的可持续深入、知识的可持续积累。从这个过程看，人类可持续发展的过程也就是持续的教育过程"①。于是，人生再也不能被机械地分割为接受教育和从事工作两个阶段，在工作中学习，同时在学习中工作，成为现代人生存的最基本特征。应该特别指出的是，在社会高度信息化的大数据时代，教育越来越学习化，成人教育传播与学习接受已经不是社会一个独立的实践领域，而是和社会其他实践领域高度融合为一体。在一定意义上，学习由社会实践的基础转变为实践本身，成为人们一切社会行为的伴生活动，成为人们生活工作的有机组成部分，甚至就是生活和工作本身。生活日益工作和学习化、学习日益工作和生活化，这将成为常态。在这个现实面前，人类的可持续发展依赖教育和学习的可持续发展，这一命题就有了内在的牢固的逻辑意蕴和现实的实践基础。

上述新观念和新理论的诞生和发展，大大拓展了教育传播尤其是成人教育传播的思维空间和实践领域，宏观上为成人教育传播实践的创新提供了背景和理论基础。首先，空间上，成人教育传播不再是仅仅面向部分受众的权宜之计，而应该将传播对象覆盖到社会全员；其次，时间上，其传播任务不再具有明显的阶段性，而应该贯穿成人一生，成人教育传播应该是一个可持续的过程；同时，教育传播和学习接受再也不是游离于社会之外的独立行为和封闭领域，而应当是社会和经济运作，乃至个人生活、工作的有机组成部分。

五、国际教育传播实践的重大突破

理论向来以服务引领实践为目的，国际教育传播理念的发展，最终

---

① 陈明欣. 目前我国教育改革应树立的几种新观念 [J]. 山东教育科研，2001（12）；人大复印报刊资料. 教育学，2002（2）.

要在教育传播实践中得以验证、体现和释放。终身教育理论、教育人权理论、教育可持续发展理论和教育经济学理论，其直接作用是推动人类教育实践活动脱胎换骨般地革新发展。这种革新发展不体现在某一国家和地区，而是在全球范围内不同程度地被赋予不同国家和民族的特色，全面推展开来，影响着人类教育传播实践的方向和进程。总体而言，新理念观照下的教育传播实践突出地体现出三个转向。

（一）从阶段性传播向终身教育传播发展——传播内涵的深化与外延的拓展

终身教育思想的丰富完善，是教育传播理念的一场革命。它倡导教育和学习应贯穿人的一生，要求社会创造和提供无障碍的学习环境，激发国民系统接受、更新、完善知识和技能以及提升素质的积极性，以适应日新月异的社会变化，实现自身的全面发展，实现自身价值的最大化。终身教育思想使教育传播彻底打破了与生活的割裂状态。伴随着理论的创新，教育传播实践发生了飞跃性的变化。一系列促进措施的积极实施，使新的传播理论在教育实践中得到落实和发展，其中最重要的就是回归教育制度的建立。

回归教育制度最早出现于20世纪的欧洲，是一种学习与工作交替进行、相互促进的制度。其基本特征是打破教育和学习的连续模式，实现教育和学习的断续进行与持久化交替。这个制度的最大优势是让已经告别学龄期而进入劳动世界的公民，依据自身需求，有机会断续性地回归教育世界，寻求知识、能力的补充更新和自身素质建构的进一步完善。

20世纪70年代以来，随着科学技术飞速发展和经济结构重大调整，生产工艺不断革新，产业结构迅速发生变化。在经济领域里，新产业、新岗位不断出现，老产业、老岗位陆续退出历史舞台。劳动者岗位的变动越来越频繁，岗位要求不断提高，促使人们再也不能把一生硬性划分为学习和工作两个阶段。因此，建立有效的制度，打破教育系统封闭的现状，与经济和社会发展实现最充分的沟通与融合，成为必需和必然。

回归教育制度追求的就是这样一个目标：充分沟通教育和劳动两个世界，让接受完基础教育已经就业的公民，仍然可以行使自己的教育和学习权利。他们可以依据工作和生活需要，自由选择和出入于两个世界——教育世界、劳动世界，以便获得终身间断性的继续学习和提高的机会。从这个角度看，回归教育制度是应运而生的。

1978年，"经济合作发展组织"（Organization for Economic Co-operation and Development ）召开首届部长级会议，号召各国采取积极有效的措施，打破学习的连续模式，促进回归教育的发展，努力为已经从业的公民提供在一段工作之后可以继续学习的可能与机会，促进公民在学习世界和劳动世界之间角色转换的便利和充分自由，建立并完善学习与劳动交互、持续、循环进行的模式。这一模式使回归教育体系具有全面的开放性，使教育传播实践贯穿公民终生具有了实践层面的可行性。

随着回归教育实践的深入，一些配套的促进措施逐渐出现并走向成熟，其中最主要的是带薪教育休假制度和学分银行制度。

回归教育是一种非连续性的离职教育，需要经济支撑，更需要时间保证，这就需要建立配套的促动和支持制度，以扫除公民学习的任何障碍，推进回归教育的顺利实施。1974年，国际劳工组织正式采纳了在一些国家已经得到实施并体现出明显效益的带薪教育休假制度。这个制度主张从业者有行使学习权利的自由，并认为带薪教育休假是推行回归教育制度的一个必要条件。在任何经济组织里，当员工依据自身的需要提出符合条件的学习要求时，雇主须向其提供必要的费用和时间保障，以保证劳工终身接受教育成为可能。此后，这一制度被许多发达国家采纳，英国、美国、瑞典、日本等国家都陆续实施了这一制度。

20世纪90年代以来，教育休假制在更大范围内得到发展。其原因如下：一是随着劳动生产率的提高，人们的工作时间减少，休闲时间延长，为学习提供了时间上的便利；二是随着经济发展，人们的收入增加，大家对教育途径、教育方式和教育内容有了更多选择的自由；三是相关的制度建设更加完善，配套管理措施包括学分认定、考核办法等，更利于劳动者在教育世界和劳动世界之间自由出入和转换，做出适合自身条件和需求的个性化选择。

学分银行制度也是回归教育制度的一项重要促进措施。回归教育制度与国民基础教育制度有根本的区别。回归教育，其受众来自劳动实践第一线，条件各异，水平不一，职业差别大，个人的学习要求更是多种多样。这就要求回归教育制度本身充分开放，具有最大程度的弹性、灵活性和广泛的适应性、包容性。比如，在管理上，从目标、内容、实施途径，到毕（结）业标准、考核办法等方面，打破普通教育的硬性规范，做出适合在职从业者需要的科学安排。出于这个思路，不同国家相继采取了一系列灵活的政策措施。比如：放宽年龄限制、简化入学手续、降低入学门槛；建立教育账号制度和学分银行，使学习者能够自由出入，累计学分，避免工学矛盾；同时，采取措施促进不同类别教育之间学分认定与学分互换，把工作与生活经验计入学分；在具体的教育传播中，多形式组织教学，灵活安排课程，以考察能力为核心建构新的教育和学习评价制度。这些配套的措施，为回归教育的实施提供了简易、周全的保障机制和支持体系，保证了教育传播的顺利实施。

学分银行制度是满足成人受众个性化学习的有效措施，它的特点是学习不受学制和年限的约束，也不要求学习的连续性，使大众进出教育世界变得自主而自由。工学两便、学分累计、零存整取，这些措施促进了教育与生产劳动的融合，使教育传播不再游离于经济与社会活动之外，而是成为社会和经济运作的有机组成部分。学分银行制的成功实施，有效扩大了成人受众的覆盖面，强化了在岗从业者全员和终身学习的可行性。

目前，终身教育思想在全球范围内得以推展，教育传播实践以成熟的回归教育制度为主导,相关的配套制度进一步得到丰富完善。带薪休假、双元制管理、学分银行等经过实践检验的有效制度得以在大多数国家推行。英国的开放大学、我国的自学考试、日本的终生培训终生就业,以及在许多国家推行的校企合作、学分互换等,都是这方面成功实践的范例。

客观上,上述实践促进了一系列根本变化:其一,教育尤其是成人教育传播,其受众规模膨胀性扩张,理论上覆盖到正规学校受众之外的所有社会成员;其二,由于教育传播与劳动实践的沟通与融合,成人教育传播永远推倒了校园的围墙,打破了学校传播的藩篱和课堂传授的僵化模式,实现了形式灵活、层次多样、不拘一格。企业的岗位培训、专题讲座,农村的科普推广、参观考察、田间地头指导,城市的社区活动、文化娱乐、信息服务等,都成为成人教育传播的重要形式和平台。教育传播开始真正从阶段传播向终身传播迈进。

(二)由传播主体的传授向受众的学习接受转化——传播模式的演进

现代信息技术向教育传播领域的全方位渗透是我们这个时代的标志性变革之一。传统意义上的学校教育,尊崇的是一种单向度的信息传递模式,传播活动的主体只有一个,那就是身居信息高地的传播者——教师。于是,教育传播就成为受计划规范、过程约束和传播者精确控制的信息传递过程。传播主体兼具传播促动者、具体传播者、过程控制者、效果评价者等多种角色,受众对传播活动鲜有发言权。自从网络媒体进入教育活动开始承担传播任务的那一天开始,教育传播的模式就出现了变化。"从主要满足教育者需要走向主要满足学习者需要的教育传播价值观。"[1]这是网络给教育传播带来的最突出的变化。

教育传播是一种目的化的社会活动,其传播指向明确,目标清晰,并具有个性化的评估标准。传统的单向信息传播模式曾经被奉为教育传

---

[1] 南国农. 教育传播学 [M]. 北京:高等教育出版社,2005:13.

播的经典，理直气壮地存在了几千年。网络开辟了新的天地和思维空间，受众参与网络传播更多地体现为对信息的主动择取、过滤和吸纳，并最终体现为对知识和能力的个性化建构。固然，这种吸纳和建构不排除特定的、实用化的目的和指向，但最终结果却是受众知识的丰富、能力的提高、素质的强化以及社会化程度的提升。而这，恰恰表征着教育传播的本质和内涵。当我们把有意义的信息传授视为广义的教育，把有意义的信息接受看作广义的学习，尝试以主动学习的概念替代教育传播的时候，我们发现，网络为这一替代提供了难得的机遇、广阔的空间和最现实的可能性，它真正促进了教育向学习的根本转变。随着网络对教育领域的全方位渗透，以主动的学习和积极的信息接受为特征的新的教育传播模式开始形成。

具体而言，信息化的加深促进了知识生产的膨胀和传播的超级便捷，受众获取信息的渠道空前多样化，三尺讲台再也不是唯一的信息来源地。信息爆炸时代，受众置身于信息的海洋，要获得有价值的信息就必须依靠自己做出评价和筛选，做出取舍和判断；于是，有选择地接受信息成为必然，被动地兼收并蓄成为历史。在网络传播模式下，受众的角色有了根本的变化，从被动的接受者转变为信息的消费者，成为信息传播服务的用户，甚至成为传播活动的直接操控者。对成人受众来说，这一点表现得尤其突出。教育传播的实践也一再验证着这一根本转变。受众的学习欲求、学习愿景、学习时段选择和学习内容取向，开始反客为主，引领教育传播的方式、走向、序度和效果。如上所述，在一定意义上，受众开始成为信息传播的启动者、引领者、管理者、评价者。教育在实践领域开始让位于学习，于是，研究性学习、合作学习、讨论式学习、考察参观式学习、项目式学习、以问题带学习等，正逐步取代传统的单向度的课堂讲授，受众成为教育传播活动的主体之一。个性化的主动学习成为我们这个时代教育传播的基本特征之一。

总之，21世纪是知识经济引领下的学习的时代。人们"接受教育的目的从获取文凭扩展到知识更新和自我素质的不断完善。网络教育的出现使任何人在任何时间、任何地点学习知识和技能的愿望成为可能。终身教育、按需学习的社会需求将彻底改变现有教育体制和质量评估标准"[①]。传统教育传播的几乎单向的线性传播模式被打破，而为现代意义上的传受双主体互动模式所取代。由受众的个性化需求和学习的主动意识来引导教育传播活动的实施，成为新的教育传播模式最亮丽的标识。

（三）传播平台由学校推广到社会——传播实践泛社会化

教育传播伴随着人类文明的出现而出现，并伴随人类文明的发展而发展。一部人类教育的发展史就是一部人类文明的发展史，也应该是一部人类传播发展史。教育传播从一开始就是人类文明得以发展的重要动力。原始状态下有关狩猎、耕种和生活基本知识的口传心授，可以被视为最早的教育传播。由于生产力水平低下，缺乏细化的社会分工，教育传播自然就和生产生活融合为一体。随着生产力水平的提高和社会分工的日渐细致，专门的教育传播组织出现，教育传播开始成为相对独立于生产劳动之外的社会活动。从那个时候开始，学校作为实施教育传播的专门机构和场所，其地位坚如磐石，几千年来难以动摇。直到今天，说到教育，人们仍然习惯性地把思维集中在学校传播上。

但是，实践的发展总是快于人们思维的变化。社会的信息化摧枯拉朽地改变着一切。对教育传播而言，学校传播的领地正日渐被信息化促动下的社会化传播所侵蚀甚至取代。教育传播组织开始迈出校园的围墙，实现向社会的大迁移。任何具有信息传播能力的机构、组织、个人，都可以发挥教育传播的功能与作用。事实上，在信息化促动下的知识经济时代，教育传播的任务空前艰巨，以至于传统的学校传播根本无法全部

---

① 王岳川. 媒介哲学［C］. 开封：河南大学出版社，2004：57.

承担，因此，教育传播的泛社会化成为必然。教育传播再也不是专职教育机构的独家业务，而是具有传播功能的所有社会机构、组织甚至个人的共同使命。

教育传播实践的发展客观上昭示了这一转变历程。首先，学校传播逐步走向社会，与社会充分融合，与生产劳动相沟通，与经济社会发展融为一体。双元制模式、企校合作办学、定单式培养、以项目带培训等，都是这个方面典型经验的总结。其次，社会力量举办教育事业成为一大发展趋势。各种社会性教育传播组织蓬勃发展，已经成为教育传播领域的一支生力军。再次，科技文化娱乐机构及其设施的教育功能得以发挥。博物馆、图书馆、文化馆、科技馆、影剧院、社区中心、公园、旅游和娱乐设施等的教育功能逐步得到开发，效果逐步显现。同时，教育传播的内容空前丰富，实现了充分的社会化。从知识学习到技能传播，从当家理财到时政方略，从家居小事到娱乐休闲，教育传播到处有迹可寻。尤其是在告别温饱、全面迈向小康社会、公民的文化与精神需求不断高涨的今天，社会文化生活信息成为教育传播必需而又必然的内容之一。这些内容非学校教育所能完全承担，客观上便为非专门教育机构向教育传播领域全面渗透，进而从不同角度发挥教育传播功能提供了可能和通道。教育传播不再是教育机构和组织的独家专利，而成为社会事业。教育传播组织超越传统的学校，实现泛社会化。

六、网络媒体异军突起并完成对教育传播的全方位渗透

"教育性质的改变和媒介的改变息息相关。"[1]网络对教育领域的渗透带来的是根本性的变革。关于网络的渗透对教育传播的影响与作用，有学者指出："人们开始只是在探索教育模式和教育方式的变化；但随着实

---

[1] 黄鹂，吴廷俊. 教育传播学新探 [J]. 现代传播，2003（1）.

践进程的深入，大家感到网络教育实际上在推动教育思想、教育观念甚至是教育制度的变革。"①事实情况正是如此，随着传播技术的变革尤其是网络传播的兴起，教育传播从内涵到外延都发生了质变。

（一）网络实现了教育传播中传受即时互动的理想

双向互动是人类传播活动的理想状态。在教育传播领域，追求信息传播的双向互动早已成为共同的愿景。然而，先进的理念和科学的认识总需要完善的技术手段提供有力的支撑。事实上，在网络出现之前，人类的教育传播史一直未能从根本上解决传播者和接受者的双向互动问题，单向传输为主的传播模式持续至今。

文字的出现标志着人类传播的一场革命，它第一次将信息传播扩展到比口耳相传更远的距离和比即时视听更长久的时间。传播从此告别了面对面交流的初始阶段和其与生俱来的局限性，真正开始成为人自身功能的延伸。文字拓展了传播的空间和时间。电子技术的诞生和迅速繁荣带来的传播的第二次革命，将信息传播的空间和时间进一步拓展，电子信号的编程、传输、解码、接受使传播进入便捷、极速和无形的时代，看似无形无迹的电子信息传播可以迅速覆盖全球，而且其信息负载量成倍增加。然而，从文字传递到电子传播，仍然未能跳出传统的传播模式。对教育传播而言，文字与电子传播，其反馈和所谓的互动几乎成为点缀与摆设，填鸭式的单向灌输成为王道和看家本领。学生作为接受者，成为永恒的信息洼地，成为装载信息的口袋、容器，成为一张白纸，任凭传播者涂抹与剪裁，其主体意识被人为地剥夺。在这样的传播中，寓教于乐成为空想，永远停留在认识和思辨的层面上，与传播实务渐行渐远；传受互动、教学相长成为梦中的理想国。

网络提供给我们的是别样的天地。作为自由开放的系统，在网络构

---

① 王岳川. 媒介哲学［C］. 开封：河南大学出版社，2004：57.

建的世界里，传播者又是接受者；同样，所有的接受者又是即时的信息反馈和传播者。在这一模式里，教师由传统意义上的传播者和传播过程的掌控者，转换为传播活动的导引者、参与者、促动者、协作者和同时的信息接受者。教师作为与学生地位平等的参与者，对传播活动失去了绝对的控制权，其对传播活动的引领取代了对传播规范的刚性控制。教师和学生作为地位平等的主体，在共同的传播目标下，共同遵循一定的传播指向、原则，实现整体互动、双向交流和全方位协作，最终圆满实现传播的目的。这是网络促动之下教育传播模式的理想化变革。网络传播中的信息流向，也由单向传输发展为双向的信息交流，绝对的信息洼地客观上已经不复存在，教育传播的平等与民主理想拥有了付诸实施的现实平台。

（二）网络促进教育传播由固定时空的活动转变为随时随地的行为

如前所述，教育传播决不单纯以学校为平台，而是一种更广泛的社会行为，地点和时间相对固定的学校传播只是其中一个组成部分。虽然在一定的历史时期学校传播占据了重要甚至核心的地位，但最终人类教育理想的圆满实现、人类文明的延续和世代传承，需要教育传播走出学校的围墙，实现最广泛的社会化。这个社会化应当包括传播者的泛社会化、受众的全员化和传播过程与手段的社会化。21世纪是倡导学习的世纪，学习成为公民生活、工作的基础，成为一种生活方式。建设人人皆学的学习化社会成为大众的理想和追求。网络传播的兴起与繁荣，为追求和实现这一理想提供了现实的可能性。

传统的教育传播严重依赖学校这个平台，传播活动难免受到固定时间和地点的约束与限制。对广大成人受众来说，这种约束和限制在传播实践上直接造成了两大矛盾：其一是受众面临的工学矛盾，这一矛盾主要是由于学习地点和时间相对固定，与工作时间和地点相冲突而引发的。对成年受众而言，工作是生活的主体和依托，如果与学习发生冲突，放弃的只能是学习。因此，学校传播无形中把一些成人受众挡在了门外。其二是学用之间的冲突。学校传播沿袭程序化的模式、固定的传播计划、流水线式"克隆"标准件的流程、相对僵化的内容、多年不变的评价标准，其大一统和共性化的目标取向与成人受众千差万别的个性化需求相矛盾，造成了广大受众学用脱节，进而造成学习效益不彰、教育资源浪费和受众学习积极性的失落。

网络作为人的感官的最大程度延伸，以完全开放的姿态向所有受众敞开胸怀。开放的传播环境、随意的信息接受方式、自由的信息流动、随时介入与离开的充分自由，加上低廉的费用等，都使信息的传播和受众的学习变得空前便捷。网络提供给受众的是一个充分自由开放的、现代化的、功能无比强大的"培训广场""知识中心""超级学校"和"信息超市"。在这里，学校传播的时空约束和限制被彻底打破。凡是网络延伸到的地方，人们可以在任何时间出入网络世界，自由徜徉，各取所需。网络提供的是海量信息的流动、更新，在网络里没有凝固僵化的内容罗列，没有流水线式的固定模式与规程，受众真正实现了学习的个性化和自主化，实现了知识获取的低费用、无障碍、高效率。

（三）网络促使教育受众由特定的人群逐步覆盖到社会全员

"知识经济是信息经济。知识经济的深化发展，依靠信息的传播、创新和增值。于是，学习便成为知识经济社会健康运转的基础和前提。"[①]全员学习是知识经济社会的基本要求。建设终身教育和学习化社会，满足社会全员终身学习的需求，是应对知识经济挑战的必由之路。于是，学习不只是阶段性的任务，而是伴随人生的完整过程，是人生的有机组成部分；但满足成人终身学习的需求，是学校传播永远难以完成的任务。经济文化发展的不平衡、交通和地域的局限、投入的不足、教育资源的

---

① 徐沁. 论网络传播对构建学习社会的促动 [J]. 中国成人教育，2006（11）.

相对短缺、传播手段和通道的原始单一、工学矛盾的困扰、个人因素的限制等，都从不同角度拼命固守着阶段性教育传播的老皇历，阻碍着成人学习愿望的圆满实现。

网络为传播和学习开辟了全新的局面，它最大限度地弥补了学校传播的时空局限，实现了全方位、全天候的信息流通。网络便捷的、低门槛的、即时的传播服务，促进了教育传播内涵和外延的扩张。理论上，不仅使受众由个别群体扩展到社会全员，而且使教育传播由阶段性行为扩展为覆盖公民终身的过程。它摆脱了学校教育的任务导向和学历追求，实现了学习的充分个性化；促使教育和学习实现大众化、生活化；使学习成为全体公民的权利，而不是部分公民群体的专利，教育再也不是阶段性的任务和单纯功利的寄托。

（四）网络促进教育传播从程序化的传受转变为全方位的信息服务

目前，网络已成为社会大众接受教育和从事学习的信息库。这一现实促进着教育传播向学习接受的转变。传统的教育传播，获取学历、取得资格是最直接的目的，是受众参与传播的动力所在，具有极强的功利性。而网络传播为大众学习提供的服务是全方位的，它使受众不再以获取学历和资格为最直接的价值取向，而是着力于通过信息的接受、内化，使自身的素养提高、知识扩增、素质提升、能力强化。它要达到的目的固然包括具体目标的实现，但更多的是对人的整体塑造。借助网络，教育传播终于真正冲破规程化的模式，成为受众可以主导和操控的高度个性化的行为，实现了由传播主导向接受主导的转变，由规范化内容的传递向全方位的信息服务转变。

当然，网络传播也有自身的局限性，而且这些局限性张目可见。比如，网络对社会的全方位渗透和控制容易使其反客为主，使作为社会和生活主体的人失去主体意识，丧失主体地位。正如戴维·阿什德在《传播生态学》中所指出的那样，在网络控制的现实社会里，"许多行为离开IT及其范式的影响就很难被理解。越来越多的行为只能按照它们如何被组织起来、如何被解释和如何被执行（的方式）才能被理解。IT如今把更多的行为纳入引导我们的理解的传播范式之中并塑造它们。社会生活因之而改变。当行为进行调节和改变以跟上IT的步伐时，行为自身就改变了"①。对此，我们必须有足够的警觉。又比如，网络传播主体模糊，信息良莠混杂泛滥超载，其教育传播功能的发挥大打折扣，等等。面对这些局限性，正确的选择应当是充分开发利用其优长，同时避免负面作用的扩大。这是面对网络介入教育传播的现实，我们必须充分重视和积极应对的问题。

从上述研究背景的分析我们不难看出，当今时代的教育传播面临着这样的形势：由于国际竞争加剧，争夺强势地位和话语权的焦点和核心集中于人才的竞争。从综合国力竞争的角度来看，这种竞争不再是某个环节和某个领域的竞争，而是国家总体人力资源开发水平和国民整体素质的竞争。教育传播是开发人力资源和提升国民素质的核心工程。于是，国家的总体发展战略就不能不把教育的发展放在重要位置，于是有了"科教兴国"战略的提出，有了精英教育的光荣告退和全民教育、终身教育的勃兴，有了学习化社会宏伟目标的制定和逐步落实。在这种形势下，以广大在职从业者和曾经在职从业的公民为对象的成人教育传播，终于从教育传播的边沿和拾遗补阙的角色阔步迈进核心位置，开始昂首挺胸成为中流砥柱，承担起构建终身教育体系和建设学习化社会的主要任务。而眼下我国的成人教育传播能否适应这一形势的要求，其生存和发展还存在哪些问题，该如何解决以促使其健康发展，这是我们必须重点思考和解决的问题。

---

① ［美］戴维·阿什德. 传播生态学［M］. 邵志择译，北京：华夏出版社，2003：13.

第二节　研究回眸与展望

任何理论研究都遵循由浅入深、由此及彼、由表及里的探索之路不断发展。教育传播作为塑造人的社会活动，理论探索发挥着引领实践的作用。有关教育传播及其生态的研究，从最初的滥觞到逐步成熟，经过了一个缓慢的发展历程。

一、我国教育传播研究回顾

教育传播学是通过对教育传播现象和问题的研究，揭示教育传播规律的一门科学。"它以教育过程为研究对象，以传播学为理论支撑，采用传播学的视角和基本理论去研究教育过程。"[①] "它综合运用传播学和教育学的理论和方法，去研究和揭示教育信息传播活动的过程与规律，以求得最优化的教育效果。"[②] 与教育学研究的悠久历史相比，教育传播学兴起的历史要短得多。

20世纪40年代，新兴传播媒介的出现尤其是电子媒介的发展繁荣，为教育改革和发展以及教育研究的深化提供了机遇。一方面，传播学学科的建立对教育传播学的诞生和发展产生了很大影响。人们彼此之间的信息流动被施以理性的把握和关照，成就了"传播学"这门包容性很强

---

① 黄鹂，吴廷俊. 教育传播学新探 [J]. 现代传播，2003 (1).

② 南国农，李运林. 教育传播学 [M]. 北京：高等教育出版社，2005：13.

的学科。这不能不启发人们对目的性更强的教育信息传递与流动进行新的全方位审视。另一方面，新的传播媒介带来了教育技术的更新和教育过程、手段的便捷化，促进了教育容量的增加和受众群体的扩大，这在客观上必然促成教育内涵的嬗变；同时，媒介技术的更新也对传统教育活动尤其是传统教育传播技术形成了冲击。这些变化，从传统的教育理论那里已经无法得到科学的分析和解释。于是，人们开始尝试用传播学的理论和方法研究和分析教育活动中出现的新现象、新问题，教育传播学的概念开始进入教育理论研究者的视野。

初期的教育传播研究主要针对教育活动中的一些具体问题而开展。教育传播学作为一个学科而兴起，是20世纪80年代的事情了。

在我国，这门学科建立的时间并不长。1982年，华南师范大学首次在广州举办教育传播理论讲习班，邀请美国传播学大师威尔伯·施拉姆博士和香港中文大学余也鲁教授担任主讲，参加者有来自全国各地的电化教育工作者300余人。讲习班进行了6天，内容共7讲：（1）怎样克服对新教育科技的阻力；（2）怎样选择教学媒体；（3）教学软件制作的路线；（4）介绍五个新事物传播的实验；（5）介绍两个卫星教学实验；（6）电视在现代化教学中的新任务；（7）现代媒体教学的理论与实践。这次讲习班可以被看作我国教育传播学研究的滥觞。此后，系统的研究逐步展开。随着国外资料的陆续引进，在教育传播这个大的概念下，专题性研究成果不断出现。

这一时期，研究者多从教育技术的角度入手探寻教育传播的规律，而对这一问题感兴趣的媒体多是一些探讨教育技术的刊物，诸如《电化教育研究》《外语电化教学》《中国电化教育》等。在研究选题上，多以"教育技术""电化教育""新教育手段"等术语来指代"教育传播"。这里的"教育传播"明显是指教育传播技术，即教育传播的媒介。研究的兴趣主要集中于教育技术开发、新媒介运用等技术性问题，在一定程度上没有认识到教育活动本身就是一种复合型的传播行为。1985年，原国家教委将"教育传播学"列入电化教育专业教材编写计划，并于1987年将其确定为必修课程。由此不难看出，当时的教育主管部门从指导思想上也是把教育传播作为一门技术来看待的。此后，不少高校的电化教育专业开设了这门课程，"教育传播学"由此成为教育技术和电化教育专业的主干课程。

总体看来，由于内容上囿于电化教育的约束，初始阶段的研究聚焦于教育技术层面，没有把教育活动本身看作一种本质上的传播活动，而是把研究的重点放在传播通道、技术和手段的探讨上，视野未能得到根本性的拓展。

1992年，邵培仁教授主编的《教育传播学》由南京大学出版社出版，第一次从学科建设的角度提出了"教育传播学"的完整概念，并比较科学地界定了"教育传播学"的定义、内涵和研究领域。该书第一次跳出教育技术研究的狭窄视野，将教育活动整体上视为一种传播活动，从教师、学生、课程、技巧、媒体、环境、结构、调控、效果九个方面，对教育传播活动给予全方位的透视，标志着教育传播学研究开始从局部和专题研究走向整体研究。随后，侧重点不同的研究著作陆续出版，计有高蕴奇、林克诚的《教育传播学》，李克冬的《教育传播科学研究方法》，丁俊杰的《网络传播与现代教育》，魏奇的《教育传播学》，以及稍后出版的几经修订的南国农先生的《教育传播学》。

除了上述著作大多作为教材先后出版外，从20世纪末开始，以教育传播学冠名的专题研究论文大量问世。据初步统计，从1995起截至2017年6月底，相关刊物发表的有关教育传播以及与教育传播有关的论文超过90篇。总体来看，我国学术界对教育传播的研究开始逐步深化。内容上，除仍然倚重教育技术的研究外，有相当的文章开始对教育传播基本理论进行深入的探索，对教育传播学的地位、概念、定义、规律等理论问题进行了探讨。诸如《教育传播学特征论述》①《教育传播学新探》②《借鉴马莱茨克传播模式　创建现代远程教学模式》③《教育传播学的地位与作用》④《教育传播学理论体系重构的研究设想》⑤《教育传播涵义及教育传播学研究范畴分析》⑥《我国教育传播学研究缺失现象及原因分析》⑦《信息化环境下的教育传播实践应用模式研究》⑧《网真课堂体系结构及其教育传播模式研究》⑨《基于新媒体的社会教育传播模式构建研究》⑩《慕课对教育传播效果影响的研究》⑪《教育传播视域下微课的传播特征分析及优化策

---

① 王国栋．教育传播学特征论述［J］．青海师范大学学报（社会科学版），1997（2）．

② 黄鹂，吴廷俊．教育传播学新探［J］．现代传播，2003（1）．

③ 和亮．借鉴马莱茨克传播模式　创建现代远程教学模式［J］．现代远距离教育，2004（3）．

④ 叶良明，甘兴勋．教育传播学的地位与作用［J］．湖北师范学院学报，2004（4）．

⑤ 李永健．教育传播学理论体系重构的研究设想［J］．电化教育研究，2006（6）．

⑥ 王万君．教育传播涵义及教育传播学研究范畴分析［J］．电化教育研究，2006（8）．

⑦ 汪颖．我国教育传播学研究缺失现象及原因分析［J］．电化教育研究．2007（6）．

⑧ 张学波．信息化环境下的教育传播实践应用模式研究[J]．电化教育研究，2011（9）．

⑨ 金义富等．网真课堂体系结构及其教育传播模式研究[J]．中国电化教育，2013（11）．

⑩ 胡钦太．基于新媒体的社会教育传播模式构建研究［J］．电化教育研究，2014（5）．

⑪ 夏宇．慕课对教育传播效果影响的研究［J］．课程·教材·教法，2015（10）．

略》①等。同时，这个时期，一批研究者还充分关注了国外教育传播研究的进展情况及给我们的借鉴与启示作用，发表了一批很有分量的研究成果。如《法兰克福学派的媒介批判理论对教育传播研究的启示》②以及何克抗、郑太年、赵健、任友群、卢蓓蓉、汪琼等对于美国《教育传播与技术研究手册》（第三版、第四版）解读分析的系列文章，从不同角度为我国教育传播研究构建了参照系。总体来看，这个时期我国教育传播研究出现两个极端情况：要么偏重理性思辨，深入的调查研究和对具体传播活动的量化分析探索不足，尤其对专业领域教育传播的探索严重缺乏，研究难接地气；要么聚焦教育技术，仍然把教育传播等同于教育技术、教育媒介，对教育传播本体的问题比如受众的研究、传播平台建设、传播过程控制、传播动力分析、传播功能探索、传播效益评估等更为深入的问题少有涉及。

至于对成人教育传播的研究，到目前为止，相关的成果除了黄斌华的《从教育传播学看理想的成人教育教学模式》③、徐沁的《论网络传播对构建学习社会的促动——以成人教育和成人学习的全方位复归为背景》④、张健康的《成人教育研究的传播学考察》⑤，以及本书作者从2011年到2017年分别在《成人教育学刊》《中国成人教育》《现代教育》《职教论坛》

---

① 智飞飞等. 教育传播视域下微课的传播特征分析及优化策略［J］. 中国医学教育技术，2017（5）.

② 王娟等. 法兰克福学派的媒介批判理论对教育传播研究的启示［J］. 电化教育研究，2011（7）.

③ 黄斌华. 从教育传播学看理想的成人教育教学模式［J］. 上海建设论苑，1997（4）.

④ 徐沁. 论网络传播对构建学习社会的促动——以成人教育和成人学习的全方位复归为背景［J］. 成人教育学刊，2007（12）.

⑤ 张健康. 成人教育研究的传播学考察［J］. 中国成人教育，2009（3）.

和《成人教育》等刊物上发表的《论网络传播促进成人教育内含的嬗变》《论成人教育传播的基本模式与途径》《论成人教育传播的个性化特征》《论成人教育传播生态的基本规律》《论成人教育传播的根本动力》《成人教育传播评价研究》《成人教育传播特异性解读》《溯观：成人教育传播的沿革及其阶段性辨析》等总计11篇文章外，还没有见到其他相关的有分量的文字。成人教育传播的概念虽经本书作者首次提出，并经过上述文章传播得以确立，其内涵和外延得以厘定，但我国传播学研究对成人教育传播的关注仍然远远不够。

综合我国教育传播学研究的现状，我们可以发现，尽管基本的学科架构已经初步搭建起来，而且出现了一批有一定深度的研究论文和著作，但仍然存在至少两个方面的不足：其一，研究者大多把研究的焦点投向具体的传播过程和传播技术，关心的主要是技术的更新和过程的改造，而没有把教育活动从整体上看作一种传播行为，或者说在研究中没有很好地落实教育的传播本质。其二，把研究的视野限定在学校教育的范围之内，囿于校园这个狭小的天地，把学校传播视为教育传播的全部，有意无意地漠视了面广量大的非学校传播尤其是成人教育传播，这与终身教育的大趋势和构建学习化社会的要求是不相称的。这应该被看作是研究视野上的局限。

二、我国教育生态研究扫描

由于教育生态基本的人工性质，早期立足于自然生态的生态学研究很少关注教育传播这个领域。人们关注教育生态的问题，最早是从关注微观的教育环境开始的。随着研究的深入，到了20世纪30年代，"课堂生态学""高等教育生态学""学校生态学"等新的研究领域开始出现，逐步地，研究者开始从关注课堂环境、学校环境发展到用生态学的基本原理透视和评估整个教育现象。

20世纪70年代，美国哥伦比亚大学资深教育史家、教育评论家劳伦斯·A.克雷明首次提出"教育生态学"概念，并将其运用于美国教育史研究，开辟了教育史研究的新路径。克雷明从"大教育"的角度出发，认为对教育研究而言"生态学的概念是有用的，因为它强调联系"。他认为，教育从来就不是封闭的，而是一个充分开放的系统。教育生态学的研究就是"把各种教育机构与结构置于彼此联系以及与维持它们并受它们影响的更广泛的社会之间的联系中，加以审视"[①]。在他看来，教育生态学的理论基础是"相互作用论"，各种教育机构之间以及与整个社会之间是相互联系相互影响的。考察教育问题时必须坚持生态学思考方式，即全面地、有联系地、开放地思考。要考察教育与经济、社会、文化、人口、消费以及与生活的关系和相互作用，教育永远不应该是一个孤立的封闭的系统。从这个角度看，他的研究视野一开始就走出了校园的围墙，把家庭、社会，甚至文化、宗教设施的教育功能纳入研究的范畴，研究的是"大教育"而非单纯的学校教育的生态。

随着"教育生态学"概念的提出，早期那些具象化的研究诸如课堂生态、学校生态等开始淡出研究者的视野，教育与文化、经济、社会其他领域的生态关系，以及对教育生态系统本身的研究成为焦点，从而为教育生态学的学科建设打下了基础。

我国教育生态学的研究最早起始于台湾地区。20世纪60年代，伴随着台湾地区教育学科分支的细化，以方炳林的《生态环境与教育》的出版为标志，教育生态学作为教育学一个分支的地位得以确立。这个时期的研究，重点是探讨教育与环境的关系。1989年，李聪明出版了《教育生态学导论》一书，开始运用生态学的基本原理对教育现象包括各种类

---

① Gremin, L.A., Public Education, 1976:36. 转引自范国睿. 教育生态学[M]. 2000 : 26.

型的教育进行系统观照、透视，教育生态学的学科本性开始显现。

在我国大陆，教育生态学的研究起步于20世纪80年代末。南京师范大学环境科学研究所的吴鼎福教授是这方面研究最早的领军人物。从1988年到1991年间，他先后在《南京师大学报》（哲社版）和《江苏高教研究》上发表了《教育生态学刍议》《教育生态的基本规律初探》《教育生态的两条重要法则》三篇重要文章。从生态学的基本理论入手研究教育现象，吴鼎福先生的研究可以被视为开山之作。此后，一批角度不同的研究论文陆续问世，计有王庆玲和柏昕的《创造有利于教育的生态环境》[①]、曹虎的《论教育的生态效应》[②]、肖学飞的《教育环境论》[③]、唐德章的《教育与生态效益》[④]、肖鸣政的《教育生态系统观》[⑤]、刘尔明和张敦奎的《教育生态学论纲》[⑥]、伍孝江的《学校环境与教育生态》[⑦]等，从不同角度开辟了研究的领域，丰富充实了研究的内容。其中有一些研究如李化树的《教育生态学探讨》[⑧]、范国睿的《教育生态学的研究对象》[⑨]，更深入到"教育生态学"的理论体系、学科架构等重要问题。1997年，王忠武在《南京理工大学学报》（哲社版）上发表了《谈谈教育系统自身的生态平衡问题》，较为系统地阐释了教育生态系统这个概念。此后，研究的内

① 王庆玲，柏昕. 创造有利于教育的生态环境 [N]. 光明日报，1989-6-7.

② 曹虎. 论教育的生态效应 [J]. 江苏教育研究，1991（3）.

③ 肖学飞. 教育环境论 [J]. 东疆学刊，1991（4）.

④ 唐德章. 教育与生态效益 [J]. 四川教育学院学报，1992（2）.

⑤ 肖鸣政. 教育生态系统观 [J]. 赣南师范学院学报，1992（5）.

⑥ 刘尔明，张敦奎. 教育生态学论纲 [J]. 北方论丛，1993（2）.

⑦ 伍孝江. 学校环境与教育生态 [J]. 教育理论与实践，1994（1）.

⑧ 李化树. 教育生态学探讨 [J]. 教学与管理，1995（1）.

⑨ 范国睿. 教育生态学的研究对象 [J]. 现代外国哲学社会科学文摘，1995（11）.

容逐步得到拓展，基础教育生态、高等教育生态等相关领域的研究开始出现并逐步深化。彭福扬等的《生态化理论与高等教育生态化发展》[①]、杨如安的《教育生态视域下的区域文化与特色大学建设》[②]、刘振亚的《美国高校创业教育生态化对我国的启示》[③]、钟晓流等的《第四次教育革命视域中的智慧教育生态构建》[④]等等，对不同类型教育的生态、教育与不同社会领域生态关系的考察，成为研究深化的一个标志。

教育生态研究的专门性著作也陆续出版。首先，1990年吴鼎福先生出版了我国第一部《教育生态学》著作。本书的研究立足于生态学本体，从分析生态环境及其生态因子对教育的作用以及教育的反作用入手，对教育生态环境、生态结构、生态功能、生态原理、生态规律、生态演化、生态评价、生态可持续发展等进行了详尽研究。由于作者的基本研究理路是以生态学的术语、概念、原理来观照、覆盖和解释教育活动的，所以生态学和教育学还没有实现真正的有机融合。随后，1992年，辽宁教育出版社出版了任凯、白燕的《教育生态学》，本书与吴本《教育生态学》相反，较少生态学基本原理的分析介绍，而是试图从教育活动本身出发，系统分析其蕴含的生态规律，以便突出教育生态学研究中教育的本体地位，但对教育生态的把握尚有深度上的遗憾。2000年，人民教育出版社出版了范国睿的《教育生态学》。作为教育部"九五"规划重点图书，范

---

① 彭福扬等. 生态化理论与高等教育生态化发展 [J]. 高等教育研究，2011（4）.

② 杨如安. 教育生态视域下的区域文化与特色大学建设 [J]. 教育研究，2013（3）.

③ 刘振亚. 美国高校创业教育生态化对我国的启示 [J]. 中国高教研究，2014（2）.

④ 钟晓流. 第四次教育革命视域中的智慧教育生态构建[J]. 远程教育杂志，2015（7）.

本《教育生态学》立足于教育本体，将生态学的基本原理有机纳入对教育现象的分析透视，较为完善地研究了教育生态系统、教育生态平衡、教育生态系统可持续发展等关键问题，标志着我国教育生态学研究逐步走向成熟。除了已经出版的著作，最近几年的专题研究也进一步深入、细化。作为教育研究的新领域，学校教育生态、社会教育生态、家庭教育生态、教师教育生态、教育文化生态、教育的经济生态等，成为研究的重点选题。

与克雷明的"大教育"观念相比，我国教育生态研究的局限性很明显。把学校教育视为教育的全部，有意无意之间把人生分为学习和就业两个阶段，把研究的目光主要集中于学校这个平台，忽视教育传播社会化和充分生活化的现实，尤其是忽视了作为国民教育最大构成部分的成人教育，这仍然是目前研究存在的一个严重不足之处。

三、成人教育传播研究的创新目标

研究成人教育传播，是综合运用教育学和传播学的理论与方法，研究和探讨成人教育信息系统运行的特征和规律。"通过对教育信息系统及其各部分结构、功能、过程以及互动关系的考察，探讨克服教育传播中的各种干扰，寻求教育信息系统良好循环的机制，以取得最优化的教育传播效果。"①

我们认为，从生态学的角度研究成人教育传播，应当以知识经济时代到来为宏观背景，以构建终身教育传播体系和建设学习化社会为目标，将成人教育传播视为终身教育传播的核心组件和学习化社会的重要支柱，全面分析、探索其生态环境、生态系统、生态规律，以及面临的生态问题、

---

① 王文君. 教育传播涵义及教育传播学研究范畴分析 [J]. 电化教育研究，2006（8）.

根源所在和应对措施。研究要实现四个方面的创新：

第一，由于传统学校教育只是教育传播的一部分，所以研究必须打破教育传播研究囿于学校这一狭窄视野的弊端，从而把包括社会传播在内的一切形式的教育传播活动纳入研究的视野，促使教育传播概念向其本质属性回归。

第二，必须树立教育传播泛社会化的概念，在认识层面上把一切信息传播活动视为广义的教育，把接受任何信息看作广义的学习。只有在这个层面上，才能真正实现教育学和传播学的有机融合，也才能更科学地考察教育传播面临的生态问题。

第三，通过系统科学的研究，提出并确立成人教育传播的个性化模式，即由受众的个性化信息需求启动、最终以这种需求得以全面满足为结束的模式。这一模式的运作过程可以线性地大致描述为：受众需求→传播者→教育信息→教育媒介→受众需求满足。它与传统的由传播者启动的学校传播模式（传播者→传播内容→传播媒介→接受者）相比，传播过程的启动者更换了角色，恰恰由受众启动整个传播过程，这是成人教育传播的本质和优长所在。

第四，以生态学的基本理论系统研究我国成人教育传播存在的问题。在分析问题、探究原因的基础上，提出调适失衡状态、实现成人教育传播动态平衡和生态化运作的基本思路。

本书的主体内容安排遵循以下思路：在弄清成人教育传播基本概念和其生态规律的基础上，以发现问题（捕捉现象）、分析问题（探究原因）、解决问题（探寻思路）为内在逻辑顺序，以构建终身教育传播体系和建设学习化社会为宏观背景和终极追求，系统分析我国成人教育传播及其生态失衡的种种现象，并立足教育传播本体，以生态学的基本原理，分析透视其失衡及恶化的内外在原因，最后立足成人教育传播人工生态这一现实，全面探寻调适失衡状态、实现传播效益最大化的基本措施。

第一章
成人教育传播及其个性解读

第一节　成人教育传播及其特异性

　　教育是一种社会传播活动，其核心功能是促进人的社会化，即让每个公民都成为遵守社会规约、具备生存发展的素质和能力、具备个体尊严、彰显自身个性和价值的幸福的人。教育传播功能的边际效应向来更受重视，因为教育传播可以通过提升人的素质和能力尤其是劳动技能，促进经济发展和社会进步。我国宏观国民教育体系依照《教育法》被划分为四个部分——基础教育、高等教育、职业教育和成人教育，四种教育形态的传播主体、传播内容、传播通道和受众群体各有不同，难以彼此替代。尤其是成人教育传播，其概念的内涵和外延具有排他性和特异性，这集中体现着成人教育传播不可取代的优势与个性特征。

一、旧话重提——成人教育传播概念的特异性

　　成人教育传播是一个颇具包容性的概念，指以成人为受众的一切形式的教育传播行为。它的传播对象是成人，而成人这个概念在不同的国家、

地区和民族具有不同的含义，具有很大的包容性。如何确定成人与非成人的界限，目前在国际上有不同的划分标准。

其一，生理学划分方法。其主要划分依据是人的年龄。从年龄的角度看，不少国家把18周岁确定为成人的最低年龄界限，凡超过18周岁的公民即被视为成年人，享受成人的权利，同时也承担成年人应该承担的责任和义务。也有少数国家尤其是非洲一些部落地区，因为经济不发达，医疗卫生事业落后，人均寿命比较短，不足18周岁甚至16周岁的公民已经开始承担成年人的职责和义务，其成人的年龄起点更低。

这样看来，成人教育传播的受众应该是年龄超过18周岁甚至16周岁的公民；但事实不是这样，因为在不少国家，18周岁恰恰是公民进入大学学习的年龄。个别国家或地区因为基础教育学制较短，大学入学年龄因此更低。国际上普遍认可的高等教育学龄为18—22周岁，如果把18甚至16周岁以后的公民看作成人而对他们实施成人教育，那么势必与高等教育在传播对象上发生重叠。以此为标准规划教育传播的实践，必然造成不同教育类别职能上的交叉和教育资源的浪费。

其二，社会学划分的方法。主要依据公民社会角色的本质转变来确定其是否进入成年人的行列，即依据其是否已经开始承担成人的社会责任和义务。主要指标有两个：工作和结婚。当一个公民已经告别了被人养育的角色，开始凭借自身的能力和智慧创造财富养活自己和别人（包括家庭成员和社会其他成员）的时候，我们没有理由不把他看作一个合格的成年人。但从教育传播的角度看，国际上童工的大量存在和不同国家、民族婚育年龄的不一，一味地把已经工作或结婚的人视为成人教育传播的对象，也有不完善之处。特别是一些国家提倡早婚，另一些国家提倡晚婚，标准不一，难以做出明晰的判定。另外，这个标准同样可能混淆成人教育传播和其他教育传播受众的界限。所以，单纯以社会角色为依据来确定成人教育传播的对象似乎也值得商榷。

要研究成人教育传播就必须具象化地确立其传播对象。在成人身份的认定上，因为世界范围内各个国家和地区政策法规、文化传统、经济社会发展水平的巨大差别，加上民族习惯、宗教信仰不一，统一确立一致的标准是不现实的。理性的做法是各国依据自己的国情做出符合实际的认定。

在我国，成人教育传播的受众群体应从我国的具体国情出发做出科学的界定。我们认为，这种界定既不能单纯依据生理年龄来武断地划分，也不能单纯以社会角色的转变来作出判断，而应当把二者结合起来考虑。首先，我们应当接受法律所认可的成人最低年龄，那就是国际通行的18周岁。因为这个年龄的公民，其生理、心理已基本成熟，其人生观、价值观、生活观已经初步形成，能够为自己的行为作出规划、制定过程、实现目的和评估结果，能够为自己的各项社会行为负责。这个年龄是各项法律所认定的成人最低年龄，法律义务的承担、法律责任的划分、法律标准的制定都是以这一年龄作为成年人最低年龄标准的，所以这一年龄足资我们确定成人教育受众群体时参照。同时，我们也必须考虑以社会角色转变来认定成人身份的原则。成人不应当完全是一个生理的概念。人是社会关系的总和，独立的社会关系、社会地位和社会角色的形成应当是判定成人身份的重要标准。非成人最大的特点是对成人的依赖和被监护；当一个人能摆脱这种依赖和监护，从角色和责任上能够自立甚至监护他人时，其成人身份就毋庸置疑了。

我们认为，我国成人教育传播受众的确定应该依据这样的标准：其一，达到法定的成人年龄；其二，其社会角色摆脱依赖和被监护，社会地位和经济能力具有明显的独立性，其中最突出的特征就是参与社会财富的创造，已经实现就业。由于我国已经实现9年义务教育的全面普及，同时，高中阶段教育对相关年龄段公民逐步实现全方位覆盖，18周岁以前接受正规的学校教育基本不存在制度和技术层面的问题；因此，就业应当作为认定成人教育传播对象的核心标尺。至于婚姻状况，由于我国长期推行晚婚的基本国策，一部分国民尤其城市青年人口婚龄大幅后延。在我国，婚龄已经不宜作为判断成人与否的主要因素。

从上述分析出发，我们可以对我国成人教育传播做出如下界定：成人教育传播是教育传播者依据受众的需要，通过特定的媒体通道，将适切的内容传授给受众——广大在职从业和曾经在职从业的成年公民，以提高其思想、知识、技能和总体素质的活动。由于成人受众在职从业的社会属性，因此，学校已经不是实施传播的核心场所，社会才是成人教育传播驰骋的大舞台。

二、比较的视角——成人教育传播内涵的排他性

目前，国民教育界有一种声音，试图以继续教育替代成人教育这一概念，一些成人教育传播组织率先更名予以迎合。这种做法值得商榷，因为这与成人教育传播排他性的内涵是背离的。

人类的任何实践活动，其概念都有特异和排他的内涵与外延。成人教育传播也是如此。不论是从形成和沿革来审视，还是从内涵和外延来分析，成人教育和继续教育都是两个有交叉但是本质不同的传播概念。

就起源与发展来看，继续教育是20世纪30年代发端于美国工程技术领域、后来陆续扩展到全球主要工业化国家的一种教育传播形态，被称为CEE（Continuing Education Engineering）。其发展的背景是新技术革命不断发展，而且向生产实践领域的渗透速度空前加快，尤其在工程技术领域，生产技术不断更新，使在岗技术和管理人员既有的知识、技术、能力难以持续适应岗位要求提升的需求，必须继续对他们进行以传播新知识、传授新技术、培养新能力为主的系统的教育培训，目的是促进工程技术人员知识和技能的更新，确保生产技术领域的活力，提高生产效率。由此我们不难看出，继续教育具有严格的内涵和外延，它是出现在工程

技术领域的一个特定的概念，其概念的外延，也被严格限定在工程技术领域，在其诞生后近半个世纪的发展过程中，这个概念的内涵和外延处于稳定的状态。

20世纪70年代，伴随着终身教育思想在全球的兴起，终结了教育是阶段性任务、人一生被人为地分为读书和工作两个阶段的传统理念。终身教育在外延上主张教育传播纵向上要贯穿个人终生，横向上要覆盖社会全员，正规的学校教育之后，应当有一种延续至生命终结的教育，来满足人们的学习需求。于是，继续教育这个概念顺理成章地被重新认识，其内涵和外延得到拓展，超越了工程技术领域，被认定为对已经脱离正规教育、已经参加工作和负有成人责任的公民进行的知识更新、拓展和能力提高的一种高层次的技能追加教育。继续教育和成人教育在概念上出现了交集。

但内涵的拓展和外延的扩容只是把继续教育的概念延伸到了工程技术之外的领域，继续教育面向岗位和技术的特质并未变异。这个特质，我们可以用排除法加以概括：

其一，继续教育属于非义务教育。接受继续教育不是公民的基本义务，其参与动机并非来自国家法律的约束，接受继续教育的动机出自公民个人的意愿和岗位的需求，国民教育体系不作刚性的规范。这一点，国际上不同的国家认识统一，教育实践也高度趋同。

其二，继续教育是非闲暇教育。其目的很明确，就是提升工作者尤其是工程技术领域专家和工作人员的生产技术水平，促进新技术的推广应用，提升劳动生产率。其手段包括在岗培训、离职学习等。即使内涵和外延得到大大拓展以后，继续教育也不涉及社会文化生活教育等非岗位性教育的内容。其教育效果的评价标准，也紧扣不同行业、职业的岗位规范，技能培训始终是核心。

其三，继续教育是非学历教育。因为是学历教育之后的一种知识和技术追加教育、资格认证教育，所以，继续教育的目标是各类资格证书和培训的写实证书，与学历无关。从继续教育诞生至今，这一排他性特征始终如一，并得到各国的认同。

其四，继续教育是阶段性教育。它是技术革命的产物，是工业化时代的产物，是立足于生产实践和技术要求的功利性传播，目的明确，是阶段性教育的集中体现。

这些特征是继续教育传播特异性的外在表征。客观地分析，它与成人教育概念有着本质的区别。正如前文分析的那样，成人教育是面向在职从业者和曾经在职从业的公民进行的教育传播活动。我们同样可以用排除和确认的方法来分析其特异性和排他性：

其一，成人教育传播是非义务教育。这是它与继续教育的共同之处。接受成人教育同样不是公民的一项义务，而是一项自觉自愿的行为，它可以出自公民对新知识、新技术的渴求，也可以出自公民对精神愉悦、心理健康、文化补偿、休闲放松的需要，可以是规范的学校传播，也可以是随时随地的言传身教、关怀呵护，内容丰富，形式多样。

其二，成人教育传播包含闲暇教育。在一定时期，对特定受众群体而言，成人教育的主体内容就是闲暇教育。这是成人教育与继续教育的重要区别。首先，成人作为劳动者，伴随着生产技术的发展和自动化技术的推广，劳动时间大大缩短，休闲时间不断增加，他们有时间享受休闲教育。其次，随着公民寿命的普遍延长，非劳动群体逐渐壮大。在我国，60周岁以上以休闲为生活主体的公民群体已经超过 2.3 亿，这一群体接受闲暇教育的需求膨胀性扩展。这一点从全国各地老年大学生源爆棚、入学名额重金难求即可得以证明。再次，伴随经济发展和公民收入的增加，人们的教育支付能力提高，享受休闲教育成为可能；同时，社会的教育服务也随着经济社会发展而更加丰富，服务设施尤其是以社区为核心的各类教育服务平台日渐健全，服务更加人性化，公民享受休闲服务的障碍被逐步扫除。随着休闲成分在公民生活中分量的提升，成人教育中社会文化生活教育的任务将越来越重。这是继续教育永远难以承受的任务。

其三，成人教育传播包括学历和非学历教育。在一定时期内，学历教育曾经是成人教育的主体任务。与继续教育追求资格证书和写实证书不同，学历一直是成人教育追求的重要目标之一。比如，我国改革开放以后成人教育的飞速发展，学历补偿是主要驱动力。国家经济社会发展对人才专业化、学历化的要求，"文革"中被大学教育耽误的一代人学历补偿的需求，就曾经是成人教育发展的主要内驱力。当然，随着学历补偿任务的陆续完成，非学历成人教育开始蓬勃发展。城市居民的社区教育、企业员工的技术更新、事业单位员工的能力提升、公务员队伍的规范化培训、农村从业者的科技推广、老年群体的社会文化生活教育等，逐渐成为成人教育传播的主打项目。

其四，成人教育传播非短期的阶段性任务，而是正规学校教育之后延续至公民终生的一个连续传播过程。继续教育瞄准的是岗位需求和技术更新，在一定时期内岗位和技术的稳定性决定了继续教育的阶段性发展特征，而且伴随着工作结束而退休，公民接受继续教育的历史即宣告结束。岗位性、阶段性是继续教育的一大特征。成人教育却具有稳定的连续性。它以巨大的包容性将正规学校教育之后的一切教育传播纳入囊中，从这个角度看，继续教育也只是成人教育持续过程中的一个内涵外延受到严格限制的组成部分，是成人教育经济功能和功利价值的集中体现，它远远不能代替成人教育本身。

从以上分析不难看出，成人教育与继续教育是内涵和外延截然不同的两个传播形态，它们之间具有包容与被包容的关系。如果一定要认定它们之间的包容关系，那么，成人教育不论从内涵还是从外延上，都包含着继续教育。从传播学的视角看，无论从传播主体、传播内容、传播渠道还是从受众群体来判断，继续教育只是成人教育传播很小的一个组成部分，从内涵上永远无法取代成人教育。如果把继续教育的概念由纯然的技术教育扩展为正规学校教育之外一切教育的总和，那么诸如扫盲、社会文化生活教育、老年教育、老年群体的临终人文关怀等，就应当归属于继续教育之列。这显然是不合适的，扫盲教育首先就不是正规学校教育之后的继续教育，而恰恰是对学校教育的补偿，而社会文化生活教育、老年教育以及社区教育的主体，又与技术技能教育无缘，硬拉进继续教育的范畴，难免有生拉硬凑之嫌。

总之，成人教育传播具有明显的特异性和排他性。那种想当然地认为继续教育既然是正规学校教育后的一种延续教育，理应包容基础教育、高等教育、职业教育之外的所有教育形态，而漠视继续教育概念本身具有特定的范围和指向，是特定领域的一种教育传播行为，进而随意变动概念的内涵、随心所欲地调整概念外延的做法，是不负责任和不足取的。

三、特色判定——成人教育传播外延的独特性

作为教育传播重要的构成部分，成人教育传播集中体现为成人教育信息的传递和成人教育信息系统的运行。其面对的受众是在职从业和曾经在职从业的广大成年公民；其直接目的是接续正规的学校教育，进一步塑造高度社会化的幸福的公民，扩展其知识，提升其技能，完善其素质，从而提高其生存和发展的质量。信息社会里，我们把握成人教育传播的基本特征要充分关注以下几个方面：

（一）无限的包容性

成人教育传播从一诞生就与学校无缘，而是与人们的生产生活联系在一起，是生产生活的有机组成部分，甚至就是生产生活本身。从原始状态下最简单的劳动生活知识、技能的传递和世代传承，到现代网路平台的海量信息传播，理论上，其覆盖的始终是所有社会群体，面向成人的信息传播，对应然的受众是一种无选择的全纳态度。而这种全纳性的

包容，还始终处于动态的扩展之中。伴随社会实践领域的拓展，面向成人的教育传播呈现无限的成长态势，一直在路途上，没有明确的终点。

成人教育传播无限的包容性，在信息社会里得到了充分的体现。随着信息技术尤其是网络技术的强势扩张，新媒体技术铺天盖地，这种包容性扩展至无限。从传播性质来看，它既包含非社会性质的内省式传播，即自体传播，也包括社会性质的人际传播、组织传播、大众传播和互动传播；从传播媒介和传播手段来看，既包括口语传播，也包含文字传播、电子传播和网络传播。成人教育传播以海纳百川的气概，兼容所有的传播手段和形式，以实现教育信息传递过程和效果的最优化。在成人教育传播中，最原始的口语传播和最现代化的网络传播共生共存，最个性化的自体传播和最社会化的大众传播相得益彰。而且，由于成人教育以非学校传播为主，具有非规程化、不固定、灵活机动的特性，因此，超越学校教育程序化模式的内省式传播、大众传播尤其是网络传播，似乎更能适应成人学习的特点，产生更大的传播效益。

信息时代，当我们从终身教育和学习化社会的视角把一切信息传授视为广义的教育，把一切信息接收视为广义的学习时，成人教育传播内涵和外延的包容性就得到了无限的拓展，并将一直处于动态的成长之中。

（二）迥异于大众传播

大众传播是以社会大众为总体受众目标的所有传播活动的总和，是专业化的组织通过一定的传播媒介，在国家法律制度的规范下，对受众进行的大规模信息传递活动，是社会规范化传播活动的主体。它具象化地包容报纸、期刊、图书、广播、电视、电影、网络等传播形式。

由于成人教育传播基本上具有非学校性质，再加上其非规程化的特点，和其他教育传播形态相比，它在一定程度上具备了大众传播的某些特性。但本质上看，成人教育传播仍然具有鲜明的个性，迥异于大众传播。

首先，就传播的目的而言，大众传播具有模糊性、间接性。大众传播的功能主要是发布信息、沟通情况、提供娱乐、熏陶感染，因此其信息选择具有较大的随意性，时效，新颖，能引起关注和轰动，能最大限度地吸引受众注意是其运作的核心目标。成人教育传播，在受众特定信息需求的引导下，传播目标清晰，具有直接性，伴随着传播活动的开展，未来的效果可期。虽然与规程化的学校传播相比，成人教育传播具有不规范和自由灵活的特性，但这并不影响它目的化和目标化传播的性质。

其次，就受众群体而言，大众传播的受众是全体公民，对公民群体没有刻意的选择性，而且受众具有很大的流动性。虽然大众媒介总试图准确地把握和掌控受众的取向、规模、心理和群分状况，从而尽力使传播具有针对性和目的性，但传播活动却往往因为受众群体的流动、注意力的转移或者一些突发事件而改变初衷，做出调整。"大众传播一般以潜移默化的手段去影响，而不能采取强迫性接受。"[1]成人教育传播则有明确的受众群体——在职从业和曾经在职从业的公民。明确的目的性决定了成人教育传播有特定的内容和稳定的路径与通道。它肇始于受众的现实需求，在具体的传播活动中接受受众需求的规范，在受众的引领下使传播目的得以圆满实现，使传播效果不至于偏离最初的目标。

再次，传播的运营模式不同。大众传播"一仆二主"的运营模式已为大家所熟知，即作为"仆人"的媒介，首先制作出优秀的产品提供给作为"主人"之一的受众，以最大规模地吸引受众的注意力，然后再把受众的注意力作为稀缺资源和商品，售卖给另一个"主人"——广告商。这一模式运营的效益判定依赖滞后的分析评估，不可能有预先的明确的效益分析认定，具有盲目性。成人教育传播的运作，其政治、经济、文化等目标更为明确，传播的方向、目的和原则，对传播者、受众、传播

---

① 王国栋. 教育传播学特征论述 [J]. 青海师范大学学报（社会科学版），1997（2）.

内容、传播程序和最终效益发挥着直接的影响。其目的，是保证成人教育传播的行为和结果符合社会政治、经济、文化等发展的基本要求。因此，与大众传播相比，成人教育传播的目的性更强，目标更直接，效益也更为明确。

最后，两种传播活动的反馈模式不同。这是我们分析二者区别时必须关注的问题。"传播学在理论上的最大贡献是借用系统论、信息论和控制论的理论模式，把系统、信息和反馈的概念引入对传播活动的研究，试图建立人类传播规律的理论体系。"①传播学理论的建构直接受益于以信息论和控制论为基本工具的系统论。依据系统论的观点，要实现对系统的有效控制，必须引入反馈机制。无论任何传播行为，反馈是控制过程、实现目标的必需。不同的传播活动具有不同的反馈路径。排除网络传播，传统意义上大众传播的反馈具有滞后性，迂回曲折，反馈过程缓慢，而且具有结果性反馈的特点，其反馈的作用主要在于传播过后的总结和对后续传播的借鉴指引。成人教育传播则不同，由于具体的传播活动目的明确、过程可控、路径清晰，并且得到受众的全程监督，其反馈往往是即时的，是传播过程中的反馈——过程性反馈。尤其是网络全方位介入成人教育传播以后，传播反馈更体现为对传播活动的即时调整修正，以保证传播不偏离既定轨道。

（三）有别于其他形态的教育传播

成人教育传播是宏观教育传播的有机组成部分，在本质构成、根本任务、基本运行规则等方面，与基础教育传播、高等教育传播、职业教育传播具有共性的规定性。但由于受众群体、传播内容、传播形式、反馈环节的差异，成人教育传播也体现出鲜明的个性特征。

从受众群体看，其他类别的教育传播无论基础教育、高等教育还是

---

① 李彬. 传播学引论（增补版）[M]. 北京：新华出版社，2003：70.

职业教育，都是阶段性的，其传播对象是特定年龄段的人群，主要集中于青少年群体；而成人教育的受众则是在职从业和曾经在职从业的成年公民。在一定意义上，成人教育传播真正实现了对公民终生和社会全员的覆盖。就我国而言，成人教育传播的受众对象，包括农村从业者、城市流动人口、公务员群体、事业单位员工、产业工人以及所有离退休人员等，总规模超过9亿。这个规模是任何其他形态的学校教育所无法包容的。这是成人教育传播受众群体的特异性所在。

从传播内容看，其他教育传播主要体现为以社会需要为指向，以传播者为主导，遵守严格程序和规范，对作为社会新成员的青少年受众的知识、能力和精神的建构，通过系统的传播活动将受众塑造成特定类型的合格公民。教育传播的出发点是为经济和社会发展提供最基本的人才支持、智力储备。正像珍妮特·沃斯和戈登·德莱顿在《学习的革命——通向21世纪的个人护照》中所分析的，今天的教育，"在很大程度上仍然类似于不断衰微的工业生产方式：分成各个科目、按单元进行教学、按年级排列并有标准化考试控制的标准装配线式课程"。然而，这已经"不再反映我们生存其中的这个世界，传统教育体制不再应付得了现实提出的新要求"①。成人教育则从受众的个性化需要出发，对其现有的知识构成、能力现状和既有素质进行查漏补缺、丰富完善、强化提高。目的更为直接，出发点和落脚点除了系于受众的现实需要，更瞩目于受众人格的完善、素质的提升、心理的呵护、尊严的维护和人生价值的实现。这里排除了规程化的僵化的模式，代之以灵活机动的流程；没有标准的流水线式的课程，有的是发端于受众现实需求的信息服务和学习指导。

就传播形式来看，其他教育传播由于目标固定、内容固定、受众范

①［新西兰］戈登·德莱顿，［美］珍妮特·沃斯. 学习的革命——通向21世纪的个人护照［M］. 上海：上海三联书店，1998：27.

围和规模固定，多以学校传播为主，主要采用集中传授的形式，辅以大众传播和网络传播。成人教育传播由于受众群体庞大，层次类别构成复杂，个人的需求不一，难以采用一致的学校传播形式；因此，更多地体现为个人的主动学习和互动提高，传播手段多种多样。口语传播、文字传播、电子传播、网络传播等，在成人教育传播中都有迹可寻，并得到很好的运用。特别是以自学、自省为标志的人内传播，和以即时互动为标志的网络传播，在成人学习中发挥着重要的作用，而且将逐步成为成人教育传播的主要形式。总之，成人教育传播"从单纯的课堂教育走向使用多种传播媒介作为教育手段，教育已经脱离了单纯的人际传播和组织传播的界限，而成为包括大众传播在内的多种方式相结合的传播方式"[①]。

成人教育传播的反馈环节也有自己的个性。其他类别的教育传播，由于目标化的知识建构、能力养成和精神塑造已有完善的程序加以规范约束，反馈主要体现为以相对固定的指标为依据，对传播环节的甄别矫正和对效果的评价。成人教育传播由于其受众工学兼顾，学为实用，其反馈更突出地体现为以工作和生活的现实需要为依据，对传播活动从程序、内容到形式的即时调整以及对传播效益的评估。

内容丰富、受众广泛、形式灵活，成就了成人教育传播的多样化与包容性，这是其他任何教育传播形态所无法取代的，成人教育传播也因此表现出鲜明的传播优长。从传统的学校传播到现代成人教育传播，其中体现着一系列本质性的转变：

传播的目的由对社会新成员的基本知识和能力的建构，转变为对成人知识、能力的查漏补缺和更新、提升，更进一步转变为塑造圆满的"社会人"；

传播模式由传统的传播者主导的信息传递，转变为由接受者所促动

---

① 黄鹂，吴廷俊. 教育传播学新探［J］. 现代传播，2003（1）.

的学习与接受活动；

传播的平台由传统的学校转变为可以进行信息传播活动的任何场所；

传播者由学校传播中的专门人员——教师，转变为掌握信息资源的任何人；

受众由传统学校传播的学龄期公民转变为任何有信息需求的成人；

传播流程由传统学校教育的基本上的单向信息流动，转变为双向信息互动；

传播内容由相对稳定的系统化的编程信息，转变为受众随时需要的任何知识、信息和技能；

传播时间由学校传播的专门时段转变为条件允许的任何时候。

信息时代，建设终身教育体系和学习化社会，需要国民教育传播体系走向不留死角的彻底开放，需要树立教育泛传播和学习泛接受的意识，即把一切信息传播视为广义的教育，把任何信息接受看作广义的学习。从此，教育再也不是教育部门一家的事情，而是全社会的事业；学习再也不是学生的专利，而是全体公民的基本人权；教育传播的平台，再也无法局限在校园本身，而是遍及社会任何空间、场所；学习也不再受时段限制，而是生发于任何时间和需求。成人教育，以其概念内涵的特异、排他和外延的海纳百川、兼容并包，彰显着国民教育传播体系的全方位开放，承担着实现建设终身教育体系和学习化社会的主体任务。在成人教育传播的视野里，政府和社会的责任，更多地表现为促进开发多样化的教育途径和教育资源，构建无障碍的共享的学习设施，以及完善全方位服务的学习超市，以满足公民终生、全员、随时随地和随兴随性的学习需求，而不是设立门槛和框框加以控制和约束。在这种情况下，那种因为概念上存在一些交叉就试图以相近的其他概念来取代成人教育传播概念的冲动，可以休矣！

第二节 成人教育传播的构成要素及其个性

教育传播由传播者、教育信息、教育媒介和教育受众四个要素构成，成人教育传播的要素构成也是如此。由于自身的特殊性，成人教育传播又表现出传播主体分散多元、接受主体庞大复杂、教育信息丰富多样、传播媒介兼容并包的个性化特征。

一、传播主体多元分散

任何传播活动都有传播主体的存在并发挥传播的导控作用。大众传播的主体集中体现为一个个固定的传播组织，如报社、期刊社、电台、电视台、电影公司等。其他类型的教育传播，不论是基础教育、职业教育还是高等教育，由于其主要以学校为传播平台，加上程式化的传播模式和程序化的内容设计，客观上决定了其传播主体主要是各级各类的教学人员，主体是教师。成人教育传播则有所不同，除了占比很小的学历教育实行学校传播外，大量的传播活动是以非学校教育的形式实施的。

由于其受众群体庞大复杂、教育信息纷繁丰富，其传播主体也分散、多元、不固定。如前所述，信息时代，如果我们把任何信息传播都看作广义的教育的话，那么成人教育传播的主体就包括掌握信息并具备传播能力的任何人和任何组织。即便从传统的国民教育视野来看，成人教育传播主体的多元分散也随处可见。例如：对以追求学历为目标的受众，其传播者是不同学校和教育平台的教师；面向城市居民的教育传播，传播者可以是专门的教育组织、培训机构，也可以是社区文化中心、街道信息服务部门、就业指导中心、家政服务中心，更可以是一些大众传播机构；企业内的教育传播，传播者可以是专门的培训组织，可以是指导新工艺推广应用的技术员，更可以是指导学徒的大师傅；面向广大农民的信息传播，传播者可以是推广实用技术的教师、园艺师、农业技术员，也可以是农村科技带头人、种植养殖示范户、技术明白人等；对流动人口的教育，其形式更加丰富，传播者可以是劳务输出地的专职培训教师，也可以是劳务输入地的岗位指导员、心理咨询师、技术专家、熟练工人等；至于老年教育，其传播者多由社区服务中心、老年活动中心、老年协会的有关人员、志愿者和经验丰富的老人承担。

总体来看，和其他教育传播形态相比，成人教育传播主体首先呈多元化状态——既有国民教育体系内的正规的学校、培训机构，也有各级各类社会组织、民间团体甚至公民个人。其次，分布广泛而分散，不像普通教育传播那样，传播主体高度集中于学校这个平台。成人教育受众信息需求呈现多样性，而且受众分布极度分散，从广袤的乡村到繁华的都市，从边疆村寨到海岛渔村，从企业到社区，从军营到工地甚至到劳教场所，只要受众有教育需求，相应的传播主体就承担着信息传播的任务。说成人教育传播主体多元分散，一方面指其性质、类别、层次的多元、多样，另一方面，更指其地域分布的广泛，难以集中。和大众传播相比，成人教育传播的主体更趋广泛和泛社会化，已经超越了学校和媒介组织范围，体现为掌控信息和具备传播愿望、传播能力的任何组织和个体。大众传播的任何主体，不论报刊社还是广播电台、电视台，都可以在成人教育传播目标的导向下，发挥传播功能。

二、受众群体庞大复杂

和一般意义上的大众传播相比，成人教育传播的受众是一个规模略小但具备信息接收趋同倾向的社会群体。和其他形态教育传播的受众群体相比，成人教育受众群体不仅规模庞大，在我国，这个群体的规模超过9亿，而且构成复杂，层次不一，需求多样。

就其构成和层次而言，既有与现代文明几乎无缘的文盲半文盲，也有接受过正规高等教育甚至拥有硕士、博士学位的专业人员、工程师、管理人员；既有初次走上工作岗位的热血青年，更有耄耋老人；既有在岗的需要培训提高的职工，又有大批需要培训后重新上岗的下岗人员；既有大批城市社区居民，又有大量的流动人口。这个受众群体的规模和内部构成，是其他形态的教育传播所无法比拟和无法取代的。年龄跨度巨大，职业类别繁多，地域分布广泛，接受能力迥异。受众群体庞大复杂，是成人教育传播面临的严酷的现实，而且这种状况将是长久甚至永恒的。就受众个体需求来说，更不能同日而语。成人教育受众的需求有明确的层次之分。笼统来看，其学习目的可分为两大类：非学历追求和学历满足。细分其内在动机，则丰富多样。

对广大在职从业者来说，其学习的直接动力多来自岗位需求、执业需要、换岗必需、职务晋升或个人爱好，间接动力多出自社会话语权的取得、个人人格与尊严的维护、个人社会地位的形成和丰富完善自我的欲望。简而言之，受众学习的显性需求清晰可见，而且多半是功利的，比如就业、换岗、提升等，这种需求的衍生功能是技能的更新进而提高劳动效率。隐性需求往往需要通过显性的需求得以实现，比如社会地位的形成、个人尊严和人格的维护、话语权的确立、个人价值的实现等，显示出非功利的性质，其功能的延伸是促进社会文明进步和实现个人生活的圆满幸福。

对曾经在职从业的公民而言，他们已经离开了工作岗位，离开了劳动世界，其学习的目的便少有来自职业和岗位的要求和促动，而更多地出自丰富生活、养生保健、娱乐休闲的个人欲求。和在职从业者相比，他们的学习需求更加五彩缤纷。目前，我国社区教育之所以蓬勃发展，各种社区学习共同体如雨后春笋般涌现，就是这种需求的外在表现。

总之，成人教育受众群体庞大复杂，既指其群体规模庞大，人数众多，还指其构成复杂，覆盖地域广泛，年龄分散和文化基础参差不齐，更指其学习目的多样，个人需求各异，学习时段不一和学习形式的五彩缤纷。

三、传播内容丰富多样

如果要给成人教育传播制定统一的内容规范，甚至教学计划、教学大纲，那肯定是徒劳无益的，因为成人教育传播的内容依据接受者的需求而定，具有流动性、丰富多样、千差万别是其本色。

首先，受众群体的庞大复杂昭示了这样的现实，那就是受众信息需求的空前丰富。从最基本的扫盲识字到高层次的岗位培训，从企业的技术指导到大学后继续教育，从新职工的岗前技术预热到厂长经理的定期轮训，从社区的文明规范到农村的乡规民约，从学历教育规范下的专业课程到田间地头即时传授的实用技术，从养老保健知识到求医问药指南，等等，可谓纷繁丰富、包罗万象。

具体分析，对在职从业的受众而言，既有学历目标的追求，也有非学历内容的需要。岗位培训、技术指导、现场观摩、参观考察，这些以岗位技术技能提高为目的的教育传播，其内容永远难以用统一的标准加以规范。对广大曾经在职从业的非岗位人员来说，其信息需求关涉他们生活、家庭、休闲、娱乐、养老、保健以及人文关怀等各个领域。特别是，伴随老龄化社会的到来，面对白发浪潮的冲击，为维护社会稳定、提高老年群体生活质量、提升社会文明水平和公民幸福指数，老年教育的内容将包罗万象，传播任务越来越重。老年群体的教育需求虽然告别了技术和技能等功利目的，但却彰显着教育传播的公益性、人文性和精神价值。这个庞大群体的信息需求量大，典型地表征着成人教育传播内容的丰富多样、无所不包，而且随着经济社会的发展，内容的择取和传递也在不断更新，与时俱进。

四、传播媒介兼容并包

在成人教育传播中，其传播主体多元分散、受众群体规模庞大、传播内容纷繁复杂，以及传播平台和场所的充分社会化，决定了传播媒介的采用必须有海纳百川的魄力，对发挥教育传播功能的所有媒介和通道应该敞开胸怀，主动拥抱和接纳，不能有偏好与歧视。

成人教育中，学校传播是最规范的一个组成部分。其传播媒介遵循学校平台现有的选择，课堂传授加上现代教学媒体的应用，成为其基本形态。对非学校平台的社会化传播，媒介的运用可谓多种多样、兼容并包。所有大众传媒，所有可以发挥信息传播功能的平台和技术，都可以为我所用。从最原始的口语到文字媒介、电子媒介，再到以互联网为代表的互动媒介，从报刊、图书、广播、电视到高智能的网络终端，可以并行、互补、共存，发挥积极的传播功能。它们相互之间不排斥，彼此间也永远难以相互替代。比如，以互动为特质的网络媒介，正以其快速、便捷、海量和移动化、社交化、视频化、精细化、人性化、轻量化、全覆盖的优势，成为成人教育传播的便捷工具。目前人们获得信息的首要渠道是网络，但是网络永远不可能完全取代口耳相传、面对面交流和平面媒体的阅读与思维。各种媒介优长不一、特点各异，将长久融合、互补共存，这是成人教育传播中媒介选择和运行的稳定特征。

第三节　成人教育传播的基本模式与途径

成人教育传播之所以有别于大众传播和其他形态的教育传播，根本原因在于其独特的传播模式，正是这一独特的传播模式决定了成人教育传播的不可取代性。

一、传播的基本模式

模式是"某种事物的标准形式或使人可以照着做的样式"①，是"一种理论简化形式"，"具有构造、解释、启发、预测等多种功能"②。教育传播从本质上作为人类特有的实践活动，遵循人类传播的一般规律。

人类对自身的传播行为也有一个由浅入深的认识过程。从古希腊哲学家亚里士多德以演讲为范例，把口语传播归结为"演讲者""演讲内容""听者""效果"四大要素构成的完整过程，到拉斯韦尔的"5W"（谁、说了什么、通过什么渠道、对谁、有什么效果）单向线性传播模式、香农-韦弗的七要素（信源、编码、信道、译码、信宿、干扰、反馈）双向传播模式，再到奥斯古德-施拉姆的双向行为模式、德弗勒的循环传播模式、罗杰斯和金凯德的辐合模式，以及我国学者提出的整体互动模式，每一个进展，都代表着人类对自身传播活动规律认识的深化。每一种模式，

---

① 中国社会科学院语言研究所. 现代汉语词典 [M]. 商务印书馆，1981：791.

② 王国栋. 教育传播学特征论述 [J]. 青海师范大学学报，1997（2）.

都标示着人们对传播活动重点不一的抽象和典型概括。

亚里士多德立足于当时的时代风尚和社会文明水平，关注古希腊演讲与辩论的社会风气，对口语传播进行了要素分析，代表了那个时代的认识水平。拉斯韦尔第一次准确描述了构成"传播事实"的各个要素，并做了线性的传播轨迹描述。香农和韦弗利用数理原理，从机械运作的角度对传播的技术模式进行了完形概括。而代表着认识更加深入的双向循环和整体互动模式，则是在大众传播高度发达、互动媒体全面渗透到社会生活各个领域时，对传播活动的新的认识、判断和概括，代表了最新的认识水平和理性高度。上述模式不论是对口语传播的概括，还是对大众传播、互动传播的认识，我们在概括教育传播模式时都需要认真接纳和吸收。

就教育传播而言，其传播模式应当科学而又简明地反映各个传播要素之间的相互作用以及作用的完整过程。"它是对教育传播现象的概括和简明表述，是对教育传播过程的各要素的构成方式与关系的简化形式，它反映了教育传播现象的主要的、本质的特征。"[①]教育是一种复合传播形态，囊括了从口语、文字、电子技术到互联网的所有传播媒介。在教育传播里，从最基本的口语交流到网络的互动，都在积极发挥功能，彼此间无法取代，更不能贸然做出此优彼劣的武断评价。在概括教育尤其是成人教育传播模式时，应该兼容大众传播模式的优长，做出客观的判断。

我们认为，虽然教育传播遵守传播活动的一般规律，但它毕竟不同于最广泛的大众传播。要概括其基本模式，必须从其四个基本构成要素入手，进行科学而又符合实际的抽象。在一般情况下，教育传播的四个基本构成要素——教育传播者、教育信息、教育媒体、教育受众——相

---

① 南国农，李运林. 教育传播学［M］. 北京：高等教育出版社，2005：31.

互作用和循环互动，构成了教育传播的基本活动过程。这一过程可以简单而形象地抽象为模式1。

模式1：

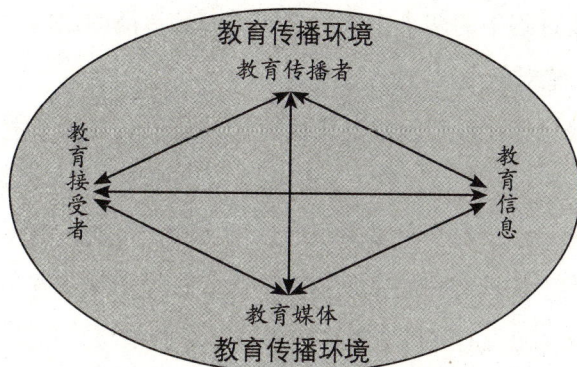

这一模式概括了这样的思维和判断：一般情况下，教育传播者依据一定的传播要求和教育指向（如培养目标、教学计划等），选取合适的教育信息，通过恰当的教学媒体，把这些信息传播给教育受众，受众接受信息后实现信息的内化和个性化建构，同时，将自己的接受情况、要求以及信息和媒体的适切性向传播者做出反馈，传播者根据反馈情况和自己的判断对信息和媒体做出更适切的调整，以不断提升传播的效益。这一看似简单的描述隐含着这样的潜台词，那就是，在具体的传播活动中，教育传播者与教育媒体、教育受众、教育信息之间同时发生着相互的作用，处于永恒的互动、调适之中。教育传播环境对传播的各个构成要素施加着正反两个方面的影响，虽然不构成教育传播的基本要素，但影响着教育传播的具体运作和效益的高低。

这一描述性模式启示我们：

其一，教育传播应该是一个双向互动的过程，尤其是传播者和接受者，作为整个传播活动中最活跃的因素，他们的互动对传播效果具有决定性的意义。在传统教育传播理论中，教育者被视为传播的主体，操控着传播的主动权,决定着传播的方向、规模、方式甚至效益;接受者始终处于被动的地位,其接受行为受到传播者的掌控。但在上述模式结构图中,我们无法确认传播者和接受者的主动、被动之分。教育传播者和接受者作为教育传播过程中的两个主体,共同决定着传播的走向、方式、量度和结果,没有绝对的主次之分。

其二,教育传播过程追求各个要素的适切配合与相互对应平衡,和谐应当是追求的目标。在这里,木桶理论可以被我们做异质同构的借鉴。木桶理论认为:一个由多个木条组合成的木桶,其盛水的多少、水位的高低,不取决于最长的那块木条,而取决于最短的那块木条;所以,个别木条的过分高出没有实际意义,可能只是一种浪费。对教育传播而言,由适切的传播者,选取适切的信息,采用适切的媒体传授给相应的接受者,得到的传播效果是理想的;反之,任何不适切的配合对教育传播效益的提高都是有害的。我们不可能向一群文盲传授爱因斯坦的相对论,也不可能用原始的结绳记事来传播现代化的科技信息,更不能让理工科教授来传授绣花技术。在教育传播中,任何构成要素的任何变化,都期待其他要素做出相应的调整。所谓"因材施教""教学相长",本身就包含了对应与和谐的含义,是对教育传播理想状态的概括。

其三,传播环境虽然不直接参与传播过程,但却在整体上为传播活动提供着氛围、背景。环境作为生态,它的任何变化都可能影响到传播过程的运作,加上教育传播生态的人工性质;所以,环境给传播活动以适切的关怀与呵护,对传播效果的实现至关重要。

其四,这一传播模式还给我们提供这样的信息:就完整的传播过程来看,传播者未必一定就是传播活动的启动者,不一定就是整个过程的天然开端。在信息化背景下,在学习需求引导教育传播的状态中,接受者更可能主动开启并促动传播活动的积极运转。

教育是一种复合型的传播活动,从最原始的口语传播到最现代化的网络互动，在教育传播中处处有迹可寻。教育传播有固定的构成要素，但永远不应该有固定的、一成不变的程式。模式的抽象不能代表活生生的传播实践。从这一分析出发，我们可以用线性结构把上述模式1解构为两种最基本的子模式：由传播者启动的模式2和由接受者启动的模式3。

模式2：

> **教育传播环境**
>
> 教育传播者 ⟶ 教育信息 ⟶ 教育媒体 ⟶ 教育受众 ⟶ 教育传播者
>
> **教育传播环境**

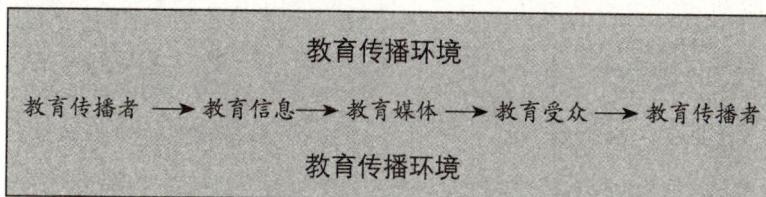

如前所述，模式2反映了人类文明史几千年来教育传播活动尤其是学校传播活动的实际：教师讲授，学生接纳。教不严，师之惰。教师是主体，学生是客体，虽言"教学相长"，但毕竟师道尊严，传、受两个主体地位难以平等。在过往的历史中，教育传播和接受双方的关系还被冠以长幼、尊卑、先知与后觉等社会、道德甚至伦理的色彩，使教育传播始终呈现为单向的信息流动过程。千百年来这一模式被人们的教育传播实践所师法，成为经典。直到近代心理学出现，科学解释了信息接受的内在机制，认定了信息的接受是一个纯粹个性化的建构过程，认定了在学习过程中学生独立人格与个性的决定作用，并进而肯定了接受者也是信息传播活动中的应然主体，其对整个过程的反馈在传播的圆满实现中发挥着同样关键的作用。这个时候，教育传播的双向互动性才被肯定，我们对教育传播的认识才向其本质更靠近了一步。

现在看来，单单认定教育传播的双向互动还是不够的。因为认定双向互动的基础仍然以传播者主导启动整个传播过程为前提条件，也就是说，所谓双向互动，是在传播活动启动后对传播过程的一种描述和概括。但是，在知识经济时代，在信息化背景下，尤其在市场这只看不见的手的操纵下，需求成为启动任何活动和过程的源泉。作为教育传播活动中最活跃的因素，传播者和接受者都可能启动并相应地主导传播活动，传播让位于接受、教育让位于学习正成为时尚。正如彼得·圣吉所说的："学习的意思在这里并非指获得更多的资讯，而是培养如何实现生命中真正想要达成的结果的能力。它是开创性的学习。"[1] 由成人受众的个性化需求所驱动的主动的求知和学习，正日益取代由传播者主导教育传播过程的传统模式，成为成人教育传播优长与个性的体现。这种模式可以线性地简单描述为模式3，而这种传播模式正是成人教育传播努力追求的理想境界。

模式3：

教育传播环境
教育受众 → 教育传播者 → 教育信息 → 教育媒体 → 教育受众
教育传播环境

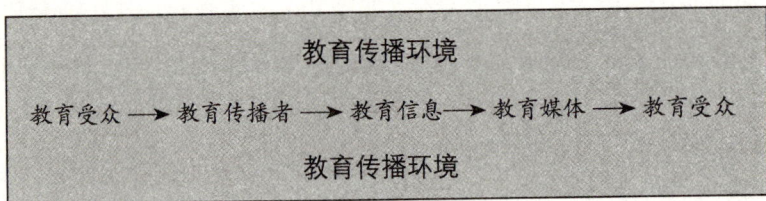

成人教育以广大在职从业者和曾经在职从业的公民为传播对象，受众群体庞大、复杂，需求与条件各不一样。成人学习并不是对知识技能不加选择的兼收并蓄，而是从个人需求出发对信息的选择、接纳和建构。个人需求启动整个传播过程，个人需求的满足标志着传播过程的结束和目标的圆满实现。因此，成人教育传播是以广大受众为起点的传播活动，最后又以受众的信息需求得以满足为结束，这是成人教育传播过程的典型写照。

成人教育传播是一种需求驱动的追溯式的传播过程，具体如模式3所示。首先，受众从自己的工作和生活出发，发现并确认自己的信息需求，

---

① ［美］彼得·圣吉. 第五项修炼——学习型组织的艺术与实务［M］. 郭进隆译，上海：上海三联书店，1994：67.

然后由传播者针对受众的信息需求确定传播的内容，选取传播的媒介与通道，最后把适切的内容及时传播给受众，使受众的信息需求得以满足。和模式2相比，模式3所描述的传播过程看似不规范，貌似与传统的传播模式背道而驰，但却客观反映了以需求引导传播，以接受规范传播，从而避免无效传播，实现传播效益最大化的理想境界。法国社会学家波德里亚曾说过："传播不是说话，而是使人说话；信息不是知晓，而是使人知晓。"[1]传播要达到使受众说话进而使受众知晓的目的，关键在于反馈。在这个模式里，反馈以需求的形式出现，反而成为传播的主线，主导着传播的具体措施、信息走向和最终方向，与传统的教育传播模式2形成了明显的反差。

由计划和方案指导下的正规的学校传播，总是按照统一的标准、计划、程序，利用相对统一的媒体，来向同一年龄段的受众传播统一的信息，最后以统一的标准对传播的效益进行评估。成人教育是非义务教育，成人教育也不是为人生打基础的奠基性教育，而是一种查漏补缺性质的面向需求的个性化教育。面向受众的多样化需求和实现教育传播的个性化是其本质特征。尽管部分以学历实现为目标的学校成人教育仍然坚持传播者主导的正规传播过程，但成人教育传播主体不在学校，社会是成人教育传播最好的平台。因此，虽然成人教育传播从来不断然排斥模式2，但模式3无疑更能反映成人教育的特色和本质。

由于成人教育传播由接受者的需求来驱动，所以其传播实践具有极大的包容性。举凡专业培训、即时指导、经验交流、参观考察、咨询服务等，无所不包；传播发生的地点可以在专门的培训中心，也可以在工作岗位、田间、炕头；至于传播发生的时间，只要具备最基本的条件，随时可以进行；内容信息更是包罗万象，凡是生活、工作、养生、娱乐

---

① 王岳川. 媒介哲学［C］. 开封：河南大学出版社，2004：120.

等所需的任何信息,都可以成为传播的内容;传播的主体,坚持能者为师,能依据接受者的需求提供知识、信息的人都是传播者。事实上,"广义的教育,泛指增进人们的知识技能、影响人的思想品德的一切活动。这种活动可能是无组织的、零散的……"①

由受众的需求引导和促动信息传播过程,这一模式隐含着教育传播内涵的嬗变。当面向成人的教育传播不再奉校园为经典、当终身教育和学习化社会的理论从人们的心目中把学校的围墙推倒以后,我们必须反思一个十分现实的问题:打破学校传播的藩篱,把全体国民视为教育传播的应然对象,那么,传统的教育体系能否承担这个超级繁重的传播任务?面对超级规模的受众群体,单一的学校传播必然捉襟见肘。于是,在教育传播的大旗下,任何有效的传播形式都必须兼容和吸纳,任何有益于受众身心的信息传播都被赋予教育的意义,任何有益信息的吸纳都可以被看作学习的过程。从这个角度看,我们倡导有益的传播就是广义的教育、有益的接受就是广义的学习这一观念,具有深刻的现实意义。这种认识的提高,既是成人教育传播模式的理性写真,也是建设终身教育体系和学习化社会的客观需要。

尤其是在信息技术高度发达的今天,信息海量存在,并呈现碎片化、无中心、无主题、浅层化的基本特征。面对信息的流动与传播,受众的主动性和个性化需求发挥着关键的作用。判断什么、接受什么、内化什么、拒止什么、淘汰什么,都需要受众——信息服务的消费者与客户——以个性化的需求和眼光来择取和筛选,整个信息传播过程以受众、客户的需求来启动,以受众和客户信息接受的高效快捷、内化的完善理想作为评估标准,并以受众和客户信息需求的满足作为传播过程的结束。这一模式,充分彰显了需求和消费引导传播、学习和接受引领教育的本质内

---

① 吴鼎福,诸文蔚. 教育传播学 [M]. 南京:江苏教育出版社,1998:2.

涵，这正是成人教育传播的个性和精髓所在。

二、传播的基本途径

在需求启动的传播模式里，成人教育传播可以通过不同的方式和途径来实施：既有传统的即时的人际传播，也有超越时空限制的远程传播，更有互动媒体主导的网络传播。这些基本的传播途径共同建构由需求启动的传播过程，最终实现传播的目的。

（一）人际传播

这是成人教育传播中最传统最基本的传播方式，目前仍然是传播的主体途径。原始状态下，不论是渔猎、耕种的经验，还是易货贸易、部落间的沟通，必要的传播实际上就表现为人与人之间的口传身授。在成人教育传播的演进过程中，人际传播始终得到不断优化、滋养和壮大，发展到今天标准化的课堂讲授、学术报告、专题讨论等，已经是高度集约化的人际教育传播形式。正是由于成人教育传播巨大的包容性，在信息化主导的知识经济社会，尽管经济文化的发展、科学技术的进步到了很高的层次，但最原始的人际传播仍然是信息传播最基本、最自然和最普遍的形态。它与远程和网络传播形成了生态位基本分离且彼此个性和优势得到不断强化的互补及协作共生状态。

目前，在学校平台的成人教育传播中，人际传播是主体，不论是课堂形式、讲座形式，还是考察、讨论形式，人们总是通过面对面的直接交流实现信息的流动和能效的发挥。人际传播可以是点对面的放射性信息流动，比如课堂和专题讲座；也可以是面对面的互动式交流，比如群体之间的考察、参观、沟通、交流；更可以是点对点的信息交换，比如一对一的信息传递、指导等。尽管随着现代信息技术的突飞猛进，远程传播和网络传播正成为学校成人教育传播的重要手段，并在一些传播环节和专业领域开始取得优势地位，但总体而言，人际传播的地位和作用始终难以动摇，更无法取代。

对社会性的成人教育传播来说，由于受众群体庞大，传播任务艰巨复杂，传播主体多元，传播媒介兼容并蓄，所以，以人际传播为基础，形成了组织传播、大众传播（包括远程和网络传播）杂居共生的局面。受众需求的信息具体通过哪种方式和途径来实现，要看具体的条件和预先的效益评估。

（二）远程传播

文字和印刷术出现以后，知识和信息不但可以长久保存，而且可以传播到更加遥远的地方，于是最原始的远程传播出现了。报刊图书的扩散、人们的书信往来，构成了平面媒体时代人们远程信息沟通的基本形式。广义地讲，这也是一种教育传播的形式。

电子信息技术的诞生，标志着现代远程教育传播时代的到来。以电子信息技术为基础的远程传播，由最初的萌芽到今天的空前繁荣，已经走过了一个世纪的历程。广播、电视、卫星等现代信息技术的成熟和普及，为成人教育传播提供了极大的便利。它最大的优势是突破了人际传播的时空限制，实现了传播活动理论上及技术上的扩张。这一优势，与成人教育传播对媒体技术的需求是高度吻合的。

首先，成人教育受众规模庞大，构成复杂，需求不一，传统的人际传播尤其是课堂传播无论如何难以包容；而远程传播空前巨大的容量和覆盖面，无疑为成人的信息需求提供了圆满实现的可能。对远程传播来说，一个节目，无数受众观看；一个课件，成千上万人受益。只要具备最基本的条件和设施，即使身处边远地区的民族村寨、小岛渔村、边塞牧场，都可以得到及时的信息服务。

其次，成人教育传播内容超级丰富，尤其是社会性传播，所关涉的内容绝不是传统的课堂传授能够穷尽的。远程传播以其巨大的功能和容量，可以实现从最基本的读写算到最现代化的科技知识的传递，其容量之大可以满足传播内容的基本要求。成人从事生产、生活和娱乐所需要的各种知识和信息都能得到满足。

但是，远程传播的优势是建立在一定的经济和技术基础之上的，需要大量的经济投入和技术支持，与传统的人际传播相比，其传播成本要高得多。这也是远程传播虽然优势突出，功能巨大，但却始终不可能无限挤压人际传播空间的原因之一，更遑论取而代之。

（三）网络传播

以计算机和互联网为核心的网络技术一经诞生，就以大容量、全方位，以及平等、民主和即时互动的特长，占据了信息高地和传播的优势地位。网络传播对信息的超级负载能力是人际传播和传统远程传播难以企及的，其传播的自主、自由性也是空前的。在网络环境下，传播主体和接受主体角色同时淡化，双方取得了前所未有的平等地位，成人的信息需求可以在主动的学习中得到最大限度的满足。"与现有的围墙式课堂教育相比较，网络教育更具有教育内容的广泛性、教学环境的虚拟性、学生学习的能动性、学习过程的交互性和教学管理全天候服务的特点。"[1]在这里，传播过程不再有固定的程式和时间地点限制，真正实现了教育和学习的生活化，实现了有教无类、教学相长等古老的理想，实现了网络环境下传播的低门槛、无障碍。

笼统说起来，网络传播也应该是非人际传播的一个类型。超级的信息负载能力和即时互动的特性是它安身立命的法宝，也是其在一定程度上独立于一般的远程传播，敢于开门户、打擂台的看家本领。但网络传播一如广播、电视和卫星传播一样，其功能的发挥高度依赖资金与技术，这在客观上又成为一个新的传播障碍。网络传播优势突出，但却无法迅速走遍天涯海角，覆盖所有成年公民，原因盖出于此。

---

[1] 王岳川. 媒介哲学［C］. 开封：河南大学出版社，2004：57.

作为成人教育传播的基本途径，人际传播、远程传播和网络传播在经历了彼此的冲击、互动和此消彼长后，将彼此形成个性化的生态位，长期处于稳定的共生状态。对成人教育传播而言，人际传播、远程传播、网络传播杂居共生并不是灾难的开始，而恰恰可能是效益传播的福音。因为，成人需求的不稳定状态和成人教育传播尤其是社会性传播天然的流动性、波动性、不规范性，客观上需要传播途径的灵活机动、随机应变，而不能墨守成规、呆板僵化。不同的对象、不同的时间和地点、不同的内容，对传播途径具有不同的要求。在具体的传播过程中，对传播途径和媒体通道的选择应坚持几个基本的原则：便捷、实用、节约、高效。这应该成为成人教育传播途径与方式选择的基本要求。面对受众的信息需求，以什么样的方式和途径提供服务，上述原则可以作为基本的判断标准。

第四节　成人教育传播的功能与价值维度

成人教育传播伴随人类社会的诞生和发展，长久不衰。依据存在即合理的哲学逻辑，我们可以得到这样的推断：面向成人的教育传播，有其独特的、不可取代的功能和价值维度。这是其赖以生存发展的内在规定性。

一、成人教育传播功能的传统认知

《学会生存——教育世界的今天和明天》一书这样概括成人教育的任务："教育过程的正常顶点是成人教育。""成人教育可能有许多定义。对于今天世界上许许多多成人来说，成人教育是代替他们失去的基础教育。对于那些只受过很不完全的教育的人们来说，成人教育是补充初等教育或职业教育。对于那些需要应付环境的新的要求的人们来说，成人教育是延长他现有的教育。对于那些已经受过高级训练的人们来说，成人教育就给他们提供进一步的教育。成人教育也是发展每一个人的个性的手段。"① 很显然，成人教育面临的核心任务是对人的知识结构、技能水平和个性、素质、人格的完形。通过这个过程，人得以最充分的社会化。借此，成人教育的功能也得以外化和彰显。

以传播学的逻辑解读成人教育传播的功能，是一个全新的视角。拉斯韦儿在《传播在社会中的结构和功能》一文中，把传播的功能归结为三个方面：监视环境、社会协调、文化传承。② 施拉姆把传播的功能概括为政治功能、经济功能、社会功能三个方面。③ 其中在政治功能中，他强调了社会遗产、法律和习俗的传播，在社会功能中又强调了传播活动可以"向社会的新成员传递社会规范的规定"。看来，在传播学的视野里，教育传播的核心功能应该是传承社会遗产，使人类文明得以不断延续。后来，在1982年出版的《传播学概论》中，施拉姆正式将传播的功能定位为雷达功能、控制功能、教育功能、娱乐功能。④ 但客观地分析，无论是监视环境、协调社会，还是政治功能、经济功能、社会功能、雷达功能、控制功能的发挥，似乎都难以离开教育传播这个环节，难以离开人类文明成果的世代传承，难以离开经验的总结传递和教训的告知与警示。如

---

① 联合国教科文组织国际教育发展委员会. 学会生存——教育世界的今天和明天 [M]. 北京：教育科学出版社，1996：247.

② 王文君. 教育传播涵义及教育传播学研究范畴分析 [J]. 电化教育研究，2006（8）.

③ 南国农，李运林. 教育传播学 [M]. 北京：高等教育出版社，2005：5.

④ 邵培仁. 传播学 [M]. 北京：高等教育出版社，2002：58.

果人类的一切政治、经济和社会活动都必须以过往甚至前人的经验和警示为基础和借鉴的话，那么广义的教育传播几乎就是人类传播功能发挥和实现的难以逾越的前提。在这一任务面前，高度社会化的成人教育传播作用最为突出，功能的发挥最完善，因为成人教育本身就具有直接的政治、经济、社会和文化功能。

成人教育传播具有政治功能。首先，其一定意义上的上层建筑属性，决定了其政治功能发挥的必然性。传承文明、沟通信息、完形人格、构建秩序、涵养道德，促进人的社会化，这本来就是政治功能的重要体现。其次，就其传播任务而言，直接关涉国家大政方针的宣传、政策法规的贯彻。这些内容，总是直接间接地体现于成人教育传播的各个环节。成人群体占据国民总数的主要部分，成人教育传播对于维护国家政治生活的健康有序具有重要的作用。

成人教育传播直接介入经济运作，具有重要的经济功能。一般来说，成人教育的受众主体是在职从业的劳动者，教育目的是提高其技术、素质和职业道德，进而提升其劳动生产率，这本身就是经济功能的体现。诸如科技推广、岗位培训等，无不与经济活动密切相关；市场信息的收集、解读、传播，市场行情的分析、判断、沟通，无不产生直接的经济效益。成人教育传播为经济活动提供的是信息服务和智力支持。更何况，信息时代，传播也是生产力，成人教育传播其实就是社会经济运作的一部分，甚至就是经济运行本身，传播本身就是生产，于是其经济功能就不言而喻了。

成人教育传播还具有社会文化功能。它通过多样化的形式和内容提升成人公民的素质，传播社会规范，弘扬社会公德，协调社会关系，维护社会秩序，在树立理想信念、规范社会行为、化解社会矛盾、促进社会和谐方面功不可没。同时，成人教育传播还具有建设、传承、延续、创新文化的作用。民族文化遗产的传递继承、创新发展，有赖各种形态的教育传播。成人教育传播面对的受众是公民的主体，涉及各个层次、各个行业，其灵活机动的传播方式和多样化的传播手段更便于文化的传承与创新。尤其是，社会进步不断诞生新的文明，包括新的生活方式、新的社会文化、新的社会运行模式、新的精神文化产品等。这些新的社会文明的创造和传播，在职从业者是主力，新的社会文化或者来自信息传播本身，或者借助信息传播得以广而告之、发扬光大，其中，面向成年公民的教育传播担负着重要的任务。何况，成人教育传播本身就是社会文化建构的一部分，其社会文化功能的发挥自然且应然。

人一旦得到充分的教育塑造和学习完形，就成为经济、政治、社会、文化最完美的媒介和载体。上述功能，正是通过传播对作为社会主体的成人的塑造得以实现的。这也是传统意义上人们对成人教育传播功能的认知和描述。

二、成人教育传播功能的理性剖析

从传播学的视野分析，我们发现成人教育传播的功能不仅有内外层次之分，而且有显性隐性之别，其功能发挥是一个复合的动态系统。

习惯上，谈到教育传播的功能，我们首先想到和看到的是其经济和社会功能，因为它显而易见。通过教育传播，我们看到了社会新成员知识的积累、素质的提高和其作为经济社会发展后备力量的潜能的逐步具备；看到了通过教育传播，从业者知识的丰富、能力的强化、素质的提升和生产技能的成熟，其结果是社会生产力水平和经济运营中投入产出比的提升、GDP的增加和经济的发展；看到了通过教育传播，老年群体老有所学、老有所乐、老有所安、老有所为。于是我们很容易得到这样的结论：教育传播的功能就是服务经济社会发展，促进经济社会进步。我们习惯上所言的教育传播知识、传授能力、传承文明等等，似乎都可以归结到经济和社会功能之中。

因为其具有巨大的经济社会功能，所以，任何社会管理者欲规范社会秩序，促进社会和经济稳定发展，必然重视教育。从社会学的视角看，社会管理者也是最大的功利主义者。追求经济稳步发展和社会不断进步，是管理者追求的最大功利，也是实现社会有效治理、表征统治合法性的重要标尺。所以，古有"建国君民，教学为先"的古训，现有世界各国构建"终身教育体系"的宏伟目标。任何国家，不论是专制政体还是民主社会，教育发展都是国家建设的优先领域和基础工程。国家立法的保证、管理的配套、人财物的支持、督导措施的实施、评估体系的建设等，客观上表明，教育传播太过重要，蕴含着太多的功与利。更直白一点说，教育传播是管理者稳定管理的最佳工具之一，永远不会舍弃。

政府的高度重视、社会的聚焦与支持，加上其经济社会效益的显而易见，很容易使大众对教育传播经济社会功能的认知凝固化、信仰化，甚至膜拜化，仿佛教育传播的功能就是促进经济发展和社会进步。这个认识古今一致、上下共通，成为法典，但误区也因此诞生。

事实上，我们信仰和膜拜的恰恰是教育传播的边际功能，是其核心功能的自然延伸。因为，包括成人教育在内的一切教育传播，其功能的发挥有内外层次之分，有显性隐性之别。内外层次和隐性显性，构成了功能释放的两个维度。

（一）直接的、隐性的功能分析

成人教育传播作为一种信息传递活动，遵循信息有目的流动、反馈、互动和内化建构的规律。传播者和接受者是传播活动中两个最活跃的因素。通过系统的教育信息传递，我们会发现它促生了这样的结果——受众掌握的信息量的增加、知识的丰富、素质的完善，包括对社会规约的认知、对生活知识的掌握、对社会伦理道德的理解接受、对社会实践的熟知和参与、对自我心理的建构等。教育传播第一步首先使接受者成为一个合格的社会成员、一个初步社会化的公民，使其具备一个公民所应当具备的知识、素质、心理和能力，使其学会求知，学会做事，学会协作共处，学会如何生存，一句话，从一个自然人变成了一个合格的"社会人"。这是教育传播功能的第一次凸显，是教育传播最直接功能的首要表征。至此，我们可以说，教育传播已经完成了信息传递、接受、内化、建构、升华的所有环节系统，其直接功能、核心功能——使一个自然人成长为一个有知识、有素质、有能力、有健康心理、有高尚的人格、有价值和尊严的幸福的人——已经得到发挥。简言之，教育传播促进人的社会化、塑造完美的"社会人"这一功能已经得到充分实现。

塑造完美的"社会人"，完成自然人的社会化，是包括成人教育在内的教育传播的直接功能、核心功能，也是内在的隐性功能、稳定功能和非功利化的功能。说它直接，是因为它是教育传播功能发挥的第一次集成和凸显，至此，教育传播完成了一个完美的轮回。传播实践和这一功能达成之间没有中间环节，是一种直接的因果关系，"社会人"是教育传播产生的直接结果。说它核心，是因为教育传播功能的发挥至此已经完成，已经实现了其本质规范下的功能发挥。其后续和边际功能始终以得到塑造的合格"社会人"为核心，犹如炸弹"爆心"向外强力扩散的一层层冲击波，作用还在有效、显性、长久地释放着。说它内在和隐性，是因为这个功能的发挥是非显性的，具有全程的内隐性。教育传播完成系统的信息传递后，其后续活动是信息接受者内化和建构的个性化过程，也是一个心理过程。这个过程呈现静默、内隐和潜滋暗长的特性。说它稳定，是指合格"社会人"一旦得以塑造完形，即长久维持并强化这一建构，不可能退化反转。说它非功利，是因为这一功能不以现实功利追求为目的，完成自然人的主体建构即代表目的的达成、功能的实现，此外无他。

塑造完美的"社会人"，是教育传播核心的、直接的、隐性的功能，同时这一功能是非功利化的。从传播学的角度看，这一功能体现着教育之为教育的本真所在。

（二）间接的、显性的功能解读

由隐性到显性，由核心到边际，先有隐性的、核心的功能的发挥，后有显性的、边际功能的实现，这是传播学视野中教育功能发挥的基本路径。

教育传播核心功能的后续效应和边际扩散成就了其强大的显性功能——经济和社会功能。换句话说，教育传播的显性功能是促进经济的发展和社会的进步。这一功能是其塑造"社会人"功能的合理延伸和边际效应，但却是大家聚焦的核心，尤其是社会统治者关注的焦点，是"建国君民，教学为先"的应有之意。

教育传播的经济社会功能是其显性功能的主体。它是间接的、边际和延续性的、外在和显性的、动态发挥的，也是极端功利化的。与其核心的内在功能相比，教育传播经济和社会功能的发挥是间接的。这一功能的发挥与传播活动本身不构成直接的因果关系，单纯的教育传播无法产生直接的经济社会效益，而必须经过"社会人"这个得以塑造的中间环节。说白了，教育传播产生现实的效益，要通过"社会人"的后续行为才能达到。教育传播的经济和社会功能是边际和延续性的，它是塑造合格"社会人"这一功能的边际效应与合理延续。没有教育传播的核心功能，其经济社会功能无从谈起。说它外在显性，是因为这一功能看得见摸得着，可以评估分析，可以量化，可以计算投入产出，可以通过设计、规划、管理、投入等环节加以约束管控以达到目的。说它动态发挥，是因为主体"社会人"完成塑造以后，其经济和社会价值的释放不是一次性的，而是持续终生的一个过程。随着终身教育传播体系的建设和完善，人生就是一个学习、建构和价值释放的过程。说它极端功利化，是因为这一显性功能的发挥来自经济发展和社会进步的迫切要求，既是现实的需求，也是永恒的期盼。它不仅带来经济的发展振兴、GDP的增长、社会财富的增加、国家地位的提升，也带来社会的文明进步，给民族、国家和管理者带来的是他们渴求的现实功利以及管理的合法性和能效。

我们对教育传播功能的描述蕴含着这样的潜台词：教育传播外在、显性功能的现实功利性，表征其堕化为工具的严酷现实；而内在、隐性功能的非功利性，则使其彰显了本真的存在，昭示着自身价值的永恒。

对成人教育传播而言，我们强调其功能发挥的不同维度更有积极的现实意义；因为成人教育传播的对象是成人——在职从业和曾经在职从业的公民，是社会构成的主体。成人教育传播的目的是促成受众更高层次、更全面的社会化，是在学校传播的基础上，成人公民社会化程度的延续和加深。由于这种传播的过程由受众的现实需求所启动，所以其目的的现实功利性既强大又外显，容易使其非功利目的淹没在功利的洪流之中，使传播的显性功能更加彰显，隐性功能更加隐秘，甚至被忽视或者被有意地无视，这是成人教育传播研究应当避免的。

突出强调成人教育传播的隐性功能，这是现代社会健康发展的需要。随着社会的全面信息化和数据化，仿佛一切都可以量化、功能化和功利化。信息和数据一旦成为商品进入交换，一旦以利益为核心评价一切，重利、重商甚至急功近利的发展取向将无情地毁掉人之为人的精神世界，人将成为逐利的动物、金钱的奴隶，人将堕落为工具。这不是危言耸听，而几乎就是我们面临的严酷现实。当个人信息也可以随便出售、网络诈骗危害到公民正常生活的时候，强调教育传播对圆满"社会人"的塑造，强调成人教育传播的最核心功能在于实现成年公民更高层次的社会化，无疑是成人教育传播返归本真、承担社会责任的本质使然和价值所归。

基础教育、高等教育和职业教育等学校教育是规范化、标准化的传播行为。学校是一个相对封闭的传播平台，相对于当今喧哗与骚动的社会，仍然属于"净土"。而非学校平台的成人教育传播，如前所述，更多地表现为信息的社会化的人际传递。这种信息传播融入社会运作，实现对成人受众的精神塑造、个性涵养、道德熏陶、心理建构、人格升华，促动着社会文明程度的提高。成人是社会财富的创造者，不仅创造物质财富，也创造精神财富；不仅通过劳动彰显着自身作为工具的价值，也在劳动中建构着个性化的自我。教育传播对成人——社会财富的创造者——的进一步社会化塑造，建构着社会的精神世界、人文环境和文化生态。这种隐性功能的发挥，是对其显性功能过度释放的有效对冲和积极疗救，是喧哗与骚动的物欲至上时代应该积极呼唤和追求的美好愿景；因为它超越了成人教育传播作为工具的服务角色，实现了更高的价值。

三、成人教育传播的价值维度

谈到教育传播的价值，人们总是和它的功能混为一谈。事实上，教育传播的功能和价值是两个不同的概念。教育的价值是指教育之为教育的内在和外在规定性，而功能则是这种规定性的实现及结果。价值规约着功能的实现路径、方向和结果，功能则彰显着价值的形态和维度。

教育传播作为人类的社会行为，总是与人类的其他社会实践处于永恒的关联、互动甚至直接或者间接的因果之中。正如教育传播与经济运行、教育传播与社会发展、教育传播与文化建构、教育传播与社会消费的关系一样，当教育传播成为经济发展和社会进步基础环节的时候，我们就发觉它具有了工具的特质。而且，由于对经济社会发展的基础性作用，教育传播为社会和经济发展提供了强大的智力支撑，我们已经习惯于把教育看作服务经济社会发展的工具，推崇教育作为工具的合理性（简称"工具理性"）。这个看法根深蒂固，在有意无意之间，我们忽略了教育追求价值的合理性（价值理性），造成了对其评价维度的单一。事实上，教育和人的其他社会行为一样，蕴含着工具理性和价值理性的高度统一。

（一）事物和行为的工具理性与价值理性

工具理性和价值理性是一个重要的哲学概念，其最直接的来源是德国社会学家马克思·韦伯在《新教伦理与资本主义精神》中提出的"合理性"

概念。

稍后的法兰克福学派很好地发展了韦伯的这一理念。他们认为，认识一切事物和社会行为的价值维度可以有两个，即认识它作为工具的合理性和价值诉求的合理性。一方面，判断其功能和效率，即它的工具理性；另一方面，判断其所体现出的更高的精神价值，即价值理性。工具可以被替换，价值却是永恒的。

1. 工具理性。工具理性是事物或行为通过实践的途径确认其作为工具的有用性，从而追求自身功效的最大化，为人或社会的功利追求提供服务的属性。工具理性注重人们社会行为和事物的工具特性，追求功能发挥和利益的最大化。工具理性求真务实，但如果走向极端，就会产生技术崇拜甚至异化。

马克思·韦伯在《新教伦理与资本主义精神》中指出：新教伦理强调勤俭和刻苦等职业道德，通过世俗工作的成功来荣耀上帝，以获得上帝的救赎。这一点促进了资本主义的发展，同时也使得工具理性获得了充足的发展。但是随着资本主义的发展，宗教的动力开始丧失，物质和金钱成了人们追求的直接目的，于是工具理性走向了极端化，手段成了目的，成了套在人们身上的铁的牢笼。在韦伯看来，一旦过程成为目的，工具成为追求的标杆，那么，作为主体的人和作为手段的工具就同时相向异化了。

工具又可分为物质形态的工具与精神形态的工具。物态的工具是工具的物化形态，就如同渡河要造船、盖房要准备材料和脚手架一样，物态化的工具体现工具的物理属性，量化而且可控；精神形态的工具是工具的精神形态，是渡河、盖房的目的、蓝图、设计和规划，是以目的为指向的逻辑和思维产物。两者有机结合，实现工具理性的完形。物态工具具有服务的直接的显性效益，精神形态的工具则体现为服务的间接效益，其工具价值的发挥还要通过物态工具这个桥梁来实现。

比如互联网的诞生和快速普及，我们首先要看到它的工具属性。它是工具，具有工具的一切特质，作为信息传播、集散的平台，给我们的工作、生活、休闲带来了超级的便捷，对社会和经济的运行提供了高效的、全方位的技术支持，大幅提升了社会实践的效益。这个工具效益的实现有两个基础：其一是互联网建设和发展方案、蓝图与进程的规划，对发展中预设问题的预案措施，以及大众接受能力、接受程度的分析和应对方案的设计；其二是互联网软硬件的建设。物化和精神两个层面工具合二为一，实现了互联网的效率、效益和成功。

互联网的工具属性及其发挥的效益彻底征服了我们。大众痴迷它，无条件服从它，接受它的掌控，一刻也无法离开它，甚至成为它的奴隶。在这里，互联网由工具升格为主人，而我们则由社会和生活的主人沦落为网络的工具。我们和网络都异化了。我们可以做这样的设问：互联网的速效和服务有没有发展极致？会否发展到其速效无法再继续提升的程度？是否真有那么一天，互联网到了存在价值的顶点？如果真有这个顶点，互联网是否就无法再进一步发展了？答案是否定的，因为，互联网不仅仅是工具，不仅具备作为工具的合理性，而且还彰显着内在永恒的价值，具备价值诉求的合理性，这就是互联网张扬和最终实现的平等、民主、人性、诚信、道德、伦理和系统的人文诉求。而这，则是互联网的价值理性所在，工具可以有极致和顶点，价值则是永恒的诉求。

2. 价值理性。价值理性关注的是人的社会行为和事物所能代表的公益和价值，即是否实现社会的公平、正义、诚信、道德、伦理、荣誉等，甚至不计较过程和结果，哪怕历经坎坷甚至付出生命。它注目于从永恒价值的角度来判断事物和行为的合理性，注目对人性的关爱与呵护，对社会公平正义的维持和对社会人文环境的建构。价值理性关怀人性的世界，其追求的目的是美和善。

价值理性基于这样的认知，即人是万物的主宰，是社会的主人。人的全面发展，人从一个自然人成长为一个有素质、有能力、有尊严、有人格、有价值的幸福的人，是一切社会行为和社会实践的目标。社会的经济、政治、科技、文化利益，目的都是维护人的尊严，提升人的价值，凸现人存在的意义，促进人更好地生存、发展和完善，使其趋近自由而全面发展。人虽然不排斥功利和效益，也只能通过功利和效益展示和实现自身的价值，维护自身的尊严和人格，彰显自己的人性之美，但功利和效益永远只是手段。人是一切价值的核心，是一切事物和行为的终极目标与价值顶点，

价值理性同时基于这样的判断：人的全面发展始终是一个过程，高度社会化的幸福社会人的实现是一个始终在征途上的追求。正如人类社会的发展无止境一样，人和社会的发展始终存在不足、失误、缺憾甚至严重的错误，必须有一个终极的价值追求引导人的发展进程和社会实践，使其不断弥补不足、纠正失误、疗治缺憾和改正错误，使发展道路和实践行为更加顺利。价值理性所构建的就是这样一个理想国，一个指引人全面发展和社会进步的永恒的灯塔。

应该特别指出的是，事物和人的社会实践，其工具理性是前提，是价值理性的现实支撑，价值理性是工具理性的精神目标和内在动力。诸如法学中程序正义与实质正义的争论，经济学中效率追求与公平追求的冲突，哲学中目的和手段的矛盾，文化领域中科学与人文的摩擦，等等，都彰显着工具理性和价值理性的彼此关系。总体上说，"只要有一种价值理性的存在，就必须有相应的工具理性来实现这种价值的预设"。没有工具理性，价值理性就是空想；没有价值理性，工具理性就盲目而失去目标，使人们陷入过程和工具崇拜的泥潭。

（二）成人教育传播的工具理性与价值理性判定

教育传播作为有目的的社会实践，同样可以从手段与目的、工具与终极价值两个维度判断其存在和发展的价值。

作为持续塑造人的社会活动，成人教育传播目的明确、路径清晰。它通过系统的信息传递，促进自然人的社会化。在这个动态的过程中，既体现出了持续的工具属性，又展现着终极的价值诉求。

1. 教育传播首先是工具，其工具属性体现在两个方面：一方面，体现为以经济社会和人的全面发展为目标，国民教育从顶层设计、宏观规划、实施方案一直到教学计划、课程与方法的选择，形成大大小小的模式蓝图，作为精神化的手段与工具在发挥作用；另一方面，教育传播的四大要素——传播者、受众、传播渠道和教材，以及实际的传播活动本身，作为物质化的手段和工具，在构建着传播的物化形态。二者结合构成教育传播的工具属性，在以下几个方面展现其巨大的工具价值：

其一，服务于经济和社会发展，开发人力资源。功能发挥的核心是培养经济社会发展需要的人才，提供智力支撑。

其二，作为工具，教育传播追求效率和效益，讲究投入和产出，追求功能发挥和效益实现的最大化。

其三，作为服务于经济发展的工具，教育传播为实现效益的最大化必须与市场对接，并通过有效的管理、评估、反馈保证运行的质量，确保人才培养的规格、数量、质量、序度严格对应市场的需求，避免无效消耗和浪费。

其四，作为工具，教育传播必须求真务实，能够实现量化的评估和对过程的管控以及调适修正，达到效率和效益的圆满实现。

2. 教育传播有更高的价值诉求。教育传播的价值理性，主要体现为对塑造充分社会化的幸福人这一目标的追求和通过传播对社会普适的精神价值的建构。我们可以透过受众、社会和传播本身三个维度对教育传播的价值理性做出描述：

对受众个体而言，教育传播的价值追求是受教育者的充分社会化，使受众成为一个充分社会化的人，成为遵守社会规约、彰显自身尊严、张扬自身个性与价值、愿望得以实现的幸福的人。

对社会来说，教育传播的终极目标不单是培养人才，促进就业，提高生产力中的技术含量，最终提高经济效益，还在于它对于社会健康人文环境的营造与经营，促进民主法制和社会公平正义，弘扬民族精神和伦理道德，张扬诚信、尊严，释放并呵护人性之美，培养社会健康向上的精神和风气。这是纯粹的功利性教育所无法达到的。

教育传播的价值理性还体现在其充分依赖自身的工具理性，以设计的科学、过程的完美、质量的保证和效益的最大化，在工具理性求真的基础上，实现善与美的追求。

3. 成人教育传播体现着工具理性和价值理性的统一。成人教育传播，其受众是在职从业和曾经在职从业的公民，传播活动直接介入经济和社会运作，其工具属性看似更加凸显而且直接，但事实上并不能改变其双元价值维度的基本特质。

在教育转播受益者群体中，社会管理者是最大的受益者，也是教育传播中最突出的功利主义者。在社会管理的视野里，教育是柔性的统治工具，它不仅传播主流意识、统治理念、社会运作规范，而且通过有选择的信息传播培养合乎体制规范的管理者，同时，通过规范化的传播活动培养有利于体制运行的劳动者、社会财富的创造者和顺应体制的守法公民，即使他们离开了岗位，不再创造财富，但仍然是现行体制的受益者和守望者。从这个角度看，面向广大从业者和曾经在职从业公民的教育传播，创造的是现实的功利、真切的效益。经济的发展、社会的稳定、大众文明程度的提升，无不彰显成人教育传播的工具属性和功利价值。

教育传播工具属性的凸显永远无法取代最终的价值追求。一方面，成人教育传播的本职仍然是塑造人，塑造充分社会化的幸福人，通过教育传播和相应的信息内化，提升的不仅是受众的知识水平和能力，更包括整体素质的提高、心理的健康、价值的彰显、尊严的守护和幸福指数的攀升。这是事物的一体两面，是自然而然的事情。另一方面，伴随经济发展和社会进步，老年教育、社区教育将成为重要的教育形态，社会文化生活教育、休闲娱乐养老保健教育将成为主体内容。这种形态和内容的教育传播，直接指向成人的精神世界，服务的是成人的文化生活、精神愉悦与心理健康，建构的是尊严、价值和人格，最终实现的是幸福。这与成人教育传播的价值理性是高度吻合的。

因此，我们可以得出这样的结论：成人教育传播，首先是工具，具有工具的属性，其存在和发展的价值包含着作为工具的合理性，这种工具理性集中体现在它为人的社会化、为经济和社会发展所提供的有效的服务之中；但成人教育传播通过有效的信息传递，完成了它塑造高度社会化的幸福的社会人的使命，而且这种塑造以成人的社会、生活经验和心理积淀为基础，明晰而直接；它也在传播和构建积极健康的社会精神和文化，建构一个健康的人文社会，彰显普适的社会价值，这就是成人教育传播价值理性的集中体现。工具理性和价值理性统一于成人教育传播实践，在服务"社会人"塑造和经济社会发展的进程中，达到真善美的和谐统一。

第五节　成人教育传播的动力机制

教育传播是一种社会实践活动，任何社会实践都有来自内部和外部的动力的促动和支配，教育传播也是如此。但是在教育学研究中，对教育动力的研究被有意无意地忽视了。事实上，教育动力学的研究应该是教育学研究的一个重要组成部分。大约是因为在传统的教育学研究视野中，教育的动力——经济和社会发展的需求——太过清晰和明显，所以给大家造成一种无须深究的假象。但是从传播学的角度研究教育，就不能越过教育动力研究这个关口，因为任何传播都体现为信息的目的性流动，任何信息流动都需要动力的驱动。这个动力不仅有内外之分，而且有隐性和显性之别，并且具有复杂的运行机制。

一、工具理性视野中成人教育传播的动力来源

正如前文所述，成人教育传播首先具有工具的属性，是工具。工具有个性化的内涵，它永远是被动的。工具的职能是服务，其动态运作的动力来源只有一个，那就是外在的需求。

从其工具理性来看，成人教育传播存在的价值就是服务，为经济运行和经济发展服务，为社会的文明进步服务，为受众的个人需求服务。服务是它的第一要务。我国国民教育体系为成人教育传播设计了五大任务：对已经走上各种岗位以及需要转换工作岗位或重新就业的工人、农民、干部、专业技术人员和其他从业人员，进行相应的岗位培训，使他们在政治思想、职业道德、文化知识、专业技术和实际能力等方面达到本岗位的规范要求；对已经走上岗位而没有系统接受初等、中等教育的劳动者，进行基础教育；对已经在职而又达不到岗位要求的中等或高等文化程度和专业水平的人员进行相应的文化和专业教育；适应社会的迅速发展和科学技术日新月异的进步，对受过高等教育的人进行继续教育；为建设文明健康科学的生活方式，满足人们日益增长的对美好生活的需要，对成人开展丰富多彩的社会文化生活教育。这五大任务昭示着五个方面的需求。

需求促成政府的决策和政策走向。因为经济社会发展的需求，所以国家的法制建设以及政府的政策导向、投资取向、管理措施必然激励、促动成人教育传播的健康发展，从而产生政府层面的动力。

需求引导着社会的行为。在市场的调节下，经济社会发展的需要必

然导致社会资源向成人教育传播的汇集，人力的、物力的、财力的。需求促动的结果是传播主体纷纷涌现、传播途径和工具日渐创新、传播内容不断丰富。社会力量积极促进成人教育传播的发展，诞生了社会层面的动力。

需求也引领着个人的选择。就业的需求、换岗的期盼、晋升的欲望、休闲娱乐的需要等等，都成为公民个人进入学习世界从事学习的动力。

所以，就其工具属性看，政府层面、社会层面和公民个人层面的来自经济社会和个人生存发展的需求启动了成人教育传播，现实需求成为成人教育传播的动力来源。

二、价值理性视野中成人教育传播的动力探索

成人教育传播具有超越工具理性的价值追求，具备价值理性。主要体现在两个方面：其一是对受众精神世界的塑造；其二是对社会健康人文环境的建构和对社会共性价值目标的追求。不论是对人的塑造还是对共同价值目标的追求，都在更高的层次上构成了更高的需求。需求同样启动了政府、社会和个人三个层面的选择。

政府层面。经济的健康发展和社会的进步，不仅需要成人教育传播提供有效的服务，还需要通过教育传播努力建构更高的、更完美的道德标准、行为规范、人文环境、公益目标、价值取向和健康的精神世界。这既是政府的意志，客观上也是一种需求和动力，它使成人教育传播超越工具的阶段性和功利价值，实现对受众及社会群体思维和行为的规约。这种更高的标准、规范、环境、目标、取向和精神世界，凝聚、引导和促动着社会的和谐有序运转，引导着政府意志、治理理念、治理思路等不断转化为社会组织和公民个人的日常行为与实践，也引导和促动成人教育传播经历但却超越功利，付出但却不惮于失败，努力前行。

社会层面。成人教育传播不仅止步于实际实用，不仅具备显性的经

济效益，其目标，更在于努力参与建构一个安定祥和、稳定有序、有机运转的社会系统。这个系统张扬个性而不否定共性追求，敬业奉献而不拒绝个性欲望，诚信友善且公平正义，互助包容又和谐自由，平等公正更兼民主法治。这是一个"理想国"，是社会发展的美好愿景。愿景的价值在于引领和召唤。这一愿景促使成人教育传播通过塑造社会人实现对理想社会的建构。

受众层面。丰富知识、完善素质、维护尊严、彰显个性、实现价值、追求幸福，这是人之为人的本能，也是人作为社会关系总和所追求的共性目标与梦想。大家努力奋斗，无论成功几许，无论落败几何，但目标恒定；有人止于起步，有人止步中途，幸运者走完全程，然痴心不改；有人选择坦途，有人走了弯路，但追求不变；有人乐观潇洒，有人苦闷彷徨，更有人痛哭流涕，但无怨无悔。为了那个神圣的目标和梦想，广大在职从业和曾经在职从业的公民重操学业，成为教育传播的受众。或出于岗位需要，或出于生活的欲求，大家追求梦想的欲望和需求促动着以学习接受为主体的成人教育传播，使之持久不衰。

总之，无论是工具理性视野下现实功利的需求和驱动，还是价值理性视野下永恒价值的引领与召唤，成人教育传播都在迈过坎坷、承受失败、砥砺前行。经济社会需求的促动外在而显性，作为成人教育传播的外在动力，它突出而强大；公民完善自身的欲求个性而内隐，作为内在的动力，它含蓄且永恒。与其功能维度相对应，成人教育传播内在的、隐性的动力促进着其直接功能的发挥，外在的、显性的动力引导着其间接功能的实现。其内在、外在动力促动隐性、显性功能实现的过程，彰显着教育传播工具理性与价值理性的高度统一。

三、信息自然流动之"势"的动力作用解读

成人教育传播在过程上体现为一种信息流动，信息流动彰显着内在

和外在动力的作用。在成人教育传播的动力之中，除了显性的经济社会需求、内在的成为完善"社会人"的个人欲望的引领促动外，教育信息运行还存在一种内在的自然流动之"势"。

"势"是一种趋势、走向、倾向性，是一种存在状态，也是一个"梯度"。梯度＝差别÷距离＝差别×联系。"梯度"可以产生动能。信息之"势"所内含的"梯度"为信息的流动储备最大的潜能，这种潜能是我们研究教育传播动力所不能忽略的。客观上，信息为传播和流动而生，传播、流动、扩散甚至膨胀是信息的生命所在。"我思故我在"，这是关于人的哲学命题。对信息来说，这个命题可以标示为"我动故我在"。静止是信息的死亡界限，一旦信息不再被传播或者失去传播的价值，即宣告该信息进入永久的休眠、死亡甚至湮灭状态。所以，信息天生具备流动传播之"势"，这种流动之"势"本身就蕴含着一种"势能"。它遵守信息流动的普遍规律，即在高度势能的作用下从信息高地流向信息洼地，在扩散势能的作用下从信息富集区流向信息贫瘠区。我们确信，这种内在的流动之"势"成为信息传播的潜在动力，并在更广泛的意义上构建了成人教育传播的动力基础、背景和传播的动力环境。

关于教育传播借力信息流动的内在之"势"，我们有必要做更深入的分析。

一方面，信息社会尤其是大数据时代，随着信息量的膨胀性扩张，海量的信息存量和持续的信息生产，造就了信息浅层化、无中心、无主题和碎片化的基本现实。在这个现实里，庞大信息的无序自然流动犹如物理学中的"布朗运动"，成为信息生存的主要形态。由于大数据时代信息从生产到湮灭的生存周期大大缩短，所以其自然无序流动的过程更加难以把控。如果我们把信息看作教育传播和学习接受的基本资源，那么对传统的教育模式来说，这些资源从来没有像今天这样难以甄别、选择、把握和利用。整个教育传播活动犹如置身于茫茫信息海洋上的浮萍，总是不同程度地失去传统的主体地位。海量信息的无序自然流动必然诞生另外一种行为取向。那就是，大数据时代，教育传播必须而且必然让位于学习接受，教育传播的真正主导者将是受众，而受众将从信息的被动接受者转变为信息的消费者、客户。这种角色的转变带来了连锁变化，既然是消费者和客户，那么，他们在教育传播、信息传递中就拥有了前所未有的话语权和传播活动的控制权。对以社会性传播为主体的成人教育而言，大数据促使其回归本体，成人教育传播真正回到了由消费者和客户的需求来启动、引领、把握和评估的应然轨道上来。

另一方面，大数据时代，庞大信息的自然无序流动诞生了一种新的被动型学习形态——信息的无序入侵和受众的无目的接受。包括网络在内的大众传媒每时每刻都在传播信息，这些信息每时每刻都在主动入侵受众的感官，促成受众的被动接受；信息的人际传递每时每刻都在发生，无目的的道听途说可能成为受众获取信息、积累知识的重要途径。无意中听到大众传媒播出的技术信息，不经意获取旁人交流的生活知识，这个信息获取过程是何等被动、便捷、无目的、自然和无代价，但这也是一种学习形态和信息接受模式——大数据时代新的普遍存在的依托信息自然流动所启动的学习模式。如果我们把这种模式也看作是一种学习的话，那么，在这种信息自然无序流动的背后，在这种学习接受的形式背后，信息流动之"势"就直接发挥了动力的作用。这个作用无所不在，不以人们的意志为转移，只要人们的心理处于正常的状态，学习、接受随时随地可以发生。

从这个角度看，信息的无序自然流动将帮助我们打造一个真正的学习和接受的社会，一个全民终身学习的学习化社会。"势"居功至伟！"势"成为信息自然流动的动力，也就成为大数据时代成人教育传播的潜在的、永恒的动力之一。无论其他动力是否中断，量度是否变化，它将永远存在。

四、成人教育传播的动力系统

成人教育传播的动力与传播实践之间构成一种复杂的、复合性的因果关系。究其原因，第一，成人教育传播是一种多因生社会活动，动力来源不一，既有经济发展的促动，也有社会进步的需求，更有公民满足个人发展的需要，还有信息自由流动之"势"的助推。因此，成人教育传播动力呈现多元化分布状态。第二，各个动力元素的分布有隐性与显性之差，功能发挥有直接与间接之别。第三，各动力元素发挥作用的时间、序度、环节、持久度各不一样。

一句话，成人教育传播的各动力元素依据自身的定位和功能，彼此间构成了一个复合的动力系统。这个系统构成有层次之分和内外之别，其功能发挥呈现为一个复杂运转的系统。

这个动力系统有层次之分。其最初级的动力表征为信息的自然流动之"势"。它属于内在的、潜在的动能。信息为流动而诞生，它一经产生，即进入潜在的流动状态，存在流动之"势"，并在外力作用下，遵循由高地向洼地、由富集区向贫瘠区流动的自然状态。它的自由、自然、无序流动，为传播奠定了运作的动力学基础和背景。它促动着规范的学校传播之外的社会教育传播活动，尤其当非目的性传播和接受成为成人知识建构、能力养成和素质提升重要渠道的时候，这一最初级的动力，其作用不可低估，但它是潜在的。第二级动力是受众个人的学习和接受欲望，是个性的、多样的、千差万别的欲望，但目标归一，愿景大同——完善自身、维护尊严、实现价值，但它是内隐的。第三级动力来自经济社会发展需求的拉动。最为直观，最为直接，最为凸显和强大，以至于常常误导大众的认知，总将其当作成人教育传播动力的全部，而实际上它只是动力之一。

这个动力系统有隐性显性、内在外在之别。作为显性动力，经济社会发展的需求最为明晰。由于这个动力往往集中体现为政府的意志和行为，逐步落实为国家的政策、设计、思路、措施，并具体化为人财物的投入，人人可见，个个耳闻。不仅看得见，而且可以量化分析、过程控制、效益评估，可以有顶层设计、宏观思路、具体对策与突破口。作为显性动力，其作用的发挥最为直接强大。因为它事关国家民族的兴衰、国家的长治久安和综合国力的提升，所以政府有支持、法规有支撑、社会有基础、经济有保障，成为成人教育传播最强大的动力。

个人完善自身的欲望高度个性化，属于隐性动力。作为一个有自主权的公民，他有权决定是否学习、为什么学习、学习什么、何时学习和如何评价学习的效益，而且，个人的学习欲望在本质上仍然受经济社会发展的规范和约束。不论是为了岗位提升、工作调整、精神充实，还是为了休闲娱乐、家庭幸福，公民从事学习、接受信息传播的动机属于个人隐私，是成人教育传播内在的隐性的动力。

信息的自然流动之"势"，永恒存在，亘古不变，它与信息共始终，是一种潜在的动力，而且其动力功能的发挥常常需要经济社会发展需求和个人学习欲望的引发启动。

这个系统的运作模式体现为互为因果、彼此互动的关系。其一般理路是，由外在的显性的动力诱发和启动内在的隐性的动力元素，即由经济社会发展对教育传播的需求，诱发和启动个人及相关组织实施传播和受众从事学习的欲望，促使其进入教育世界，并进一步启动信息流动传播之"势"。人们为了提升素质、强化能力、晋升职级，或者为了调适生活、丰富休闲参与教育传播，而这一切目的往往直接或间接来自经济和社会发展的激发和促动。产业升级、岗位技术提高促使人们产生学习提高的愿望；而社会的发展进步、文明程度的提升，往往就是人们调适生活、追求娱乐休闲的直接动因。从这个角度分析，外在动力要真正发挥作用，启动和延续成人教育传播的实践，必须经过诱发个人的学习和接受欲望这个中间环节，还必须有效调动个人和有关传播组织启动和实施传播的积极性。离开人这个中间环节，单纯的经济社会需求对传播活动将无能为力。

作为内在动因的个人学习欲望，对外在的显性的动力有能动的反作用。个人的学习取向、学习时段、学习内容以及对学习方式的选择、学习媒介的确定，都对教育传播的显性动力产生影响和作用。作为隐性动力的个人欲望在面对作为共性的经济社会发展需求时，总有个性化的参与权、选择权。如上所述，一个不能否定的事实是，外在的显性的动力也只有通过个人的学习欲望这个中间环节，才能真正开启和实现信息的传播。

信息的自然流动之"势"，作为本源的出自信息自身的动力，既是信息的生命力所在，同时也为面向成人的信息传播提供了动态的背景。在常态的传播中，它由受众来自经济社会需求的学习欲望所诱发，从而获得释放，成为完成传播的一个最隐秘的动力源，也是与信息和传播内容关系最近的动力源。

第六节　成人教育传播的沿革与阶段性

作为社会实践的教育传播几乎是伴随着人类社会的产生而产生，并随着社会发展的历史不断前进的。历史发展到今天，成人教育传播虽仍固守内涵，但外延却发生了巨大的变化。理论研究应该认真溯源、总结一下其发展历程，尤其是在网络传播以不可阻挡之势重构现实的时候，理性地梳理与人类共生共进的成人教育传播的历史，对成人教育理论建设和传播实践都有积极意义。从传播史研究来看，我们可以从两个维度解读成人教育传播的沿革：线性的进程描述与明确的阶段划分。

一、成人教育传播历程的线性描述

正如亚历山大·戈德所说，传播"就是使原为一个人或数人所有的化为两个或更多人所共有的过程"（A. Gode，1959）。原始状态下的信息传播以传承生产和生活的知识与技能为主体任务，实际上就是广义的教育传播；而从传播内容和受众群体来看，几乎又是典型的成人教育传播。其传播对象是社会的成人群体——当时生产力水平下的劳动者；传播者是生活中有经验的长者、能者，并非专业人员或专门机构；传播内容也多属有关生存繁衍所必需的渔猎、耕种、防身、祭祀等基本的知识和技能；口耳相传、身手相授、观察模仿等成为传播与接受的主要方式。在当时的生产力发展阶段和社会发展水平上，作为非成人的儿童基本是被有意无意排除在传播对象之外的。从这个角度来看，人类初始的教育传播活动就是以成人为基本受众的。这样的状态一直持续了漫长的历史时期。

在我国，直到春秋时期的大教育家孔子设坛授徒，传播对象大多仍然是已经立业成家的成年人。他周游列国，广泛传播自己的主张和学说，其传播明显与懵懂的孩童少年少有瓜葛，可以说基本上是成人教育传播。

世界范围内，教育传播对作为当今重点传播对象的儿童的发现，是人类历史发展很久以后的事情。

少年儿童逐步成为教育传播的接受主体昭示着这样的现实，即生产力的发展使人类不再把生存看作最终的追求，而开始逐步关注更长远的发展问题，关注下一代的知识增长和技能培养。这在客观上说明社会财富的积累终于有了富余，可以关注和应对生存之外的长远问题，可以"由专门的机构从事对未来劳动者的培养"。但"儿童的发现"也带来了一个消极的后果，那就是教育传播被人为地阶段化，成人从教育传播接受者的群体中被逐渐剥离出来，成为单纯的劳动者，人生被机械地分割为接受教育和从事劳动两个大的阶段，接受教育成为少年儿童的专利。在此后的历史发展中，教育传播的对象一直主要集中于少年儿童群体，尤其是正规的学校教育，与成人受众的关系更是渐行渐远了。

伴随着文艺复兴的肇始，"人的地位和价值被重新发现"，与此同时，在产业领域，生产技术提升、生产规模扩大、产业工人的技术更新和素质提高成为经济发展的必然要求，于是，出现了教育传播对成人的重新发现。从此，大量产业工人开始进入教育传播者的视野并重新成为教育传播的重要受众。岗位规范、技术指标、技艺推广、产品开发等，成为教育传播的重要内容，现实的需求不断促进着成人教育概念的形成和专门机构的出现。

也就是说，教育传播向成人群体的回归，实际上从欧洲文艺复兴质疑神权、重新发现人的价值和尊严后就开始了。人是"宇宙的精华、万物的灵长"，对人的价值的重新认定使人的发展被提上日程。伴随着文艺复兴，经济开始快速发展，欧洲的手工业首先发展起来，生产规模不断扩大，逐步告别了家庭式手工作坊的生产模式，开始招用家族外的工作人员，作坊具备了工厂的雏形。随着生产的进一步发展，内部分工越来越细，开始出现专门培训新员工的机构和人员，企业内的教育传播开始告别一对一的师徒传授模式，逐渐走向群体化、规范化、程序化培训的新阶段。这应该被看作规范化成人教育传播的滥觞。

英国是近代西方成人教育的发源地。从18世纪初具有成人教育萌芽的"威尔士巡回学校"的出现，到1789年诺丁汉第一所成人学校的成立，英国的成人教育在这半个世纪里，从幼稚走向成熟。近代大工业的发展成就了成人教育传播，实现了成人受教育的权利。此后，在西方主要工业国家，如法国、德国和后来的美国，以强化劳动生产率、追逐利润最大化为最终目标，层次丰富、形式多样的产业工人培训开始常规化，并逐步由产业行为上升为国家意志，成人教育传播开始名正言顺地进入国民教育传播体系并成为其重要组成部分。

在我国，现代意义上的成人教育传播肇始于20世纪初期。伴随着"西学东渐"的脚步，西方国家关注成人的新的教育传播理念，从20世纪初开始逐步进入东方古老的国度。国人开始逐步认定成人接受教育传播的必然性与合理性，认识到对成人实施信息传播周期更短，见效更快；认识到成人本身是社会活动的主体和社会财富的直接创造者，成人教育传播的社会和经济效益更为直接；更进一步认识到，教育传播的主体部分应该在学校的围墙之外。于是，"平民教育""民主化教育"成为最响亮的口号，"生活即教育""社会即学校""教学做合一""在做中学"等生活教育理论成为教育传播的指导思想，"乡村教育实践"以及一系列"教育推广运动"开始在一定区域内尝试、推展。当然，在当时的历史条件下，成人教育传播从理念到实践都是不完整不系统的。

中华人民共和国成立后，我国针对广大成年公民开展了大规模、系统化的教育活动，如扫盲识字教育、生产技能教育、文化生活教育等，促进了经济的恢复发展和社会文明程度的提高。从改革开放到20世纪末，我国成人教育传播获得了大发展：我们建立了从最基层的农村扫盲到高层次的大学后继续教育，从学历教育到各级各类的岗位培训、专业证书教育，从职业技能教育到各类社会文化生活教育，以及学历教育与非学历教育、学校教育与社会教育、系统培训与现场指导相结合的内容丰富、层次多样、"几乎覆盖成年公民整体的比较完整的教育传播体系"，为社会和经济发展提供了强有力的智力支撑。

目前，在世界范围内，终身教育观念已经深入人心，并已成为世界各国构建国民教育体系的基本指导思想。建设全民终身学习的学习化社会成为各国追求的目标。知识经济社会是学习的社会，也是传播的社会。学习化社会的实现需要社会"对每个公民的任何学习要求给予充分满足"，需要社会提供无障碍的学习和传播环境。在这一艰巨任务面前，传统的学校传播显得无能为力；因此，广义地构建教育传播和学习接受的概念与内涵，"把一切有益的传播活动视为广义的教育，把一切有益的信息接受看作广义的学习"，不仅更加符合人类认知活动的特点，而且也是建设终身教育体系和学习化社会的必需。如今，信息社会的快速成长和成熟、网络技术的广泛普及，为成人教育传播提供了千载难逢的发展机遇，学习引领教育、接受引领传播的时代真正来临。

运用线性分析法来梳理，成人教育传播的沿革就是如此。原始状态下，教育与生产融为一体，成人教育传播几乎就是教育传播的全部；伴随社会生产力的不断发展，教育传播与生产分离；随着教育传播对非成人受众的发现，面向成人的教育传播被逐步边缘化；近代工业兴起以后，培养大批熟练工人成为工业发展的迫切需要，社会其他领域的发展也需要教育传播提供强力的服务，于是，教育传播由专注少年儿童开始重新认识和发现成人，成人教育传播得到快速发展。目前，经济全球化和社会信息化日益深入，成人教育传播更从社会边缘步入社会和经济运作的核心，成为社会和经济发展的基础工程，成为构建终身教育传播体系和学习化社会的中坚力量。

二、成人教育传播的阶段性辨析

传播学大师麦克卢汉从媒介的视角，曾经把人类的发展历程笼统划分为"部落时代""走出部落"和"重回部落"三个阶段。他认为人类的文明进程分为口语传播时期、文字传播时期、电子技术传播时期。口语传播时期，由于传播和接受主要由耳朵、嘴巴完成，传播主体和受体不能相距太远，这个时期为原始部落时期，人与人的关系亲密，人类处于"部落时代"。之后，文字尤其是印刷术的发明，使人类的传播由口耳相传转向眼睛的阅读，传播不再以物理空间的接近为前提，人与人的关系变得疏远。此时，部落社会逐渐解体，人类进入"走出部落"时代。电子技术的出现尤其是广播、电视的普及，可以把遥远的空间拉得很近，把时间压缩得很短，人们意识上的时空大大缩小，犹如人类在更高的层次上进入"重回部落"阶段，世界变成了"地球村"——宇宙空间的一个部落。

客观地说，麦克卢汉关于人类发展历程三个阶段的划分是他技术崇拜和媒介决定论的合理延伸。他认为，正是媒介技术推动了人类前进的脚步，人类的发展见证着媒介技术的更替和进步。每个阶段的发展都有相应的主体媒介作支撑，这与他的"媒介即讯息"理论一脉相承。按照"媒介即讯息"的观点，媒介决定着所传播的信息，什么样的媒介传播什么样的信息，每个时代的媒介总是通过传播的信息来影响甚至规范人们的感知方法、认知模式、思维范式和价值判断。

我们无法认同麦克卢汉以媒介演进判定社会发展进程和发展阶段的看法，但是，不能否认他的三阶段划分理论对认识媒介沿革有借鉴意义。事实上，不是媒介的沿革促成了人类三个阶段的发展历程，恰恰相反，是人类发展的三个阶段见证着媒介发展历史的阶段性。

如果我们把传播看作广义的教育，那么，越是往远古追溯，越会发现当时状态下的大众传播和生活生产信息的传递是一体两面，是二而一的。也就是说，远古时代的信息传播更具有教育的特性，应该被视为广义的教育。从这个角度出发，我们会发现，在麦克卢汉划分的人类发展三阶段中，教育传播分别有着不同的阶段性特征和功能发挥的阶段性印记。这些特征和印记，表征着教育传播尤其是成人教育传播沿革的明晰路径和阶段性。

（一）部落时代

按照三阶段理论，由氏族发展而来的部落是人类社会发展进化的"第一个阶段"。部落社会，生活环境受地理自然区隔而成，具有长期的稳定性，"维持生存和繁衍"是部落的近乎唯一的目标；人人地位平等，共同劳作，平均分配，彼此关系简单；有共同的信仰和共同的图腾崇拜，遵循简单和统一的行为标准和行为规范；人与人之间信息的沟通主要靠口与耳，简单的象形文字多用于记事和祭祀，还无法成为交流的主体媒介；部落成员之间生产、生活经验和信息的传承、传递几乎就是信息传播的全部内容，而这些内容的传播都可以概括为广义的教育。

于是，我们不难发现"部落时代"教育传播的阶段特性：传播的目的是部落的生存繁衍；主要内容是有关耕种、渔猎和日常生活（包括信仰与图腾崇拜）的技能技巧；传播主要依赖人体本身的口传身授，语言和肢体发挥着主体作用；传播的方法主要体现为近乎本能的生存知识和技能的同辈间传递、长幼间传承。从一些原始壁画我们还发现，部落时期人们并不排斥简单的娱乐和休闲，壁画所描绘的舞蹈场面、祭祀活动展现了初民们劳作和生活之余心情的释放，这是难能可贵的。

正如前文所说，"部落时代"的教育传播就是基本上的成人教育传播，其受众主体是具备劳动和生活能力的成人。这个阶段的成人教育传播，基于生存繁衍的本能，简单、淳朴、原始、天然。没有完善的计划，缺乏缜密的程式，绝无专业的媒介，少有凝固的一成不变的内容，更无专门化的平台和地点，能者为师，随性随行。这个阶段，由于缺乏细化的社会分工，教育传播无法从生产和生活中截然分离出来，传播活动往往就是生产活动和生活本身，很好地体现着教育传播与生活、与生产劳动相结合的特点。

"部落时代"，儿童还不是目的化信息传播的应然受众，只可能是本能的"天然的模仿者"，所以在"部落时代"，儿童在教育传播中被漠视了。原因很简单，迫于环境的险恶和生存的艰辛，初民们还不可能有更为长远的设计和谋划。面对儿童的教育传播因为不能带来即时的效益和收获，部落不可能做效益过于滞后的事情，所以儿童被忽略了。于是，"部落时代"的成人教育传播体现出了基本的特征：

传播目的——单纯而唯一，就是为了部落的生存繁衍。

传播主体——能者、长者为师。

传播内容——有关生产、生活、娱乐、祭祀等和生存繁衍密切相关的知识和技术，教育传播与生活、生产劳动合而为一。

传播媒介——肢体、语言，配以简单的文字符号。

传播受众—— 承担劳动和生活责任的任何人。

传播时段与平台——随时随地。

传播的反馈——即时的行为调整。

这个阶段，教育传播成人化，而且在"集体无意识"中走向蒙昧的功利化，即不知不觉、不得不如此的功利化。传播的目的只是为了部落的生存繁衍，不可能顾及对受众心理、人性和尊严的维护。教育传播存在的唯一价值就是工具——为生存繁衍服务的工具。

（二）走出部落

伴随着部落群体的壮大、活动地域的拓展和为生存发展而在探险冲动下对外交往的肇始，原始初民们开始走出部落，迈向更广大的生存和发展空间。

"走出部落"是一个漫长的历史进程。不必探究它的每一个进展环节，我们关注的是走出部落的过程中和之后发生了什么。人类发展的历史告诉我们，那是冲突、融合、再冲突、再融合，然后是部落联盟的出现、原始宗教的兴起、不同民族的形成、国家的诞生以及国家间的冲突。这个阶段的主要特点是冲突。"走出部落"意味着冲突，也始终伴随着冲突，民族间的、宗教间的、不同文明间的、意识形态间的、国家间的、国家联盟间的……尤其是工业革命后资本主义国家以开拓领地、掠夺资源为目的的扩张，直接导致了最极端的冲突——战争。

依据麦克卢汉的划分理论，这个阶段基本上终止于电子技术的出现和繁荣。这个判断过于乐观。事实上，电子技术恰恰是伴随着人类历史上规模最大的两次世界大战而诞生并走向成熟的。战争的后遗症至今仍然未能消除，电子技术迎接并陪伴了人类历史上最严酷的冲突时代。"走出部落"阶段恰恰包含了电子技术的诞生和繁荣时期，这个时期是"走出部落"阶段特征最为鲜明突出的时期。因此我们认为，"走出部落"阶段应该终止于经济全球化和社会化信息化趋势勃兴的21世纪初。

这个阶段的教育传播特征鲜明，而且具有明显的排他性。

传播的目的——培养充分社会化的人才，使其为群体、社会、民族、国家的生存发展，为取得冲突和竞争的胜利，为国家和民族经济与社会的进步提供智力支撑。这个阶段的教育传播有目的、有计划、有组织，走向由政府主导的极端功利化。

传播主体——学校和不断专业化的教师，以及发挥教育传播职能的社会其他机构和成员。

传播内容——促进人社会化的规范化信息，主体是经济社会发展所需要的知识和技术，传播内容最集中的表现形态是教材。

传播媒介——不排斥口耳相传等人体功能的发挥，但是纸媒和电子媒介成为主流，大众传播媒介被广泛利用。

传播受众——儿童被彻底发现，成为教育传播受众的应然群体，非儿童群体淡出正规教育传播的舞台，走向边缘化，但仍然以各种形式碎片化地存在着。

传播时段与平台——人生被人为地分为学习和劳动两个阶段，"整个社会被分为劳动和教育两个彼此隔离的世界"，两个世界的沟通渠道不畅；学校被认为是教育传播的应然平台，社会的教育传播功能被漠视；部落时代传播与生产生活一体化的境界黯然收场。

传播反馈——传播结束后滞后的评价与反馈。

在这个阶段，面向成人群体的教育传播伴随着"儿童的发现"而走向边缘化，呈现出断续前进的态势。文艺复兴、工业革命和二战后国际组织的成立，以及随后终身教育理念和相关组织的出现，有效地促进了成人教育传播的阶段性发展（甚至出现短暂的高潮）；但是随着社会分工的越来越细，在大多时间里，成人群体被无情撕裂，呈现"碎片化"，成人教育传播也碎片化、边缘化，并继续保持"功利化的价值追求"。这个阶段的教育传播和部落时代一样，受关注的仍然是其工具价值，是其在经济和社会发展中的推动作用，而较少关注其对公民人格的塑造、人性的涵养、尊严的维护、价值的实现和幸福目的的达成。至于成人教育传播，还没有回归本体，尚处在失去自我和工具化阶段，和部落化时代本质上并无二致，只是工具化的程度和方式有别而已。

（三）重回部落

人类的发展在主流上真正告别冲突，出现理念、目标、设计甚至行为上的趋同倾向，是由20世纪末启动的"经济全球化"以及互联网技术快速普及所带来的"社会信息化"所引发和带动的。我们不认为重回部落就是真正回到那种一体、大同、平均和无差别的世界，那只是空想。现代意义上的部落化更多地体现为融合、协作、多元、共栖。其基本特征是：现代信息技术尤其是网络技术大大缩短了时间和空间的距离，把整个地球压缩为一个现代意义上的部落——"地球村"。它有逐步形成的基本统一的愿景——和平与发展；它有通用的技术背景——信息化；它有趋同的经济运作模式——全球化，全球范围内资源供应、产品生产和消费受市场调节走向宏观统一布局；它有文化的趋同倾向——多元共存、彼此共处；它有消除冲突的可能性——意识形态的对立逐步淡化，经济、文化、科技、教育、生活出现全球融合与无国界化；它有调解冲突的机制——国际组织及其有效运作……

应该特别指出的是，"重回部落"时代的融合并非永久告别了冲突和对抗；恰恰相反，在一定情况下，冲突和对抗反而是走向融合共处的手段。也就是说，"重回部落"既是人类发展的基本走向，也代表一种愿景和期望。这个阶段不绝对排斥冲突，甚至不排斥作为冲突对抗最极端形式的战争，但是，其最终的目标将是融合共生而不是排斥和恶性淘汰。对抗、冲突只是走向融合的手段和过程。

在"重回部落"阶段，教育传播包含着对人的价值的充分发现和认定。人不再仅仅被看作经济和社会发展的工具，人被看作独立的、主体的、有尊严和价值的、神圣的生命体。教育传播的功能，就是实现人的独立性和主体性，维护其尊严，实现其人生价值，使其成为幸福而圆满的"大写的人"。而这，正是教育传播的本真所在。于是，教育逐步让位于学习。在广大成年公民的学习需求面前，政府和社会的责任集中体现为构建无障碍的学习环境，开发和提供可以共享的充足的学习资源，保障充分的学习时间，降低学习的代价，评估和修正教育传播服务的效能。教育传播的最核心功能在于塑造健康、尊严和有价值的幸福的人，而促进经济发展和社会进步成为教育传播核心功能的边际效应与合理延伸。

虽然我们永远回不到原始部落的大同时光，但在存异基础上的求同却可以让人类避免过往那种惨烈的冲突，使人们共同生活于"被信息技术高度压缩了时空的地球村"里。"重回部落"时代，面向成人的教育传播特性凸显：

传播目的——促进人的"充分社会化"，使其成为有素质、有能力、有价值和尊严的幸福的人，进而为经济和社会发展提供智力支持。

传播主体——以专业教师为主体的社会全员。在自媒体时代的今天，这一特征尤其突出。

传播内容——人充分社会化所需要的任何知识和信息。

传播媒介——兼容一切传播媒体，利用任何可以便捷传播信息的工具，新媒体成为主流。

传播受众——社会成人全员，一个都不能少，尤其是社会弱势群体得到更多的关注。

传播时段与平台——正规学校教育后的所有时间，可以实施信息传播的任何地点、组织和设施，网络成为最佳选择。

传播反馈——即时、同步，这一特征与部落时代完全一致。

这个时代，成人教育传播将逐步摆脱急功近利的梦魇，寻回其"价值理性"，助力成人人性的复归。成人教育传播将回归本题，把塑造完美幸福的人作为核心目的和功能，在不排斥传播"工具理性"的基础上，实现其更高的价值追求。

从蒙昧的时代到冲突的岁月，再到融合共处的时光，标示着成人教育传播走过三个明晰的历史阶段。对应三个阶段，成人教育传播的受众经历了成人全员化、碎片化和更高层次的成人全员化三个发展时期。

"部落时代"，成人教育传播的全员化是无奈的选择和集体无意识造就的完美，绝不是我们追求的理想国。

随之而来的成人教育传播"碎片化"，表征着教育与社会实践的残酷分离，部分成人的教育权被剥夺，它造就了"残酷的真实"。历史告诉我们，教育传播走向过分的专业化是人类的悲剧，在"走出部落"这个以冲突为标示的阶段，教育传播对成人群体的撕裂乃是一种无奈的选择。人类群体的膨胀性扩大、有限资源的掣肘、社会分工的过分细化，以及人类为生存和发展而进行的各类争斗，使部分成人群体接受教育的权利和欲求化为泡影。

"重返部落"给了成人群体期待已久的权利和尊严，这是成人教育传播更高层次的全员化。这种全员化不是来自生存发展的逼迫和低层次的无意识的全员覆盖，而是有理论体系的支撑——构建终身教育体系和学习化社会理论，有完善实施的平台和技术——网络和相关资源的开发和充分利用，有完备的动力系统——出自塑造幸福人生的追求、促进经济发展的需要和提升社会文明程度的要求，有不同以往的目标诉求——提升素质、张扬个性、涵养品格、维护尊严、实现价值、塑造人生。它将告别单纯的功利和实用，迈过传播的"工具理性"，实现价值的永恒。

第七节　我国成人教育受众群体概览

成人教育传播的一大特征是受众群体庞大复杂。依据成人教育传播的概念，在我国，成人教育传播的受众应该包括以下几个庞大的社会群体：

其一，农村从业人员。依据有关统计数据，目前我国农村经济领域中的劳动者超过三亿。这个构成群体具有相对的稳定性。

农村劳动者是第一产业领域的劳动大军，是农村生产关系调整、农村人力资源实行新的优化组合后留存下来的稳定的从业群体，包括农村种植、养殖和农产品初级加工及销售等行业的劳动者。他们具有共同的特点：文化层次偏低，经济相对贫困，没有掌握或基本没有掌握现代生产和信息技术，其中还有一些文盲和半文盲。正如施拉姆在《大众传播媒介与社会发展》中所描述的："对于自己村庄以外的事情知道得很少；对于科学、现代农业，对于他们国家为经济发展所做的努力以及国家的责任都知道得很少；尽管他们有天生的能力、优良的品质和可以发挥的领导能力。要在他们中建立一个现代社会，人力基础是薄弱的，除非他们改变，否则，他们将成为科技进步的旁观者。社会变革将在他们中降临，而不是由他们起积极作用来实现。"[1]他们的工作基本以重复性的体力劳动

---

① ［美］威尔伯·施拉姆. 大众传播媒介与社会发展 [M]. 金燕宁译，北京：华夏出版社，1990：77.

为主，科技含量较低，缺乏创新性，生产和生活方式落后。如何改变他们？如何在他们中间植入知识、科技和现代文明的因素？如何"在他们中建立一个现代社会"？教育是首要的选择。

对农村成人群体实施教育，在内容选择上应以农村种植、养殖、加工技术，农产品销售、服务技术，农村新生活观念的确立、新生活方式的营造，以及农村精神文明建设等内容为主。传播内容丰富，形式也应该多种多样，系统教育、集中培训、现场示范、发放科技明白纸、田间地头指导等多管齐下，务求实效。成人教育传播，首先要把这支劳动大军纳入受众群体。仅从受众的规模和数量来判断，我国的成人教育传播，其任务的大头应该在农村。

其二，超过一亿的企业员工。这个群体层次多样，既包括国有大中型企业的员工，也包括外资企业、个体企业里相对稳定的职工群体。在统计数据上和流动人口有一定程度的交叉。

随着经济全球化程度的日益加深，我国第二产业的发展突飞猛进，"世界工厂"这顶沉重但却不可多得的桂冠牢牢地戴在了中国的头上。除了支撑国民经济主体的国有企业外，与"世界工厂"这一称号相对应，大批以出口为生产目的的乡镇企业、个体企业蓬勃发展，占据了非公有制经济的主体，成为支撑国民经济的重要支柱之一。活跃于这个领域的超过一亿的各种层次、各种类别、各种来源的劳动大军是成人教育传播的另一个主要受众群体。这一群体具有相对较高的文化层次，有一技之长，能够应对现代产业各类岗位的基本要求，是我国现行人力资源的重要构成部分。随着我国产业结构的升级调整和生产技术的革新，随着经济全球化带来的技术变革，更随着岗位要求和技术水平的不断提升，岗位培训、转岗培训、技术轮训将是这一群体面临的家常便饭。这一群体的教育程度和持续教育状况，直接关系到我国经济的潜力、竞争力和未来发展走势，关乎我国总体经济实力的稳步提高。因此，成人教育传播，就其任务而言，大头在农村，重点、难点却在企业和城市。

其三，超过2.45亿流动人口。在我国户籍制度还没有根本改革的情况下，农村富余劳动人口向非农产业尤其是向城市转移，以及人口在全国区域之间的职业性迁移、城市与城市之间的人口流动，成为近40年来我国社会生活中的一大特点。其中，流动人口的主体是为工作而奔波的农民工。每年的春运因庞大的流动人口而成为社会关注的焦点。流动人口，其总体流向由农村到城镇。随着地区经济发展不平衡的加剧，地区间流动、小城市向大城市流动、由欠发达地区城市向发达地区城市流动也渐成规模。其中，农民工是流动人口的主体。截至2016年底，有关部门估计这一群体的规模超过2.45亿。伴随我国城市化进程的加快，流动人口的规模将维持高位徘徊态势。人口流动从农村到城镇、从城镇到城市、从小城市到大城市，这个趋势在今后相当长一个时期内不会改变。成人教育传播永远不能忽略这个群体的需求和学习愿望，应当以及时、全面的服务满足他们对信息、技术的需求和对素质提升的渴望。

在流动人口当中，农民工群体规模最为庞大，构成最为复杂，教育任务也最为繁重。农民工教育大致分为源头培训和接收地教育。源头培训主要包括就业市场情况、相关法律规章、安全保护知识等的传授。接收地教育包括城市生活常识、相关职业信息、相应的岗位规范、有关专业技术、行业职业道德等方面信息的传授。农民工在具体的工作单位还要接受系统的岗位培训、技术轮训等。

其四，超过2.3亿老龄人口。中国还没有进入富裕社会，却必须应对白发浪潮的冲击。据最新的人口统计数据，我国60周岁以上的老龄人口已占总人口的16.7%，接近2.31亿，这个庞大群体的教育和学习需求是显而易见的。老龄公民离开了工作岗位，告别了劳动世界，但其学习需求依然存在。老年人要老有所为、老有所依、老有所乐、老有所养，其核心是老有所学。古人讲"活到老，学到老"，现在看来，只有坚持学到老，才能高质量地活到老。老年人不能封闭自己，要安享晚年，就必须接受新事物，吸收新信息，其中，学习是唯一的选择。

老年教育传播的内容一般以心理健康、养老保健、老年生活方式、老年文化娱乐为主。形式上，既可以开办老年大学进行集中的专题性传播，也可以通过老年活动中心、老年人俱乐部、老年协会的一系列社会平台来带动和促进。目的是获取有益的信息，建构健康的生活方式，培养自尊和自信，提升晚年的幸福指数，促进社会和谐。目前，我国社区教育发展迅速，社区学习共同体、社区服务机构、社区志愿者群体的信息传播和服务功能不断开拓，社会教育资源尤其是学校资源陆续对社区开放。随着网络技术对社会生活的全方位渗透，社区线上学习资源的开发和共享已有扎实的基础，可以有效满足老年群体的学习要求，而且这些工作还将不断完善。

其五，超过700万公务员和3000万事业单位工作人员。我国有一支庞大的公务员和事业单位职工队伍，总数3700万左右。这一群体在我国从业人口中学历和整体素质最高，基本实现了高等教育化。随着经济全球化、社会信息化程度的加深，随着大社会、大流通、小政府格局的逐渐形成，公务员素质提升、政府服务转型成为必然。在一次性学校教育终身受益的传统观念风光不再、终身学习成为时尚和必需的今天，公务员和事业单位工作人员的继续教育必须纳入成人教育传播的范畴。他们的素质提升、角色转换和技能强化，主要依靠成人教育传播所提供的资源、平台和路径、信息服务得以实现。失却了教育提升这个环节，公务员队伍就难以与时俱进，其工作和服务就难以和效益、效率挂钩。目前，面向公务员和事业单位职工的继续教育，应以非学历的高层次岗位培训和不定期的形式灵活的短训为主，目的是提高总体素质，提升工作能力，适应社会变化，保证工作效率。

以上几个类群只是我国成人受众的主要构成群体。除此之外，诸如城市市民群体、残障人员群体、军事领域从业者群体、流浪者群体、罪犯群体等，都是成人教育传播的应然受众。

从以上分析我们可以看到，在我国，成人教育传播就其受众的规模而言，已经是国民教育体系中最大的构成部分，粗略统计，其理论上的受众总数超过9亿。也就是说，排除基础教育、高等教育和职前性质的职业教育三类以学校传播为基本平台的受众群体，所有在职从业和曾经在职从业的公民都是成人教育传播的当然对象。对规模超过9亿的受众群体实施教育传播和信息服务，事关国家兴衰、民族兴亡，任务伟大而艰巨。任何学校教育在这一艰巨的任务面前都捉襟见肘、相形见绌，充分社会化的成人教育传播是实现这一任务的最佳选择。

第二章
成人教育传播的生态学透视

生态学是研究生物有机体与环境以及互为环境的生物之间的相互关系的科学。这门学科从诞生至今仅有100多年的历史。依据生态学的观点，生物与其生存环境之间的关系处于永恒的互动状态。一方面，环境对生物的生存发展无时无刻不在施加着全方位的影响，发挥着环境的"规范"作用；另一方面，生物在适应环境的同时，又总能对环境产生一定的反作用，进行一定的改造。这种作用与反作用此消彼长，体现出生物与环境关系的"相对平衡—失衡—新的相对平衡"这一默默的螺旋式上升的形态，从而实现生物的进化。对生态环境来说，平衡总是相对的，而失衡是永恒的。没有相对的平衡就没有生物的生存，而没有绝对的、适度的失衡就没有生物的进化。不论是植物、动物还是人类本身，概莫能外。

教育传播是人类特有的社会活动，具有自身完整的生态系统。这个系统以教育信息的传播和流动为核心，由参与、制约和调控着传播活动的多元因素构成。在宏观教育传播体系中，成人教育传播具有更突出的社会化特征，它与社会各个运转系统存在更直接的互动关系。因此，成人教育传播在发展进化的过程中，除了自身构成要素间的适切配合与互动调适外，更需要社会各系统的参与和支持。把生态学的基本原理引入教育传播领域，分析传播活动面临的环境因素及其相互作用，探索实现传播生态相对稳定和有序进化的规律与途径，这应该是教育传播生态研究的应然目的和初衷。

第一节　教育传播的生态环境

人作为社会的动物，其行为受到环境的规范，同时人的行为也在时刻影响着环境本身。与普通动植物面临的生态环境不同，人类生存进化所面临的环境要复杂得多。当人本身作为生态环境的一部分存在时，其自身的环境生产和再造能力，使生态学原始意义上的环境概念发生了变化。除了所有生物面对的自然环境外，人的一切行为总是在一定的社会环境中进行，并在一定价值尺度和行为准则的规范下实现的。"人类生态环境是一个包括自然环境、社会环境和规范环境在内的复合生态环境（compound ecological environment）。"①人类的教育传播行为同样受到自然环境、社会环境、规范环境的制约。

一、教育传播的自然环境

自然环境又叫物理环境，是指人类生存其间的物质世界，是我们感官可以感知到的、人类社会实践触及和延伸到的物质世界及其运动。人类的一切行为都是在生物圈里进行的，这个生态学概念上的生物圈就是人类教育传播所处的自然环境，是人类可以感知到的自然存在，是纯物理和物质层面的环境。它包括诸如高山、大海、河流、湖泊、草原、森

---

① 范国睿. 教育生态学［M］. 北京：人民教育出版社，2000：23.

林等各种地理空间和各种自然资源的系统及其循环。自然环境是大自然造物的结果，是自然生态无数次从失衡到新的平衡的积淀的产物。人类生活于自然环境中，受到这个环境的规约，同时又对大自然进行能动的适应、认识、利用、改造，从而实现人与自然的动态上的平衡。这一平衡，维系着人与自然的生态和谐，维系着大自然和人类的可持续发展。应该特别指出，人类对大自然的利用和改造必须坚持两点：其一，不能背离大自然生态进化的一般规律、特点和路径；其二，利用和改造自然要受到量度的限制。违背自然进化的规律，或者超越了利用和改造的量度，就必然造成自然生态的质变和生态平衡的断裂，进而造成生态恶化甚至生态灾难。目前，环境污染、物种消亡、生态恶化成为全世界面临的共同难题，为维系人类的可持续发展和正常的生态进化，保护环境、维护大自然的生态平衡是人类共同的责任。

回顾教育生态学诞生和发展的历史，教育生态研究最初即是从关注教育尤其是学校教育的自然环境入手的。校址的选择、校园的绿化、教室采光的设计等，都有自然环境的影子闪动其间。直到今天我们强调环境育人，其中让受教育者接受优美环境的熏陶，走进大自然，体验自然美，怡情悦性于湖光山色之间，进而培养其高尚的情操和创造的灵性，仍然是很重要的一个教育内容。大自然传递给人类丰富的信息，引导人们对自然规律的认识、认同而不是背道而驰，这本身就是教育传播追求的境界之一。

大自然的可持续发展和人类的可持续发展是相辅相成的，而维系二者的可持续发展，取决于人类本身，取决于认识的可持续加深、规律的可持续探索、技能的可持续强化、环境的可持续维护。而这，最终又取决于人类的教育。

当然，大自然对教育传播行为也有种种消极甚至灾难性的影响，诸如自然灾害的冲击、地域的阻隔、疫病流行导致的传播骤然中断，环境恶劣带来的传播渠道不畅等，都代表着自然环境对人类教育传播的冷酷的制约。原始部落的信息传播之所以受到局限，与地域的限制、地理的阻隔不无关系。以电子技术为标志的现代远程教育传播，仍然受到自然条件的制约。高山大海、河流湖泊对电子信号的影响，客观上昭示着自然环境对现代教育传播技术的影响和干预；即使广泛支撑大众学习的网络平台，虽然号称已经渗透到了社会生活的各个领域，但由于地域阻隔和环境的恶劣，对某些落后的边远地区、山区、民族村寨仍然无法实现全覆盖。所以，教育传播与自然环境的关系看似不直接，客观上却又不可分割，彼此依赖。

由于教育传播是人类的一种社会行为，其生态环境集中地体现出人工性质，更广泛地依赖社会环境和规范环境，所以，我们研究成人教育传播的生态问题，更多地把研究的目光集中于传播的社会环境和规范环境。

二、教育传播的社会环境

社会环境指在自然环境的基础上，人类通过长期、有意识、多样化的社会活动，加工和改造了感性的客观存在，从而创造的"物质生产体系"，以及积累的物质文化财富等所构成的环境系统。人是社会的动物，人"在其现实性上""是一切社会关系的总和"。人类的一切社会行为总是在一定的社会关系基础之上并在特定的社会环境中完成的，这个环境是人类特有并由人类创造完形的生活环境。它由客观存在并能够被人们的感官感知的各种社会要素构成：其一，包括人类以各种目的创建的各种静态的物质财富，诸如繁华的城市、美丽的乡村、四通八达的交通、发达的经济组织、诱人的娱乐设施等；其二，包括建立于物质基础之上的动态的社会关系及其运作，如政治架构、人口分布、家庭运转、职业岗位、生产实践、社会交往等。因此，"社会环境本身是一个具有高度组织性、层次性的复杂整体，社会环境中的各种生态因子相互联系，相互制约，共同构成一个复杂的生态系统" [①]。

教育传播与社会环境的关系较之与自然环境的关系更为紧密。一方面，自从人类社会出现之后，人类的传播活动即严重依赖这个社会环境，依赖它所提供的物质和技术基础。社会发展越进步，传播对社会关系的依赖越严重。至于教育传播活动，对社会环境的依赖就更显而易见，不仅依赖社会所提供的经济基础和物质财富，而且其传播媒介、传播场所等就是社会环境的有机组成部分。另一方面，教育传播在接受社会环境约束和规范的同时，也在创造着这个环境本身，而且传播活动本身就成为社会环境的一部分。我们认为，人的社会化促进了社会环境的丰富与完善。人社会化的过程，是人拥有社会意识、完善社会观念、掌握相关知识、具备社会技能、参与社会活动、承担社会责任和创造社会财富的过程。这个过程，受到教育传播的全程呵护。教育传播不仅促进自然人的社会化，而且通过不断的传播服务，促使人们终身学习，使其社会化程度不断加深并贯穿一生。

这里需要特别指出的是，由于教育传播效益不如经济活动那样直接、快捷，所以如果不从长远的全局的视角出发而是就现实的功利而言，教育传播对社会环境的依赖总是表现得那么突出、耀眼，而对于社会环境的奉献又是那么的潜在和默然。有人出于偏见把教育传播看作纯消费的事业，甚至在一定的历史时期，有些短见的功利之徒把教育传播看作社会发展的负担而倍加蔑视，对教育传播的物质和能量输入处处控制，客观上导致教育传播生态的非理性突变甚至恶化。这是我们研究教育传播生态所必须关注的问题。

---

① 范国睿. 教育生态学 [M]. 北京：人民教育出版社，2000：26.

三、教育传播的规范环境

规范环境也称价值环境，指人们在社会生活中所形成的价值观念、道德准则、态度、信仰、风气、习惯、风俗、思潮，以及创造的精神产品的总和。价值环境对任何传播活动都是很关键的，是传播生态的关键构成部分，是核心组件。

先说大众传播。大众传播媒介的顺利运营不仅取决于经济基础和技术支撑，更取决于价值环境的滋养、呵护与调适。人们习惯上把大众媒介运营的模式概括为"一仆二主"，即媒介作为一个社会服务的角色，首先要以精彩的产品和优质的服务最大限度地吸引受众的注意力，引发最广泛的受众关注和参与，率先服务好广大受众这个主人，同时把受众的注意力作为一种稀缺的资源和商品出售给广告商，换取广告费，以取得经济和物质的报偿（能量补充）。广告商成为媒介的第二主人。这个概括很形象，但过于简单地把媒介运营看作是脱离价值环境的活动，有意无意地忽略了价值环境对大众传播的无形的控制和影响。

事实上，媒介运营最本质的模式描述应该是"一仆三主"。除了服务于广大受众和广告商这两个显性的主人外，媒介的生命历程中始终存在一个隐身的主人。这是一只无形的手，可大可小、可轻可重地存在着。它的作用，有时候可以膨胀到决定媒介的一切乃至生存，有时候又小到可以忽略不计，但它又分明时时刻刻、事事处处存在着，一刻也不曾缺位。这个隐身的主人，就是无处不在的价值环境系统。它不仅以无形的存在规范着媒介的有形的传播，规范着传播的方向、方法、过程、量度甚至效益，而且每当自然环境和社会环境发生突变时，比如遇到自然灾害、政治变革、社会动乱、内外战争等，需要媒介在一定时期为某一目标提供集中的服务时，价值环境总是显身于外，加强对媒介运营的规约和控制，甚至直接参与媒介的运作，使媒介的传播能集中服务于自然环境、社会环境和价值环境的建设与完善。事实上，大众媒介"是国家的'话筒'，是权力的工具，它的运作过程是受国家控制与操纵的"①。从这个角度我们不难看出，价值环境对传播的控制是多么真切而现实。

还有一种现象应该引起研究者的注意，那就是：越是在集权和专制的社会环境下，大众媒介越是受到价值环境的严格控制和制约，其运营的自由度越小；越是在民主的体制下，价值环境越是貌似隐于无形，媒介的自由度越大。而且，价值环境对传播活动的制约和控制，又总是通过社会环境及其对人、财、物的配制来实现的。因此，社会环境与价值环境是永恒联动的两个生态组件，是媒介人工生态精神与物质的两个有机组成部分，相辅相成，缺一不可。与自然环境相比，人类的传播活动主要受社会环境和价值环境的制约。无论如何，大众媒介作为社会公器，幻想偶像剧般地一边向受众抛媚眼，一边笑脸迎向广告商送来的滚滚金钱，这种牛奶+巧克力式的甜美生意永远只是一场单相思。因为牛奶和巧克力之外，有一只无形的大手在隐隐控制着媒介及传播的整个过程，价值环境永远规范着媒介及传播的价值取向。

再看教育传播。由于教育传播运营模式迥异于大众传播，价值环境对教育传播的控制和约束更为直接。

首先，价值环境控制着教育传播的目的、方向和价值取向。价值环境作为社会意识和精神层面的规范，总是约束着人们的社会行为，促使其遵守一定的道德和行为准则。上面我们谈到大众媒介运营总受到第三个主人无形的控制，使其能够满足和服务于价值环境的建构和完善，维护社会环境的平衡与进化。其实，在教育传播中，这种控制作用体现得更为明显和直接。价值环境客观上规范着教育传播的目的、方向、过程和最终结果。

---

① 邵陪仁，李梁. 媒介即意识形态——论法兰克福学派的媒介控制思想[J]. 浙江大学学报（人文社科版），2001（1）.

教育培养什么人的问题关系到国家的未来，始终是一个国家主流意识形态、主流价值观念所重点关注的领域。对教育传播来说，传播主体和平台的确定、传播目标的确立、传播任务的划分、受众群体的厘定、传播方式的选择、传播内容的筛选、评估体系的完善，无不明确体现着社会价值环境的作用。人类文明史开篇以来，从来就鲜见绝对盲目、放任自流的教育传播。不论是部落时代的口传心授、封建专制体制下的程式化传播、宗教控制下的欧洲中世纪教育，还是知识经济时代的终身教育和终身学习，都是如此。我们说，和大众传播相比，教育传播具有更为明确的目的和指向，其中的目的和指向就体现着价值环境的具体规范和导引。

其次，价值环境作为社会精神财富，直接构成教育传播的内容。对一个国家和民族而言，其民族和国家意识、价值观念、传统文化、民族精神、科学技术、风俗习惯等构成其精神财富。这些精神财富需要教育传播将其光大与传承，它们构成教育传播的主体内容。古往今来无不如此。

通过以上分析我们可以得出这样几个结论：其一，教育传播有自己独特的生态活动规律和生态环境。作为人类特有的社会行为，教育传播生态虽然不排斥自然的因素，但基本上属于人工生态，其生态环境的建构、完善，生态失衡的调适，是人力所能够达到并实现的。其二，教育传播生态是一个复合的生态系统，既不排斥自然环境的因素，也体现着社会环境和价值环境的作用；既有物质层面的因素，更有文化、意识形态等精神层面的因素。自然与社会、物质与精神相互交织，彼此作用，共同构成教育传播的生态系统。其三，在教育传播生态的建构中，社会价值环境（规范环境）更为关键。"因为教育本身就是规范环境的主要构成要素——文化——的一部分，各种社会文化借助于教育才得以传播、继承和发展，而教育又以各种社会文化为内容和素材。"[①]离开了价值环境的引

①范国睿. 教育生态学［M］. 北京：人民教育出版社，2000：25.

导和规范，教育传播就失去了明确的目标和指向，陷入盲目的境地。其四，教育传播生态是一个动态的系统。因为自然在进化，社会在进步，价值观念也在日新月异，加上教育传播生态的人工性质，所以，任何人为因素的变更都可能影响到教育传播相对平衡的状态。而且，一旦旧的平衡被打破，实现新的平衡将是一个漫长的过程。十年树木，百年树人。从这一点来看，教育传播的人工生态比自然生态显得更加脆弱，更需要对其规律的准确把握和精心的呵护，以避免生态突变和非理性的失衡。人工生态是人为因素建构的，人工生态的骤然失衡往往比自然生态失衡给人类带来的负面影响更大、更直接、更久远。

第二节　成人教育传播生态解析

成人教育传播是国民教育传播体系的有机组成部分。成人教育传播生态与基础教育、高等教育、职业教育的传播生态并无本质区别，但是，由于成人教育传播主体和受众的特异性以及其传播实践的广泛社会化，其生态构成和运作总体现出自身的个性。

一、成人教育传播生态描述

成人教育传播生态，是指成人教育传播及其各构成要素所面临的自然、社会和价值环境及其相互作用。研究成人教育传播的生态问题，就是用生态学的基本理论和原则，研究包括传播者、受众、信息和传播媒介四大要素在内的成人教育传播活动，与其面临的自然环境、社会环境和价值环境之间的关系，以及传播系统内部各构成因素之间的相互作用，从而探索、把握其内在规律和运行原则。最终目的，是探索实现成人教育传播动态平衡，进而实现传播效益最大化的有效途径。

自然环境对成人教育传播的影响如前所述，不仅客观存在而且显而易见。对任何传播行为而言，自然的障碍诸如地理条件、自然灾害、气候、距离的阻碍等，无疑会对信息传播带来非效益性的消耗，甚至直接导致传播的失败。对面广量大、覆盖到社会方方面面的成人教育而言，更是如此。当然，自然环境的美丽和谐又是传播的促进因素之一。我们不否认自然环境对广大成人受众接受信息、从事学习的客观影响，但由于成人教育传播生态基本上的人工性质，所以，在本书中我们对成人教育传播环境的研究将集中于社会环境和价值环境，而对于自然环境基本上不予涉及。

在具体的传播活动中，成人教育传播的四个基本要素无一不在时刻接受着社会环境与价值环境的规范、制约、促动。环境左右着成人教育传播的规模、序度、层次甚至效益，而且影响着传播活动的每一个环节。

（一）环境对传播主体的影响

社会环境和价值环境首先影响着成人教育传播主体及其行为。成人教育传播主体，不论是专门的教育传播组织还是公民个人，其传播作用的发挥至少取决于几个方面的要素：其一，具有传播的动力和愿望。传播主体只有具备了实施传播的动力和愿望，才可能参与传播活动。其二，具有积极健康且明确的目的指向。成人教育传播积极健康的目标是价值环境的基本规范，也是传播的精神和灵魂所在，消极的、错误的、虚假的、非目的性的信息不能进入传播流程。大数据时代，信息泥沙俱下、良莠不齐，对信息质效的把关至关重要。其三，具有基本的信息传播能力。无论是最简单的口语表达、非语言传递，还是最现代化的互动媒体，只有为传播者所熟知、占有和掌握，才能转化为传播活动的积极因素。其四，具有对传播过程和效果的分析评估和对传播活动的调适、修正能力。

因为成人教育传播不同于正规的学校传播，具有即时、按需、随意、便捷的性质，所以，不同的传播主体彼此间难以相提并论，水平和技能更难以同日而语。但不论是系统的知识传授，还是随时随地的操作指点、生活引导，既然作为传播的行为而存在，那么传播者即应具备上述四个方面的要素。这四个要素，集中体现着社会环境和价值环境的规范、约束作用。

在现代社会里，社会环境和价值环境决定着传播者的价值追求、行为取向甚至传播技能的发挥。政策的呵护、经济的支持、文化的滋养、设施的完善、技术的支撑等，是传播主体赖以实施传播并取得效益的前提；政策漠视、经济困难、社会冷眼，带来的结果必然是传播主体的无所适从和传播的凋敝。在网络高度发达的自媒体时代，传播主体泛社会化、大众化，每个人都可以成为信息的传播者，都有参与成人教育传播的可能性。但无论传播主体如何泛社会化，层次如何纷繁，类别如何多样，无论组织还是公民个人，只有具备上述四个基本要素，才能成为一个合格的传播者。这是社会环境和价值环境的客观要求。

（二）环境对教育受众的规范

接受主体同样受到社会和价值环境的制约。我们倡导建设终身教育体系和学习化社会，实际上也是为广泛而无处不在的成人教育传播建构最适宜的发展取向和目标，为受众的学习活动建构话语环境和成长空间。要让受众的学习始终和自己的生活、人生追求紧密相连，这样，学习就从生活和人生的前提逐渐成为生活乃至生命的组成部分，成为实现人生价值的主要途径，成为伴随人生的活动，成为一种生活方式。于是，学习不再是一种生硬的任务，而成为生命的外显形式。

当然，对广大成人受众来说，实现学习的生活化，根本因素取决于社会对学习的认知程度和对知识的重视与否。现代社会尤其是知识经济时代，知识追求成为个人价值实现、社会健康运转、财富大幅积累、社会文明提升的内在机制。一方面，当社会环境和社会的价值导向促使学习成为生存和生活的必然需求时，面向成人的教育传播就转化为一种生存和生活方式，告别了计划、教材、指标、流程等人为的凝固模式，摆脱了流水线式克隆标准件的机械程序，从而进入每个人随时随地按需接受的境界；另一方面，人作为社会环境和价值环境的集中体现，其观念影响着环境的形成、构建，决定着人自身的实践取向，并对教育传播产生影响。环境和受众的关系可以简单描述为：环境影响着受众学习的愿望、学习行为和效果，但受众自身的观念和追求才是参与传播和从事学习的决定因素。因为，除了显性的、外在的经济社会发展需求，教育传播及其效益还更直接地受制于广大受众的个人需要、主体观念、价值追求。良好的传播生态同样需要广大受众的精心呵护。环境和受众之间构成双向互动的关系。

事实正如我们在分析教育传播功能与动力时所认识的那样，经济和社会发展的需求启动了每个在职从业和曾经在职从业的公民的学习动力。这种动力可以出自素质完善、能力强化、地位提升的欲望，也可以来自生活改善、提高幸福指数的追求，客观上都受到社会环境和价值环境的约束和规范，没有这些约束和规范，个人的学习欲求就成为无源之水。成人教育事业之所以称为常青的事业，根源就在于广大受众是已经初步社会化的公民，他们明白社会环境的要求与规范，也明白自身的追求，这是他们工作和休闲的同时走进教育世界、持续完善自身的不竭动力。同时，这种动力及其促动下的学习，也在不断丰富和完善着对环境的建构，传播和学习本身就是社会环境的有机组件。

（三）环境对教育媒介的约束

教育传播媒介和通道是社会环境的组成部分。在社会信息化的今天，一切传播媒介和传播手段客观上都成为成人教育传播的中介和通道。伴随着成人教育传播的社会化、生活化，崇尚知识的价值取向促使媒介的教育和学习功能得到越来越充分的开发利用。服务是媒介的本职，环境规范着媒介的生存发展和运作。在以往，我们把媒介尤其是现代传播媒介看作教育传播的工具，认定并笃信其工具理性；但在建设学习型社会的今天，只认可传媒的工具理性远远不够，任何社会实践的成功总具有明确的价值取向和价值追求。虽然整个过程体现在物质和技术层面，但离开了目的指向和价值追求，实践永远是盲目和单纯技术性的。媒介的运作体现着其教育传播价值的实践化，传播的完成往往表征着传媒教育价值和功能的发挥；因此，对教育传播而言，现代传媒彰显的是基于工具理性的价值理性，在建构社会环境的同时，也在完善着自身生存发展所依赖的价值环境。

　　总而言之，就教育传播而言，教育传媒不只是一种便捷的工具，本身就体现着教育传播的价值；它不是单纯的技术，而是教育价值的体现，是工具理性和价值理性的统一体。对无处不在的成人教育传播来说，媒介和通道既是教育传播的构成要素，又是社会环境和价值环境的构成部分。有关传播媒介的政策、管理和技术层面的任何变化，都可能引起教育传播生态的不同程度的波动，意味着信息、能量的变化和对新的平衡的期待。

（四）环境对传播内容的要求

　　成人教育传播的内容主要体现出以下几个特点：其一，丰富多彩，包罗万象。它不同于其他教育传播形态，而是具有大众传播的特性。大到天文地理、时政方略，小到家长里短、生活常识，从岗位规范到学位课程，从科学技术到休闲娱乐，举凡社会所用、岗位要求、个人所需，都成为传播的内容。其二，少有计划的规范，多受需求的引导。不符合受众需求的信息难以进入传播程序，这是成人教育传播的一条法则。其中包含两层意思：一方面，成人的学习不是来者不拒、兼收并蓄的打基础式的学习，而是需求引导的拾遗补阙式的学习，需求规范着学习内容的选择；另一方面，成人的心理建构已经成型，成人受众下意识里也更倾向于接纳心理空间能够接受的信息。实际、实用、实效是成人选择教育传播信息的基本标准。其三，信息的储存度低，流动性大，不像最基本的读写算等基本知识和能力，可以储存一生。成人对信息的基本态度是即时学习、即学即用，用过的信息可能保存下来，也可能随时被遗忘、淘汰。另外，成人学习总体现这么一个特性，即总是将知识以最快的速度转化成具体的能力和技能，以实践的形式得以内化，而不是作为单纯的知识而机械地储存。即时传播、即时反馈、即时修正、即时应用，以及传播周期短、见效快是成人教育传播的特质。由此我们可以看出，成人教育传播的内容体现着丰富、实用、实效和流动的特性，实践成为知识内化的关键环节。成人受众始终不会背着口袋装知识。上述特性，既是社会和价值环境的客观要求，也是环境规范的结果。同时，环境的变化所引发的知识需求的任何波动，都可能体现为成人教育传播生态的起伏和变化，影响到传播的最终效果。

目前我国经济运行中面临的产业升级、技术提升、生产转型等变化，以及社会发展中面临的诸如信息化、城镇化、老龄化等问题，既昭示着社会环境的变化，也蕴含着价值环境的变迁，必然对成人教育传播的内容选择产生巨大的影响。第一，这些变化出自国家的重大战略决策，对劳动世界的影响集中体现为岗位素质的提升、劳动技能的强化、岗位能力的升级；第二，经济和社会领域的重大变化还将带来新职业产生、老职业消亡，进而带来职业结构的调整，结构性下岗、培训和重新上岗将成为常态；第三，老龄化、城镇化等重大社会变化，除了对经济运行形成冲击，还对人们的社会生活带来影响。老龄化的应对、城镇化带来的生活更新等，将促进社会文化生活教育的变革。这些变化和更新，最终都要在成人教育传播内容中集中体现出来。经济社会发展和个人完善自身所需求的，就是成人教育应当传播的，社会环境和价值环境对传播内容的规范就是如此。

从以上分析可知，成人教育传播生态具有不同于大众传播和其他教育传播的特点。由于打破了由传播者主导传播过程这一基本模式，需求支配下的受众引导传播活动的实施和最终完成，以及成人的信息需求缺乏稳定性，所以成人教育传播不可能有统一而严格的计划和方案。随时更新、快速流动、即时淘汰成为其个性。比如刚刚学习的新技术，随着工作岗位的变更、市场需求的变化或者岗位要求的提高，就可能失去存在价值，新的岗位、新的需要又要求新的技能和信息予以及时补充。

即使由于相对封闭而信息需求向来较为稳定的农村劳动者，在大市场、大流通的今天，其知识和技术老化周期也大为缩短。现代生产和生活信息不再迈着八字方步，以高高在上的姿态巡视农村，而是一路小跑，快速适应农村经济社会发展的现实需要。相应地，信息的传播形式和手段也变得机动灵活、不拘一格。在农村是这样，在城市、在企业也是如此。成人教育传播跟着受众走，受需求的支配，充分显示了教育传播的服务本性。而且，由于成人教育传播向来没有校园这堵围墙，与社会和市场融为一体，没有中间环节，没有隔膜，所以与环境的互动更为直接。不仅生态的任何变化都对其产生直接的影响，而且传播活动对环境的反作用也总是即时显现的。

二、成人教育传播的生态位

生态位（ecological niche）是生态学上一个重要的概念，指自然生态系统中的一个种群在时间、空间上所占据的位置，以及与其他相关种群之间的关系与作用。1910年，美国学者约翰逊（R.H.Johnson）在生态学论述中第一次使用"生态位"一词。1917年，美国生物学家格林勒（J.Grinell）的《加州鸫的生态位关系》一文使该术语流传开来。生态位反映了物种与物种、物种与环境之间的相互关系。生态位不仅决定了物种在哪里生存，而且也决定了它们如何生存发展，如何受其他物种以及环境的规范。生态位理论从最早的植物学领域渗透和被引用到整个生物学领域，已经成为生态学的一个基础概念。

依据生态位的理论，自然界的每一个物种都有自己相对独特的资源占有范围、时间空间位置和功能发挥空间。"在共同生存的种之中，必然存在某种生态学差别，否则两个种不能在相同的生态位内永久地共存。"[①]理论上，生物有机体彼此的生态位不可取代，没有两个物种可以同时长期占有同一个生态位。也就是说，从生态位理论的角度看，每一个物种的存在都有其必然性、合理性、特异性、排他性，有其存在和发展的生态机制。

和生态位概念紧密联系的是生态资源的概念。生态位是一个资源范围的概念，"一个物种所利用的各种资源的总和的幅度，称为生态位的宽度"[②]。生态位宽度客观上标示着一个物种可利用的资源的大致边界。一般来说，如果环境内可利用资源减少，或者资源密度下降，那么伴随而来的就是生态位宽度的增加和生态位的泛化（generalization），从而出现生物体种内和种间的竞争；反之，当环境内资源丰富或者资源密度增加的时候，就会出现生态位特化（Specilization）和生态位宽度缩减，环境内就会出现物种的暂时兼容，出现环境内不同物种的暂时共生现象。就生态位的概念来看，生物种群之间以及种内出现的生态位重叠、资源分享以及排斥与竞争等，乃是生物进化的必然。

物种借以生存进化的生态位又可以分为两个层次：基础生态位（理想生态位）和现实生态位。基础生态位指一个物种在无别的竞争物种存

---

① 支庭荣. 大众传播生态学［M］. 杭州：浙江大学出版社，2004：111.

② 吴鼎福，诸文蔚. 教育生态学［M］. 南京：江苏教育出版社，1998：140.

在时所占有的生态位。美国耶鲁大学著名动物学家哈钦森（G.E.Hutchinson，1958）首先提出这个概念。基础生态位实际上只是一种理论上的生态位，以假定一个物种种群单独存在，同一环境内无别的物种的竞争、干扰为前提，在这种情况下生态位边界的设定只决定于物理和食物因素。但实际上，由于生物多样化的现实和生存竞争排斥现象的客观存在，很少有物种能够完全占据其基础生态位，在其生态位边界以内总有别的竞争物种存在，要与之分享资源，因此任何物种种群占有的实际生态位要比理论上的基础生态位小。所谓基础生态位只能是一种理论或者理想的状态。

在生态学看来，由于竞争与排斥的严酷性，生物在生存进化过程中，其生态位总会发生一系列自觉的调适与修正，以程度不同地化解恶性竞争，保证进化的延续。这些调适有以下几个途径：其一，生态位分离，以保证资源和能量竞争在某种程度上的缓解。在生物领域里，两个相近的物种在同一环境中所产生的资源竞争，可能促使它们逐步在资源摄取上出现差别，导致其生态位发生变化，出现生态位的错位甚至分离，对环境和资源的依赖由原来的高度一致进化为彼此各异，使竞争降低到最小限度，最终使各自具有独特且区别于其他物种的新的生态位。生物的进化，在某种程度上也是其生态位不断调整变化的过程和结果。其二，生态位的相对扩展。当同一环境中生物种群或同种内个体不断增加而使资源密度下降，导致生存竞争激烈时，生物种群或个体会通过扩大资源利用空间、扩充资源利用时间、调适自身功能等，以本能地对其生态位进行拓展，增加生态位的宽度，减少竞争。其三，生态位的相互协调。为了共同生存，生物种群在生存环境中为避免恶性竞争，往往能够彼此协调，相互依存，逐步形成生态位互补，最大限度地利用环境资源，实现彼此的协同进化。其四，生态位的优化。物种在特定的生态环境中，因为影响其生态位的环境因子发生变化，使其能够充分发挥自身的优长和潜在优势，优化自身的生态位。不同物种对各自生态位的优化，最终的结果是实现彼此的动态调适。

生态学在诞生后的相当长一段时间内，其研究视野仅仅局限于生物学领域。伴随着人类生态学的出现，生态研究开始逐步关注人类的行为，关注人类自身的发展进化。随后，研究进入社会科学领域，政治生态、文化生态、教育生态等逐步成为研究的对象。关于生态位的理论也不断得到丰富发展。

成人教育传播，其生态环境具有人工性质，其生存发展受到政治、经济、社会、文化、科技、人口、消费等多种环境因子的影响和制约。成人教育传播的生态位，就是其在经济社会发展中，为维护其传播活动的运行和顺利发展所应当获取的以资源配置（物质流、信息流、能量流）为核心的地位、资源配置的量度，以及所形成的不可取代的地位与作用。在不同的时间和不同的地域，成人教育传播的生态位是有差别的。比如，同是以农民为受众的农业技术传播，在我国东部发达地区，不仅有健全的制度措施、完善的管理机构和人员、充足的经费支持、多样化的传播平台，而且有一整套评估措施和反馈机制，其生态位的优势非常明显。但在西部经济欠发达地区，经济的相对落后使有限的经费几乎全部用于基础教育，各种支持体系和配套措施相对要弱得多，至于作用和效益，差距就更加明显了。显然，东部发达地区和西部欠发达地区，农业技术传播的生态位是有差别的。再如以提高城市居民精神、技术和文化素质为目的的社区教育传播，在许多中小城市基本处于半停顿或被动应付的状态，缺经费、少组织、无平台、乏管理；但在上海这样的现代化大都市，伴随着市民"终身学习卡"制度的推行和配套措施的不断完善，相关的传播服务已经可以覆盖到有学习需求的所有市民。传播平台生活化、传播时间随意化、传播内容丰富化、学习接受无障碍化，其效益当然最大化。很明显，上海的社区教育传播，其现实生态位与基础生态位的差距越来越小。

（一）成人教育传播的理想生态位

生态位是一个抽象的概念，很难对其加以定量描述。对于成人教育传播的理想生态位，应该从其自身在经济、社会、教育、文化、科技、人口、消费中的位置和发挥的功能来把握。准确的功能定位和相应的物质、能量、信息输入标示着其生态位的理想状态。

首先，成人教育传播是接替规范的学校教育、促进成人群体持续社会化的核心手段和过程。就人的发展而言，其社会化的过程将伴随终身，人一生的历程就是持续不断的社会化过程。尤其在知识经济时代，信息的生产和传播铺天盖地，信息的生命周期大大缩短，人本身对信息的掌控和对知识的建构处于快速流动的状态。今天接受的知识、信息、理念、规程和掌握的技术，可能很快过时，社会思潮、生活理念、工作技术、生活方式不断变化。在职从业和曾经在职从业的成年公民，要跟上社会进步的脚步，维持自身持续不断的社会化进程，就必须不断学习，不断更新自己的知识建构，使自身的综合素质、实践能力、心理状况适应现代经济社会发展的要求，进一步彰显个性、完善人格、维持尊严、实现价值。这在客观上表明了成人教育传播的价值和功能定位。

其次，面向成人受众的信息传播是经济发展的必然要求。科学技术是第一生产力，现代经济活动中科技含量成为经济效益提升的关键因素，面向成人的信息传播应该按需、及时、有效、全员并覆盖经济活动所有领域。尤其在信息化时代，科学技术快速发展，生产技术日新月异，岗位规范调整频繁，知识传递快速便捷，劳动者的技能处于流动之中而不是处于终生稳定不变的状态，教育传播是更新其知识建构和技术技能的主要路径。

再次，面向成人的信息传播是社会进步和文明水平提升的重要保证。因为社会文明的自然提升只是幻想，所以全方位的教育传播就成为促进社会精神文明、道德水平、文化层次提高和健康人文环境营造的重要途径。成人是社会构成的主体，对成人受众的传播是社会文明进步的关键。21世纪，我们不仅要学会求知、做事，更要学会共处，学会和谐而高质量地生存。这一切，离开教育传播所提供的信息服务将是不可想象的。

同时，面向成人的信息传播是建设终身教育传播体系和学习型社会的核心环节。成人教育传播是传统学校教育向终身教育发展的一种新型教育传播类型，是现代教育传播的正常顶点。没有成人教育传播对广大成人信息需要的满足，教育就难称覆盖公民终生和社会全员；没有成人教育这一最强的接力棒，教育传播体系永远都是不完整的。

如上所述，成人教育传播在经济、社会、教育、人文等领域的发展中所处的位置和相应的资源需求，成为其理想生态位的外在表征。这一生态位的实现有赖于其实现理想功能状态所需要的物质、能量和信息的无障碍输入，有赖于科学有效的管理。

（二）成人教育传播的现实生态位

成人教育传播的现实生态位是其实际占有和最终实现的生态位。理想化的状态永远不能代替真切而又严酷的现实。

成人教育传播受到政治、经济、文化、宏观教育传播体系、社会氛围等环境因素的影响，其现实生态位总是和理想生态位存在着巨大差距。作为人工生态系统，一般情况下，社会对成人教育和成人学习的重视程度越高，对其内在规律的认识越深，对成人教育和学习特点的把握越准确，能量、物质和信息的输入越适量，其现实生态位就越接近理想状态；相反，如果政策忽略，经济乏力，文化漠视，宏观教育传播体系构建不平衡，那么成人教育传播的生态位必然出现非理性的变形、扭曲甚至不同程度的迷失。这里还应该特别指出，上述政治、经济、文化、教育等因素对成人教育传播的影响符合"木桶理论"的基本逻辑。生态环境的作用只有均衡、适度、相互协调，达到一种和谐的境界，其作用才能得到完美的发挥。从生态学的角度判断，就是信息、物质和能量的输入必须均衡、有序，与维护生态平衡发展相适应。如果制度上冷落，文化上漠视，经济上投入再多，效果也将有限；同样，政策重视，社会也有强烈需求，但缺乏相应的经济保障和能量输入，效果注定难尽人意。作为人力可控的人工生态系统，我们需要做的就是科学认识成人教育传播和成人学习接受的规律，准确把握其需求和发展规律，深入分析影响传播生态的内外在因素，促使其生态位回归本体，最大限度地实现其理想的生存和发展状态。

三、成人教育传播生态的基本规律

成人教育传播是传受双主体以教育信息传递为目的、以媒介为外在纽带的互动行为。所以，从生态学的角度看，成人教育传播的生态不是一个笼统的定性化的概念，而更具体地体现为传播的个体生态、群体生态和生态系统。

就传播主体而言，具体的学校、传播组织、传播个体所实施的独立的传播活动，有自己独特的生态环境，而在一定区域内运作的不同的传播主体共同构成了传播群体。这个群体一方面受到外在环境的制约，彼此具有相近甚至相同的外部生态环境；另一方面，群体内不同个体之间也互为环境并相互作用，形成了彼此的群内生态环境。内外环境的相互作用以及与传播活动的整体互动，构成传播群体的完整生态系统。

不同的受众群体面临的生态环境也不一样。受众个体、群体也有相应的生态环境与其相互作用，影响其接受活动的启动、进展和最终的结果。概而言之，成人教育传播是一个复杂的系统，由不同层次、不同类别、不同方式、不同内容的独立的传播活动所构成。每个独立的传播活动都具有个性化的生态环境，而由不同的独立传播活动所共同构成的传播系统，则面临着更为复杂多变的生态。其中不仅蕴含着每一个独立传播目标的实现，更体现着成人教育传播这一复杂的系统受政治、经济、社会、科技、文化、人口、消费，以及宏观教育传播环境的影响与约束，并最终对环境发挥能动反作用，促使其实现发展和进化。

个体参与学习，面临的可能是转岗压力迫近、岗位职责改变、技术要求升级、加薪预期强烈，或者岗位竞争加剧等外在环境的约束，学习的结果是个人目标的实现与素质、技能的提升。而区域范围内面向所有在职从业者的知识传递、技能传授，面临的将是更广阔的政策环境、社会影响、经济因素、文化氛围和宏观教育的规范，传播的最终效益恰恰可能就体现为政策的完善、经济的振兴、社会的进步、文化建设的推进及人的全面发展。

综上所述，成人教育传播生态是丰富复杂的系统，研究这个系统，我们必须了解和掌握其运行的基本原理和重要规律。

（一）动态的、进化中的平衡——成人教育传播生态的基本走向

不论是自然生态还是人工、半人工生态系统，追求平衡似乎是一个应然的命题和目标，但是平衡总是相对的、暂时的。任何平衡的判断都以静止作为思维基点，事实上，对于理想化的暂时处于平衡状态的生态系统而言，来自系统内部或者外部的任何变化都可能对整个系统产生冲击并引发一系列连锁反应，导致系统某个环节或板块发生畸变，进而使整个系统呈现失衡的状态。失衡意味着平衡、稳定状态的被打破，意味着能量、物质和信息流的走向、量度发生了变化，更意味着生态系统的波动甚至断裂。然而，对于相对平衡的生态系统而言，失衡并不完全是悲剧，它往往是系统进化的福音。只有失衡才能促进物质、能量、信息的超常规输入和突变性调整、转换、增殖，从而在进化的基础上达成新的相对平衡。生态进化的过程，实际上就是不断失衡与追求平衡的交替过程。生态系统总处于一种永恒的动态的失衡与相对平衡的交替之中。没有平衡与稳定便没有生态层面上的富集与强化，没有生物体的生存；而没有失衡便没有进化与未来，没有更高层次上的平衡。

"一个反复调节的系统是一个寻求稳定的系统。""一个调节的（或追

求稳定的）系统会自我修正，以维持某些目标。"①成人教育传播的生态进化就是如此。追求动态的、进化中的平衡是其基本走向。这一命题包含以下内涵：

其一，成人教育传播生态是动态的。对社会大系统而言，无论政治、经济、社会，还是文化、人口、消费等，无时无刻不在变化当中，而它们的任何变化都可能对成人教育传播产生相应的影响。政治环境的变化、经济发展的波动、社会生活的调整、文化的转型与建构、人口结构和消费结构的起伏，都会波及成人教育传播。事实上，上述变化、波动、起伏、转型与建构，与无处不在的成人教育传播可能是一体运作的，彼此互为因果。

其二，成人教育传播生态是不断进化的。伴随着成人教育传播的发展及其规模的扩大与效益的提升，传播对环境资源的需求也呈现出动态上升的势头，其能量、物质和信息需求将不断扩大，同时，其对生态环境的反作用也将越来越突出，最终将促进整个生态环境由低到高发生进化。实际上，成人教育传播就是在不断变动和适应的过程中发展进化的。其生态系统的人工性质，使我们有能力在认识和把握其基本规律的基础上，通过调整关键的环境影响因子，调整物质、信息和能量流动的量度与走向，改善成人教育的传播生态，促进传播活动的健康、有序发展，进而避免因非理性的大起大落而影响传播功能的发挥。

其三，成人教育传播追求动态和进化中的相对平衡。没有平衡就没有相对稳定的传播行为，但是追求平衡只是实现效益传播的一种手段，永远不是目的。所以，我们探讨传播生态的平衡与失衡问题，不纯粹以追求平衡为目标，失衡并不可怕，可怕的是对于这一人工生态系统的失

---

①［美］彼得·圣吉. 第五项修炼——学习型组织的艺术与实务［M］. 郭进隆译，上海：上海三联书店，1994：91.

衡无动于衷，让其自生自灭。正确的态度是积极研究失衡的现象，分析其原因，探索实现动态平衡的路径。

（二）竞争与进化——成人教育传播的基本规律

在竞争中进化，这是自然生态和人工生态所共同遵循的基本规律。应当承认教育活动中竞争的客观存在。"在教育生态系统的内部和各个大的教育生态系统之间，都存在着竞争。"[①] 由于教育传播所面临的生态系统在一定时间和空间内的资源承载量和环境容纳量是一定的，在空间和时间上的分布不可能是均匀的，因此竞争在所难免。

成人教育传播，其竞争主要表现为两种情况：

其一，传播主体以及传播活动向资源富集区和时间段迁移，导致不同的传播活动生态位重合而带来竞争，我们可以称之为资源富集区的竞争。比如，我国东部沿海发达地区尤其是城市，适宜的政策环境、丰富的受众资源、发达的媒介手段、广阔的社会需求，曾让许多教育传播主体在一个时期内云集于此：民间培训组织如雨后春笋般涌现，个人办学迅速兴起，许多高等院校也纷纷在这里建站设点，彼此间产生同质同构的激烈竞争。不难想象，在我国，成人教育传播向资源富集区集中所带来的竞争将是长久的。

其二，在非资源富集区，由于一定时空的资源承载量和环境容纳量有限，传播主体数量增加也必然导致因资源占有和市场争夺而出现的竞争。在一定区域内，受众数量、市场容量、费用支撑及技术手段有限，当传播活动的密度超越区域环境的合理承受力、传播主体为生存而出现资源争夺时，生态环境的恶化将不可避免。

其实，就成人教育传播的生态而言，传播主体的竞争只是一个方面。

---

① 吴鼎福，诸文蔚. 教育生态学［M］. 南京：江苏教育出版社，1998：176.

除此之外，还存在着受众之间和传播媒介之间的竞争。受众，都希望选择那些社会信誉好、传播手段先进、内容科学而实用的传播主体来达成自己的求知愿望，对优质传播资源的竞争是必然的。全国各地老年大学报名场面火爆，课堂一座难求，就是很好的例证。不同的传播媒体也必须时刻关注受众市场和传播需求的变化，以实现自身功能的完善发挥。平面媒体、电子媒体、网络媒体等，在成人受众的争夺中都丝毫不能大意。目前在城市，网络媒体正毫不客气地挤压平面媒体甚至电子媒体的生存空间，城市中青年群体获得信息的主渠道已经相对集中于便捷的新媒体。在农村，电子媒体和网络的逐步普及也使平面媒体的市场步步萎缩，电视、手机正以无法阻挡的优势获取农村受众最广泛的注意力。不同的传播媒体，虽然彼此间难以从根本上相互取代，但此优彼劣的生存竞争将越来越激烈。

总而言之，有竞争才有提高、发展和进化。成人教育传播的竞争和生态进化遵循着这样的路径：一定区域内不同的传播主体、不同媒介和受众因为资源占有进行着永恒的竞争。竞争带来的结果是：其一，优胜劣汰，传播环境得到净化，传播水平和效益得到提高；其二，外部能量加快输入，生态环境发生质的变化，整个生态系统得到改善。实际上，不管是效益的提高还是环境的改善，都成为生态进化的表征。当竞争使优秀的传播组织得以保存和光大，优秀的传播媒介和手段得以推广，优秀的内容得到受众的接纳并付诸个性化的实践，当竞争使政策环境、经济投入、文化氛围、社会需求得以改善，当竞争促使受众的学习愿望更强烈、意志更坚定、毅力更持久，那么，整个传播的生态就发生了质变，这就是成人教育传播生态进化的基本理路。

从我国的实际情况来看，从中华人民共和国成立初期文盲半文盲占人口的大多数，到目前基本扫除青壮年文盲，社会和经济运作中科技含量大幅提高，现代文明的生活方式逐步建立，我们已经快速进入信息化社会。其间的每一个变化，都昭示着传播环境的变迁和进化。当然，竞争并不意味着必然的淘汰，竞争也可能带来彼此地位、模式和作用的互补，不同的传播主体、传播手段和受众，彼此和谐共处，协同进化，这也是传播生态进化的途径之一。

（三）依附与共栖——成人教育传播进化的基本手段

作为基本的人工生态系统，人为的修正和调适总比自然的进化更直接、快捷、有效。一旦把握了传播生态的基本规律和特性，找到了生态失衡的内在因素，及时的调适措施就成为促进生态进化的关键。事实上，成人教育传播本身，就包含着对生态环境的适应、作用和自觉不自觉的调适过程。其中，传播活动中的依附与共栖现象是调适的基本手段之一。

成人教育不同的传播主体、接受主体、传播媒介之间存在着竞争，但是，从根本上说，它们之间未必就一定是互为天敌和彼此不相容的关系。正如邵陪仁教授在分析媒介生态时所指出的："媒介的生存与发展似乎不遵循优胜劣汰、物竞天择的法则，好像更符合互动互助、共同演进的原理。"[①]社会和受众需求驱动下的成人教育传播，层次丰富，形式多样，内容纷繁，手段不一。目的只有一个，那就是全面提高广大受众的知识、能力和整体素质，塑造完美的社会人。其间，不同的传播主体和传播通道可以找到自己的独特优势，避免生态位的完全吻合而产生恶性竞争、两败俱伤。"在媒介组织与产业中，竞争排斥或灭绝是很少的，生态位分化是常见的。"[②]依附和共栖使同一领域同质同构的传播活动寻求生态上的局部分化变异，使生态位发生分离，彼此成为对方存在和发展的条件，从而获得和平共处和协同进化的双赢结局。一般来说，依附与共栖有下列手段和途径。

---

① 邵陪仁. 论媒介生态的五大观念 [J]. 新闻大学，2001（4）.
② 支庭荣. 大众传播生态学 [M]. 杭州：浙江大学出版社，2004：119.

　　第一，在客观分析受众、市场和社会需求的前提下，调整彼此的传播重点、传播内容以及受众构成，促使彼此的现实生态位由高度吻合走向理性分离，最大限度强化彼此的不可取代性，从而实现共栖。比如，在竞争与充分磨合的基础上，发达地区各类教育主体扎堆竞争的局面最终有所改变，各主体的职能开始分化：大学设立的教育机构以业余学历教育和高层次岗位培训为主，各类专门性的培训机构以专业证书教育和职业培训为核心，各社区中心主要开展社会文化生活教育，等等。任务、内容和受众群体得到理性划分，彼此减少交叉，各安其位，共同发展。同一层次的高校和同职能的培训机构之间，则通过专业差别、课程设置等来为自己定位，最终实现和谐共存。

　　第二，通过开拓新的传播领域，拓展生存空间，促使生态位扩展，扩大生态资源容量，减少恶性竞争。当发达地区的教育资源被瓜分殆尽、彼此的生态位逐步泛化、恶性竞争难以避免时，有长远眼光的传播主体总是把目光转向原来不曾关注的地区和领域。欠发达地区、边远地区、以往忽视的弱势受众群体等，开始进入传播服务的视野，成为新的生态资源。我国久盛不衰的自学考试，以个人自学、社会助学、国家考试为基本环节，是比较典型的由学习和接受主导的教育传播形式。这一形式有效解决了成人学习中遇到的工学矛盾，扩大了传播的社会覆盖面。目前，自学考试由城市逐步走向农村，由发达地区逐步延伸到欠发达地区。在城市，由紧盯稳定的城市就业群体到覆盖庞大的流动人口群体，就代表着其生态位的不断扩展。如今，自学考试在流动人口和广大农村地区找到用武之地，成为对流动人口和广大农村从业者实施教育的重要平台，在城镇化和新农村建设中发挥着越来越重要的作用。随着服务重点的转移和传播空间的扩大，冲突、竞争将逐步让位于融合共生。

　　第三，生态的优化与协调。从生态学的角度看，只有所有生态因子都处于最佳状态，而且彼此相互协调配合，生态系统的功能才能最大化，才能促进传播的健康发展，实现最佳效益。因此，成人教育传播的生态优化，应该是构成其生态的各个组件、因子诸如政治、经济、社会、文化、人口、消费、技术等整体优化和彼此协调配合的结果。一般说来，政治因素决定着传播的地位、定位、目标、方向，经济因素是传播正常运转的能量所系，社会和文化提供传播的适宜氛围，人口和消费规范着传播的社会需求，信息技术为传播提供手段和途径，等等。优化成人教育生态，不仅需要政治上的充分重视和完备的制度支撑、经济上的充分保障、社会文化的精心呵护、人口与消费引领的稳定需求以及媒体技术的不断更新，而且需要各个要素的协调配合，即各种因子处于恰当的量度，某一因子既不能过分充裕，也不能过于短缺。这样的话，传播生态就处于最佳的功能状态，从而避免无为的消耗，达到最优化。同时，竞争环境下的成人教育传播，生态的最优化意味着生态资源的最大丰富和充分利用。在这一情况下，不同的传播主体必须发挥自身的个性优长，培养自己的主打品牌，形成彼此不同的拳头产品，错开面对面的恶性竞争，进入协同进化的理性境界。

现实中，在同一个地域空间，同质同构的传播群体以及相关的传播活动，其理想化的协同发展状态应该是在传播目的、内容选择、途径和媒介采用上实行错位和适度分离。落实到一点上，就是各个主体打造出不同的拳头专业和独特品牌，实现彼此间不可取代。在生态环境总体优化的前提下，不同的传播主体只有体现出不同的个性与优长，形成互补，才能把协同进化的理想落实到实践上。像目前我国的高等教育，同一区域不同类别和性质的学校都争先恐后办综合大学，专业相同、课程一致、手段相近、受众吻合，于是，彼此间的恶性竞争以及由此而来的多败俱伤就在所难免了。这是成人教育传播应当永远避免的。

（四）适应、适度与多样化——成人教育传播生存与进化的客观要求

成人教育传播的生态平衡与和谐，除了不同传播主体、传播行为的互补与和谐共生外，生态环境与传播量度的适切配合也是一个关键。所谓环境与传播量度的适切，主要是指成人教育传播必须与构成其生态组件的政治、经济、社会、文化、人口、消费以及教育传播资源等因素的水平和条件相适应。

成人教育传播的职能是服务，服务的特点是与服务对象的适应与配合，因此，传播的目的、规模、层次、质效必须与政治的需要、经济的渴求、社会的呼唤、科技的水准、文化的建设、人口的构成、消费的变化相适应。这种适应与配合反映着传播与其生态环境之间的互动关系。正如在经济文化相对落后的状态下，不能也无法大规模扩张受众群体和教育传播种群一样，在知识经济和信息化的今天，成人教育传播如果不能覆盖所有在职从业和曾经在职从业的公民群体，不能使传播服务覆盖社会生活的方方面面，就是严重的不适应，就是与经济社会发展相脱节。

传播功能的充分实现还取决于一个必然的前提，那就是传播的多样化，包括传播主体、受众、信息和传播技术的充分多样化。"系统必须有优势种和拳头产品为主导，才会有发展的实力；必须有多元化的结构和多样性的产品为基础，才能分散风险，增强稳定性。主导性和多样性的合理匹配是实现持续发展的前提。"[1]原因很简单，因为生态环境进化的需求是多元的，社会、政治、经济、科技、文化的发展呼唤多样化而有效的传播提供全方位的、无空白点的服务。

传播主体必须多样化，政府机构、各类学校、民间组织、社会团体、企业集团、公民个人，只要有传播的愿望、技术和能力，遵守传播的基本规范，都可以参与其中；受众也必须多样化，具有学习愿望和学习需求的广大在职从业者和曾经在职从业的公民，都可以成为受众群体的一员，接受信息传播服务；关于传播媒体和通道，多样化既是必须也是必

---

① 范国睿. 教育生态学［M］. 北京：人民教育出版社，2000：21.

然的，口语交流、文字沟通、科技明白纸发放、信息咨询、环境熏陶、远程信息输送、网络信息沟通，以及正规的学校传播等，有利于成人接受、学习的一切手段和形式，都可以充分利用，充分发挥其教育传播的作用；至于传播的内容，从正规的高层次学历课程、各类高端岗位培训，到专业证书课程、岗位技能规范、扫盲识字、社会文化生活知识等，有关成人职业、生活的一切知识和信息，都应该兼容并包，以满足成人的多样化需求。多样化是生态稳定和生态进化的基本条件，成人教育传播也只有实现了传播主体、传播受众、传播技术、传播内容的多样化，并且实现了多样化状态下与生态环境诸因素的整体互动、适切配合与有机协调，才能在服务的基础上实现稳定的生态进化。

（五）沉默中的螺旋上升——成人教育传播生态演化的应然模式

生物进化过程中所追求的平衡不是静止与固定的，而是动态的、不断发展和默默上升中的平衡，是在沉默中层次不断提升的螺旋状态。大自然的进化是如此，成人教育传播同样遵守这一模式。

在具体的传播活动中，传播诸要素的互动、磨合以及与环境之间的相互作用，可以使传播生态实现暂时的、相对的平衡状态。平衡具体表现为能量、物质、信息输入与输出的相对稳定，环境承载量与传播活动频次、密度的基本适应，各个传播主体、传播媒介以及受众的协调配合，传播生态位通过有目的的分离、扩充、互补、优化而形成稳定状态，等等。但是，平衡和稳定只是暂时的，即使在平衡的状态下，仍然存在着进化和演替。只是这个演化是内敛的，是默默的量变的过程，看似平衡的状态下隐含着能量的积聚，表现为均衡震动中的相对稳定。一旦外在的环境变更导致信息、物质、能量流发生了变化，或者传播活动本身发生了局部的突变，就会导致整个传播系统的质变与失衡，使积聚的能量得到释放，使整个系统尝试在更高的层次上建构新的平衡。

客观上，新的平衡来自对旧的平衡的突破。在一定程度上，新的平衡意味着生态层次和传播效益的提升。具体表现为传播主体的合理化整合、传播媒介的更新、受众个性化需求的圆满实现，以及环境的进一步优化和传播效益的提高。这是一个进化的过程，"是一种渐进的有序的系统发育和功能完善过程。系统演替的目标在于功能的完善，而非结构或成分的增长；系统生产的目的在于对社会的服务功效，而非产品的数量和质量"①。从平衡到失衡再到新的平衡，既是传播的发展过程，也是传播生态进化的必然之路。所以，我们也可以这样说，传播生态的螺旋式进化实际上是一个稳步持续的过程。在这个过程中，既要防止和及时阻断非理性的突变和生态恶化，避免其影响传播的全局，又不能以阶段性的平衡、稳定为目标阻碍演进和发展。我们所追求的应当是稳步的、可持续发展的、质效不断提升的进化过程。

第三节　成人教育传播的生态系统

生态系统（ecosystem）的概念是英国生态学家坦斯烈（A.G.Tansley）于1935年首次提出来的。"生态系统指一定空间内生物和非生物的成分，通过物质循环、能量流动和信息传递而形成的生态学功能单位。"②作为人工生态系统，"教育生态系统是社会生态系统中的一个相对独立的子系统，它有着自身的结构与功能。教育生态系统结构与功能的统一，制约着教

---

① 范国睿. 教育生态学 [M]. 北京：人民教育出版社，2000：21.
② 周鸿. 人类生态学 [M]. 北京：高等教育出版社，2001：100.

育生态系统的发生与发展，制约着教育生态系统应付周围环境的能力。"①
面向成人的教育传播，其生态具有层次性。在成人教育传播中，不论是
传播主体推动的、以学校为平台的规范的传播行为，还是融合于社会的、
由接受主体启动的、由学习主导下的信息传递，在实践层面都表现为特
定的传播主体，采用特定的媒介和通道，向受众传播他们所需要的信息。
这个完整的过程，我们可以把它描述为单一而独立的传播行为。无数的
独立传播行为组成了成人教育传播的群体行为。群体内部各独立传播行
为之间的互动，传播群体与政治、社会、经济、文化、科技、人口、消费，
以及与宏观教育传播体系等环境因素的相互作用，构成了成人教育传播
的生态系统。对此，我们可以分几个层次来分析。

一、个体生态掠影

单一而独立的成人教育传播可以发生在学校，也可以发生在校园之
外，与人们的日常生活、工作、休闲紧密相连。不管是追求学历提高、
技能强化、素质优化，还是以追求家庭幸福、情感和谐、生活质量提升
为目的，具体的信息传播行为都具有以下几个要素：第一，有明确的传
播任务来源。这种传播必定以受众个人的切身需要为动力。自媒体时代，
这个需求可能随时随地产生，传播提供的服务也应该是即时的、随机的。
第二，有明确的最终目的和个性化的目标诉求，目标的实现即代表本次
传播活动的基本结束。但需要指出的是，单一而独立的传播活动追求过
程及结果的充分个性化，而非流水线式地克隆标准件。第三，传播的内
容是受众迫切需要的，要求实用和速效。不管是学历追求还是职业指导、
生活引领，冗余的内容始终是成人教育传播排斥的对象。第四，传播活
动有个性化的促进和管理措施。传播的动力既然来自受众千差万别的学

---

① 范国睿. 教育生态学 [M]. 北京：人民教育出版社，2000：30.

习需求和欲望,管理措施也必须有明确的针对性。

每一个独立的传播行为,虽然离不开宏观的经济、政治、社会、文化、人口、消费等大环境的影响,但从生态角度看,其直接的影响因素更多是宏观环境的具体化、具象化。诸如传播主体的计划、思路、经费来源、内容的确定、具体传播方式的选择、反馈与评价措施的制定等,属于微观和技术层面的作用与互动。企业的岗位培训瞄准的是产品质量和规格的提高与转型;田间地头的技术传授,其动力可能来自农贸市场需求的变化;社区活动中心的开办,服务的是社区居民尤其是老年居民养老保健、颐养天年的需要;等等。每个独立的传播行为,都面临着具体的个性化的环境、时间、地域、任务来源、通道选择和最终目标,以及特定受众群体的需求。其传播规模、方式、内容、序度、效益都受制于特定的环境因素。所以,在很多情况下,单一的传播活动虽然遵循成人教育传播共性的规律和基本走向,但不同的传播活动彼此之间有巨大的区别,不仅对象、任务、方式不同,最终目标更不可同日而语。比如,多样化的岗位培训、继续教育有别于系统的学历教育,即时的技术指导不同于养老保健和社会文化生活信息的传授。每一次传播活动都面临着彼此不可替代的独特的环境。任何时候,我们对单一传播活动的生态分析都必须是具体的。用宏观定性的方法研究单一传播活动的生态环境,在方法论上是欠科学的。不同的传播活动彼此的个性化和不可替代,带来了成人教育传播生态的丰富多彩。

二、群体生态审视

不同的目的、不同的受众、不同的内容和不同的传播媒介,造就了层次多样、形式各异、丰富多彩的传播实践。不同的、彼此相对独立的传播活动,共同构成了一定时空区域内成人教育传播的群体。这样的群体尽管其任务、途径、目的有差别,但面对着共同的环境因子,宏观上具有共同的生态属性。比如在上海这个特定的行政区域里，成人教育传播蓬勃繁荣，有以不同学校为平台的成人学历教育，有以不同企业为平台的职工培训，有不同类型的市民信息服务，有遍布全市的城市社区教育，有各级各类流动人口的服务系统，更有全民"终身学习卡"活动的稳步推展。这些不同类型的传播活动面临着共同的、积极而优越的政策环境、发达的经济水平、较高的社会文明程度和适宜的社会文化氛围。不同的传播活动彼此间有区别，甚至在人财物、受众、市场等方面存在竞争；但它们彼此间在互动、竞争中共同为上海的经济发展、社会进步、文化建设、居民生活水平的提高以及居民的个性化需求提供着信息服务和智力支持。在西部的特定区域尤其是老少边穷地区，受经济和社会文化发展水平的制约，成人教育传播面临着更加严酷的环境，传播生态恶化导致人们学习愿望淡漠。更由于经济落后、交通闭塞、信息渠道不畅，有限的资源集中于基础教育领域，所以成人教育传播面临着政策的缺位，更面临着物质、信息、能量输入严重不足的局面。在很多情况下，贫困地区的成人教育传播处于放任的自生自灭状态，缺乏政策规范、经济支持和社会氛围的呵护，其对环境的能动反作用以及对社会和经济发展的推动作用也就似有若无了。

在相同的区域环境内，不同的传播主体、不同的传播活动彼此间相互作用，此消彼长，存在着竞争，也存在着竞争后的协同进化，同时又共同与环境之间处于永恒的互动状态。概括成人教育传播的群体生态，可以得到以下几点认识：其一，宏观意义上，面向成人的信息传播，其总体发展、进化的趋势是一致的，但区域差别客观存在甚至巨大。其二，传播群体与宏观的环境形成永恒的互动关系，区域环境影响并规范着传播群体的互动、运作，而群体传播活动又能动地促进生态环境的进化，尤其是促进人的充分社会化，促进经济发展、社会进步。其三，由于成人教育传播生态的人工性质，在一定区域内，相关的制度生产、政策环境营造在群体生态建设中发挥着重要作用。合理的政策和经济投入，加上受众积极的接受欲望，是构建和谐、健康传播生态的关键。

三、理想生态——开放的、动态的、和谐的系统

成人教育传播有宽泛但很明确的目的，有独特的构成要素和运作模式，有区别于其他教育传播形态和大众传播的独特个性。具有支持经济发展、社会运转和文化建设，促进成年公民持续社会化的独特优势。其理想的传播生态是一个开放的、动态的、和谐的系统。

这个系统首先是开放的。传播生态理论"把社会看作一个有机的结构。媒介系统被设想为现代社会结构的一个重要部分，与个人、团体、组织和其他社会系统都有关系"①。社会的正常运转高度依赖媒介的传播，而传播又全方位依赖社会的需求与支撑。成人教育传播没有围墙，向构成社会的所有系统全面开放。"它与社会生态系统不断进行着物质和能量交换，与其环境相互作用。教育生态系统在相对不变的输入输出比的作用下，建立起'稳定态'或平衡。"②其实，它本身就是社会运作体系的一部分，不封闭，不保守，而是与经济社会乃至公民个人的工作、生活、衣食住行密切相连。由于其与环境关系的直接性和融合性，所以没有任何因素可以把它与社会和经济运作分割开来。"正是教育与外部生态环境的这种物质、能量和信息的交换，使教育生态系统保持着一定的有序状态。这种交换一旦中断，教育生态系统也就会失去动态平衡，进而走向解体。"③这个系统的运作借助能量、物质和信息的输入与输出，勇于接纳任何有

---

① 支庭荣. 大众传播生态学［M］. 杭州：浙江大学出版社，2004：44.

② 范国睿. 教育生态学［M］. 北京：人民教育出版社，2007：30.

③ 吴鼎福，诸文蔚. 教育生态学［M］. 南京：江苏教育出版社，1998：93.

益的东西，故而开放而充满活力。

这个系统是动态的。首先，动态发展的政治、经济和社会文化系统构成其生态环境的主要组件。环境的任何变化，都促使生态系统做出适宜的调整，与环境的互动始终体现于成人教育传播的整个过程中。其次，传播系统本身诸因素之间，传播群体内部各独立传播行为之间，也始终处于不断的矛盾、冲突、竞争和协调之中。传播主体的变化、内容的演替、媒介的更新、受众的调整，以及外部政策的变动、经济的起伏、社会的波动、文化的发展等，始终伴随着传播活动的发展过程。尤其是，传播的媒介系统就是一个动态的存在。"一方面，它具有一定的调节功能的自我调节机制；另一方面，媒介生存内部和外部存在着大量变化不定、随机性和不稳定性的因素，因而当其中一个条件受到干扰而发生变化的时候，会影响整个媒介生态的平衡，从而导致建立新的平衡。"[①]

这个系统更应该是有序而和谐的。一方面，"教育生态的个体、群体和生态系统在自身发展的一定阶段上，对周围的生态环境和各种生态因子，都有自己适应范围的上限和下限。在上下限幅度之内，教育生态的主体能够很好地发展"[②]。由于成人教育传播与其生态环境关系的紧密性，环境对传播活动提供条件和氛围，而传播活动对外部环境客观上也体现为一种不断的整合、适应和服务，为环境的优化完形提供信息服务，促进经济发展、社会进步、文化更新和人的全面发展。另一方面，传播诸要素间追求一种协调配合的关系，形成自身完整的系统。不同的传播行为、不同的传播媒介和通道间也形成相互促进、相得益彰的和谐关系，目的是提高传播对环境系统的适切性，保持传播的持续、稳定和健康发展，

---

① 支庭荣. 大众传播生态学［M］. 杭州：浙江大学出版社，2004：44.

② 吴鼎福，诸文蔚. 教育生态学［M］. 南京：江苏教育出版社，1998：134.

避免有害于传播的"噪音""污染"的出现，使传播生态在动态平衡中实现稳步进化。没有动态和开放就没有成人教育传播的活力和进化；而失去了有序与和谐，传播就会被恶性的竞争掠食，为过程的盲目、失控所困扰，使发展进化之路变得曲折坎坷。因此，其理想的生态应该是开放的、动态的、和谐有序的系统。

第三章
成人教育传播的环境因素

　　成人教育传播作为国民教育传播体系的重要构成部分，其生存发展受到政治、经济、文化、社会等因素和宏观教育传播体系的规范和制约。要从生态学的角度理清其现状、分析问题、把握规律、探寻健康发展的道路，就不能忽视其发展进化过程中其他社会系统的影响。

第一节　相关制度与理论体系的建构

　　作为一种社会活动，传播不是独立封闭的体系，它恰恰是打破封闭、走向开放、实现沟通的途径。它不能独立于社会之外，应当是社会有机运作的构成部分。我们永远不能否认传播在现代社会发展中的巨大作用，离开了丰富而多姿多彩的传播活动，社会将进入死寂的状态而毫无生机。那种小国寡民、不相往来、日出而作、日落而息的原始境界与信息社会背道而驰，不是正确的社会目标。人类的传播活动支撑着社会在信息化的道路上疾驰，人们彼此的物理及心理距离被拉近，空间和时间被速度压缩，沟通在强化，协作在加深，这些都是传播发挥作用的具体体现。传播活动一如其他社会活动一样，不仅作用于外部环境，而且需要环境的滋养与呵护，包括成人教育在内的教育传播活动更是如此。

　　成人教育传播是一种社会化的传播活动，其目标明确，指向清楚。这些目标、指向往往就是国家和社会相关制度和规范的具象化。里面既包含政策的引导、措施的促动、结果的评估，也包括反馈对过程的调适与修正。成人教育传播是物质流、信息流、能量流注入、增殖、转换、放大、输出的过程，需要政策、制度的规范和法制的保驾护航。社会对其投入的是政策、物质、资金和信息，得到的是人才及其才智的发挥。同时，教育传播的健康发展和稳步进化还需要理论的科学指引，除却国家政策、制度层面的保证，先进而科学的传播理念必不可少，理性光芒的照耀可以使成人教育传播实践更加艳丽动人。

一、政策和法规建设

　　近代西方成人教育发端于英国。1789年英国诺丁汉第一所成人学校的建立，是近代成人教育传播兴起的标志。两个多世纪尤其是近50年来，着眼于为成人教育传播提供最广泛的政策环境和法规支持，世界各国都普遍关注相关的政策建设和立法工作，使制度和法制生产适度超前教育传播的实践，以确保传播活动的价值认定、社会定位和过程的实施，通过构建完善的法律法规以促进事业的健康发展。美国的《史密斯—休斯法》《美国成人教育法案》《终身学习法》《职业训练合作法案》，法国的《继续职业教育法》《终身教育范围内的职业继续教育组织法》，英国的《成人教育规程》《教育改革法》《面向21世纪的教育与培训》，日本的《职业训练法》《社会教育法》《完善振兴终身学习政策执行体制的法律》，原西德的《职业训练法》《关于优秀从业人员参加高校入学考试的协议》，加拿大的《教育制度法规》等，长期以来为面向成人受众的教育传播、广大成人的学习提供了法律层面的坚定支持。

配合法制建设，各国相继采取了科学的配套措施。"带薪休假制度""学分银行制度""回归教育制度""教育开放制度""双元教育制度"等等，作为法制推行的具体举措，大大缓解了受众的学习压力，化解了工学矛盾，提供了经济支撑。日本的终身培训终身就业、美国的人力资源多层次开发、英国开放大学制度的顺利推行，以及国际劳工组织对教育基本人权的认定等，从根本上为广大成人受众接受教育、从事学习大开绿灯，提供了方便周全的服务。在世界各国，成年公民——过往被排除在教育传播受众之外的群体——重新在更高的层次上获得了受教育的权利，获得了人生继续求知充电的机会。事实上，这既是经济发展的需要、科技和社会进步的产物，客观上也是人全面发展、追求自身完善和价值全面实现的必由之路。

政策的威力是巨大的。在美国，二战之后，由于大批军人结束军旅生涯重操学业，美国成人教育受众规模快速膨胀，大众学习欲望骤升，正规学校教育根本无法容纳如此大规模的受众群体。这时候，美国政府及时出台政策，鼓励地方政府以社区发展为目的建立各类社区学院，承担成人教育传播的任务，从而带来了美国社区学院的发展和成人教育传播的繁荣，也促进了美国高等教育由大众化向普及化的快速迈进。

在我国，1982年通过的《中华人民共和国宪法》明确规定："国家发展各种教育设施，扫除文盲，对工人、农民、国家工作人员和其他劳动者进行政治、文化、科学、技术、业务的教育，鼓励自学成才。"1987年国务院批转了《国家教育委员会关于改革和发展成人教育的决定》，对成人教育发展思路进行了宏观谋划，为成人教育的发展营造了有利的制度和政策环境。1993年1月，国务院办公厅转发了国家教育委员会《关于进一步改革和发展成人高等教育的意见》，提出了动员社会各方面的力量，大力支持、积极兴办多种形式、多种层次、多种规格的成人高等教育。

1993年2月颁布的《中国教育改革和发展纲要》指出："成人教育是传统学校教育向终身教育过渡的一种新型教育制度。"这一命题确立了成人教育传播不可取代的地位。1995年颁布的《教育法》又明确指出："国家实行职业教育制度和成人教育制度。"应该说，改革开放以后，我国成人教育传播取得了长足的发展，其发展的每一步都得益于政策的支持和对适宜环境的营造。

在制度的支持下，我国系统恢复了过往被废弛的各级各类成人教育管理机构，完善了一系列管理和促动措施，促进了成人教育传播的发展。特别是1987年国务院批转《国家教育委员会关于改革和发展成人教育的决定》，初步明确了成人教育传播的目标、任务、类别、程序和措施。《决定》明确指出："成人教育是我国教育的重要组成部分。在整个教育事业中，它与基础教育、职业技术教育、普通高等教育同等重要。""成人教育主要是对已经走上各种生产或工作岗位的从业人员进行的教育，能够直接有效地提高劳动者和工作人员的素质，从而可以直接提高经济效益和工作效率。同时，对于培养有理想、有道德、有文化、有纪律的社会主义公民，形成好学上进的社会风气，对于发扬民主、形成法制、促进安定团结，成人教育也有直接作用。"[①]这些规范和认定，为具体的传播实践指明了基本的路径和方向。

法规建设也使成人教育传播的目标与任务更加明确。对于成人教育在新的条件下所承担的传播任务，我国相关的法规也做了明确的界定：1.对已经走上各种岗位，以及需要转换工作岗位或重新就业的工人、农民、干部、专业技术人员和其他从业人员，进行相应的岗位培训，使他们在政治思想、职业道德、文化知识、专业技术和实际能力等方面达到

---

① 国家教育委员会成人教育司. 成人教育政策法规 [M]. 北京：中国人事出版社，1996：258.

本岗位的规范要求；2.对已经走上岗位而没有受完初等、中等教育的劳动者，进行基础教育；3.对已经在职而又达不到岗位要求的中等或高等文化程度和专业水平的人员进行相应的文化和专业教育；4.适应社会的迅速发展和科学技术日新月异的进步，对受过高等教育的人进行继续教育；5.为建设文明健康科学的生活方式，满足人们日益增长的精神文化生活的需求，对成人开展丰富多彩的社会文化生活教育。①应该说，这是我国成人教育传播任务的最完善概括，界定并规范了成人教育传播的具体任务和基本目标。

1987—1998年，我国各级各类成人教育管理机构迅速完善，人员得到配备，资金投入及时到位，受众规模膨胀性扩张；传播手段空前丰富和多样化，现代教育传播技术长驱直入，为成人教育传播提供了有力的技术支撑；传播平台迅速冲破学校的围墙，遍及整个社会，传播组织从各类正规的学校、专门的培训中心，发展到民间团体、社会组织、公民个人，实现了充分的多元化；传播内容适应并满足了广大受众的多样化需求；传播层次多样化，各级各类学历教育、岗位培训，灵活机动的科普推广、田间地头指导、文化生活知识服务等空前繁荣。城市有正规的学历教育、专业证书教育、专项培训、社区教育、社会文化生活教育；农村有几乎覆盖全国80%乡镇和60%行政村的乡镇农民文化技术学校、村农民业校。"三教统筹""农科教结合"等新鲜的传播经验层出不穷。远程传播、电化教育日渐兴旺，科学的教育评估机制逐步建立。在十年时间里，成人教育传播从智力角度支撑了数以亿计的劳动力从农村向城市的转移，支撑着我国的城镇化进程。同时，借助成人教育传播，我国基本完成了扫除青壮年文盲的历史任务。面向成人的教育传播促进了产

---

① 国家教育委员会成人教育司.成人教育政策法规［M］.北京：中国人事出版社，1996：259.

业升级和农村非农经济的发展，庞大的人口负担开始逐步转化为人力资源的优势。

制度和法规是话语，是规范，也是环境，是人工生态营造所必需的思维基点和指导思想，也是人工生态最基本的组件。政策法规所提供的温度和水分、营造的适宜的气候催生了成人教育传播的繁荣。

二、理论的发展完善

成人教育传播效益的提高，需要制度和法规的保驾护航，需要技术层面的配套措施，也需要理论的生产与完善。这是传播活动实现生态平衡、获得健康发展的重要因素。

《易经·系辞上》有云："形而上者谓之道，形而下者谓之器。"依据《易经》的逻辑，宇宙可以分为"道""形""器"三个层次。由"道"而"形"最后归于"器"，代表着宇宙内在的永恒的规定性。"道"经过具象化的理念、图式、蓝本，最终化形为自然和人类社会客观存在的万事万物。"形"是"道"的产物，受制于并张扬着"道"。"器"是"形"的具象化，始终受到"形"的制约、规范和导引。按照这一逻辑，人类的一切活动都受到相应的理念、图式的规约和指导。

教育传播是一种社会实践活动，属于"器"的范畴，它当然也离不开理性的引导。从原始状态下初民们生产和生存技能的言传身教，到知识经济时代信息技术的传播推广，形而下的实践始终闪耀着理性的光芒。虽然原始状态下的经验传播、技能传授带有程度不同的集体无意识甚至某种本能层次的痕迹，但是，长期的、重复进行的、代代相沿的经验传承和知识传播，最终可能被自然而然地归纳为经验化的方式与途径，从而实现最原始、最简单的理性的升华。到了教育传播大师孔子那里，理性的思维已经升华为系统而成熟的教育传播理念，诸如"有教无类""教学相长""因材施教""循序渐进""学而不厌，诲人不倦"等成熟的教育传播思想，对今天的教育传播实践仍然具有借鉴的价值。其实，伴随着教育传播发展的历史，相关的理论也一直在不断成熟、丰富和完善。尤其是最近半个世纪以来，全球经济社会发展对人才和技术的渴求最后转化为对教育传播的呼唤和促动，促进了传播规模的扩大、品质的提升和理论的成熟。理论的丰富成为传播实践健康发展的重要促动因素之一。

首先是传播学的建立和成熟。在一个世纪的时间里，传播学研究从最初的萌芽，从作为寄生于社会学、新闻学、心理学的一门边缘学科，成长为一门独立的学科，立足于实践的理论生产发挥了积极的作用。早期的传播学大师们，不论是拉斯韦儿、勒温还是霍夫兰、拉扎斯菲尔德，他们的贡献在于从自己熟悉的不同学科诸如社会学、心理学的角度和层面上开辟了传播学研究的蹊径，并提出了自己对于传播现象的系统认识，为传播学的后继研究——学科界限的确立、学科结构的构建、横向学科的沟通联系——打下了坚实基础。但是，他们的研究都没有从传播学赖以孕育和寄生的社会学、心理学中真正走出来。

二战以后，伴随以信息论、控制论为工具的系统论的勃兴以及新闻学研究的繁荣，传播学研究走向了深化。以威尔伯·施拉姆为代表的一批传播学大师，从学科建设的角度竖起了研究的大旗。施拉姆《大众传播》的出版"标志着传播学的正式诞生，而《人类传播概论》的问世又标志着传播学基本体系已初步形成"[①]。大师们以辛勤的劳动构建起了传播学的学科架构，明晰了传播学的学科范畴、基本架构、知识体系、思维范式和评估体系。他们深入传播实务，借助教育这个平台，把传播学的基本知识和基本学理向社会广泛传播，培养了大批年轻的学者，使传播学这一新生的学科在几十年的时间里迅速走向繁荣。

在这一时期，和传播学相联系，心理学的研究也突飞猛进，接受心

---

① 邵培仁. 传播学［M］. 北京：高等教育出版社，2002：18.

理学、认知心理学、实验心理学等领域都取得了辉煌的成绩。比如，接受心理学所倡导的认知和心理建构理论，对传播学尤其是教育传播就产生了广泛的影响。在认知心理学那里，接受不再是被动的过程，最佳的接受已经不是单纯的解读与还原，解读与还原只是过程和手段，目的是个性化的建构，是接受者在个性的规范下对信息的个性化筛选、过滤、择取、吸纳并最终实现新的心理完形。接受从本质上说是一种主动的心理行为。接受者不是一个毫无遮拦的橡皮口袋，来者不拒，而是一个完善的过滤器。他只允许自身心理能够接纳的信息进入心理建构的程序，并最终完成建构。依据这一理论，传播活动中反馈的作用被提升到空前的高度，即时反馈成为传播追求的目标，传播活动的评估也由结果性评估最大限度地向过程评估发展。反馈不再被理解为对结果的考查，而更多地体现为对传播过程的即时修正。这一理论，促进了传播活动中受众主体地位的提升，很好地支撑了教育传播中主动接受、个性化学习的兴起，支撑了大众传播中传受互动、现场连线、即时民调节目的走热，同时为网络媒体传受主体模糊淡化和传受同体运行模式打造了理论基础。

心理学、新闻学、社会学等相关领域理论的发展，有效地促进了传播学理论的成熟与繁荣。

其次，在这一时期，教育尤其是成人教育传播理论迅速发展。连续六届的世界成人教育大会，为全球范围内成人教育传播的推展、深化提供了指导思想，逐步确立了成人教育的经济观、人权观、可持续发展观。教育传播被视为一种经济行为、一种基本人权、一个可持续发展的过程。与此同时，诞生于20世纪70年代的终身教育思想和学习化社会的理论日臻成熟。联合国教科文组织提交的两份教育报告——《学会生存——教育世界的今天和明天》《教育——财富蕴藏其中》，以及《第五项修炼——学习型组织的艺术与实务》《学习的革命——通向21世纪的个人护照》等重要的理论著作，把成人教育和学习的理论推向了新的高度。构建人人是学习之人、时时是学习之时、处处是学习之所的学习化社会，成为世界各国国民教育的共同追求。学习者的主体性得到广泛的认可，过程学习理论、问题学习理论、合作学习理论、研究性学习理论等，逐步取代了以传播者为主体的单向线性教育传播理论，成为成人教育传播的指导思想。教育传播不再流水线式地"克隆"标准件，不再追求培养的人才具有统一的规格、模式和标尺，而是充分尊重接受者个人的需要，实现传播的充分个性化。最近几十年，全球范围内成人教育传播能快速走向繁荣，理论的完善及对传播的科学引导发挥了巨大的作用。

第二节　经济社会发展和公民完善自身的现实促动

从工具论的角度看，教育传播在不断传承人类文明。其中，既要传播科学技术、健康的生活方式，也要传播人类长期积淀下来的人文财富。人类几千年的文明史客观上也是一部宏大的传播史。没有传播活动对既有经验、知识的横向传递和纵向的代代传承，一切文明的延伸、发展和创新都是无法想象的。但是，人类传播活动包括教育传播无限的生命力却不是来自于传播自身，而是来自于经济社会发展和大众完善自身的客观需求。

一、经济和社会因素对传播活动的影响

传播是一种社会活动，首先是一种工具性行为，促进经济社会发展并受经济社会发展水平的节制是其运行的必然规律。我们所说的传播的

经济价值和财富意义就集中体现了这种判断。

原始社会，初民们的口语传播既是生产活动的产物，也是社会需求的必然结果。"由于生产力水平低下，人类必须以自身为媒介进行'亲身传播'，才能完成信息的交流过程。"[①]口语传播是最初始、最基本、最普遍和最便捷的传播形式。"语言符号是人类特有的工具，是一切传播的核心。没有它，就没有人类的今天，人类复杂的思维过程和灿烂文化就不可能延续下来。"[②]但语言是怎么产生的呢？马克思主义认为，语言的出现是劳动的直接结果，语言交流的出现和丰富完善是原始状态下人类祖先生产活动和生活实践的迫切需要。狩猎中的配合、耕种时的协作、生活中的互动、游戏中的参与，其中语言的沟通始终是前提。没有语言传播的黏合和沟通作用，没有语言传播的促动，知识难以积累，经验不能传达，心情难以沟通，社会难以进步，人类发展进化的脚步可能永远停留在蒙昧状态。即使在社会文明高度发达的今天，语言仍然是人类传播必须首先越过的第一个障碍。"不能使用说话及语言传播方式进行人际交流的人，亦不能贮存和追求进行内向传播所需的各种理念，从具体归纳出一般，由前提推导出结论。"[③]马克思主义认为：劳动创造了人本身。劳动创造了语言，创造了语言的使用和话语传播。劳动促进了人类发音器官的进化和完善，促进了语言的使用和丰富发达。

文字的出现被看作人类传播史上的第二次革命。关于文字的起源，有许多不同的说法，如诸神造字说、智者造字说等。最根本的一点，文字的出现表面上看是人类交流的需要，但根本上则是社会和经济发展的

---

① 支庭荣. 大众传播生态［M］. 杭州：浙江大学出版社，2004：64.

② 邵培仁. 传播学［M］. 北京：高等教育出版社，2002：132.

③［美］梅尔文·德弗勒，桑德拉·鲍尔-洛基奇. 大众传播学诸论［M］. 杜力平译，北京：新华出版社，1990：15.

产物，是社会需求促动的结果。丰富的出土文物和远古的文献一再证明，一些原始的以实用为目的的记事性质的符号和图画，是现代文字最早的起源。原始人类生活范围的扩大、生产水平的提高、收获数量的增加、分配形式的完善以及部落之间沟通的需要等，都迫切需要一种稳定的非语言和非肢体的符号。正是初民们为方便交流记事而创制的那些由简到繁的符号和带有某种娱乐因素的图画，成为文字发展的滥觞，使文字由最早的一种集体无意识发展为规范的传播媒介。一部《汉字传播史》形象地告诉我们，汉字由简单的符号到完善的文字，从简单的表意发展到完善的表情达意，从初始的凌乱到逐步的统一规范，这个过程始终伴随着原始状态下疆土的开拓、交流的扩大、生产的发展和社会的进步。[1]经济社会的发展改造和完善了文字传播，而文字传播又大大促进了生产力水平的提高和社会文明程度的提升。

印刷术的产生也是如此。社会活动的频繁、领域的扩大、种类的多样，以及社会交往的丰富、社会管理的日益复杂、社会生活的多彩，都使过往的口语和原始的文字传播显得捉襟见肘。传播范围的扩张、内容的丰富，迫切需要传播活动能适应社会和经济发展的需要，提升速度和效率，于是印刷术应运而生。它极大地提高了文本传播的规模、范围和效益，合理而且有效地延伸了人们的感知能力，促进了社会信息量的大幅度增加，开启了知识完善保存并世代传承的新时代。此后，电子传播技术的产生、网络传播的勃兴及繁荣，无一例外都是如此。经济社会发展的需求促进了传播技术、内涵的变革，而每一次变革又反过来将人类的生产、生活带入一个崭新的时代。伴随而来的不仅是经济的发展，而且是社会文明程度的攀升。

眼下，网络传播已经把人类带进了一个崭新的知识经济时代。这个

---

[1] 陆锡兴. 汉字传播史 [M]. 北京：语文出版社，2002，9.

以知识的生产、储存、传播、使用和即时更新为特征的时代，不仅昭示着经济的空前繁荣，也标志着社会的文明进步。社会民主和谐，理解和沟通得到加强，团结和协作成为时尚，学习和借鉴成为共识，应对疾病和自然灾害成为人类共同的行为……"每一次传播革命的爆发都为人类的生存与发展带来新的机遇，开拓了新的空间……人类传播革命与社会文明进步不仅互相促进而且步调一致，在步幅和步频上基本成正比例关系。"[①]传播促进经济、社会和人的发展，而经济社会的进步和人的全面发展又为传播打造着实践的环境，成为传播理念、媒介和传播实践不断发展的促动因素，成为传播生态的基本组件。

二、经济社会发展对成人教育传播的制约

教育传播受制于经济社会发展。以广大成人为对象的成人教育传播与经济社会发展的结合更为紧密，甚至成为社会发展和经济运作的有机组成部分。经济和社会对成人教育传播的影响可以从两个层面来分析：一方面，成人教育传播通过塑造完美的社会人这个中间环节，促进了经济发展和社会进步；另一方面，成人教育传播内涵的演变、规模的变化、效益的升降、技术的更替又时刻受到经济水平和社会因素的制约。"社会经济对教育发展提出客观要求，不仅对教育发展的速度、规模等提出量的要求，而且对教育本身的结构、教育产品的规格等提出质的规定。"[②]成人教育传播的历史充分证明了这个判断。

在欧洲漫长的中世纪，宗教的禁锢导致了经济和社会发展停滞不前，也严重影响到教育传播的发展；因此，科学技术和灿烂的古代文明得不到有效的传承，欧洲在缺乏文明引导的黑暗中度过了上千年的时间。15

---

① 邵培仁. 传播学［M］. 北京：高等教育出版社，2002：44.

② 吴鼎福，诸文蔚. 教育传播学［M］. 南京：江苏教育出版社，1998：24.

世纪，文艺复兴带来人的发现和宗教地位的动摇，人的价值得到重新认定，人的能力受到推崇，人权战胜神权的结果使科学技术对产业的渗透成为现实。工厂取代了手工作坊，机器生产代替了手工操作，大宗贸易和市场的大流通取代了小型的集市交易。经济发展对技术和人才的渴求促进了职业性教育和培训的兴起与快速发展。在整个工业化时代，社会和经济发展的每一个进程都伴随着对新技术和新工艺的传播、吸收，伴随着市场的开发、信息的传播和对人才的培养。工业化促进了教育传播的发展，使其从社会的边缘进入经济和社会运行的中心，成为社会和经济发展的动力之一。

进入知识经济时代，一个国家经济和社会的发展越来越取决于科学技术的普及、推广和创新。"科学技术是第一生产力。"人是经济活动中最活跃的因素，科学技术与人的完美结合无疑是知识经济发展的基础。这个完美的结合要靠教育传播来完成。就现实经济的发展而言，在职从业的广大成年公民是经济活动的主力军。采用合适的方式，利用恰切的通道，向他们传播最新的科学技术知识和生产技能，普遍提高其整体素质和劳动生产率，向他们广泛传播新的生活观念和生活方式，普遍提高其生活品质和幸福指数，这是成人教育传播的应有责任。

从改革开放到20世纪末，我国成人教育传播适应经济和社会发展的需求，调整结构，完善管理，强化服务，取得了一个又一个辉煌成就。

在农村，通过遍及乡镇及村的各级各类农民文化技术学校和培训中心，成人教育完成了基本扫除青壮年文盲的任务，培训了数以亿计的新型农民。通过全方位的生产技术和信息传播，在不到20年的时间里，像地膜覆盖、立体种植、配方施肥、农业生物工程等农业生产的最新技术在全国全面推开。农业生产效益成倍增长，农村非农产业在技术、人才和信息的支持下也迅速发展起来。在沿海发达地区的农村，种植业在农业经济中的比重大幅下降，非农经济成为农村经济的核心支柱。随着我国以城镇建设和农民工大规模流动为标志的城市化进程的加快，成人教育传播利用自身灵活机动的优势，为城市建设提供了超过两亿的蓝领工作人员。目前，成人教育传播在农村地区承担的任务主要有三类：项目性人才培训、全方位技术传播与推广、及时的信息服务。它已经成为社会主义新农村建设的基础工程。

在城市，成人教育的受众已经全面覆盖到企业职工、普通市民和广大离退休人员，社区教育日益成为主体模式。现代企业教育制度的完善，使上亿企业职工得到了技术轮训，实现了技术升级；瞄准服务业的岗位培训和信息传播，直接促进了我国第三产业的跨越式发展；市民健康生活方式的养成、和谐社区工程的推展、白发群体养生保健知识的传播，对促进城市社会安定和文明进步已经不可或缺。这些进步，都在实践的层面上促进着成人群体持续的社会化进程。可以这样说，改革开放近40年我国经济发展和社会进步所取得的巨大成就，成人教育传播功在其列，是不可抹杀的。

如同教育传播对经济和社会发展的促动一样，经济发展的模式、重点、进程、措施以及社会发展的水平，客观上也对成人教育传播具有自然而然的规范作用。教育传播是社会性事业，也是工具性事业，其主要功能是为社会和经济发展服务。经济的起伏、社会的波动都会引发对教育传播需求的变化，从而影响到传播活动的发展。

首先，我们从社会发展层面上看，教育传播具有社会属性。因为教育传播是以人为核心的行为，传播者、受众都是特定社会环境中的人，其思想追求、政治倾向、价值观念、思维方式等必然打上特定社会的烙印。这在客观上影响到传播信息的选择、传播手段的采用以及传播效果的评估。事实上，社会环境、社会主流思想和意识形态对教育传播无时无刻不在施加着影响。就成人教育传播来说，选择什么样的传播形式，如何确定受众的范围、规模，传播什么样的内容，达到什么样的传播目的，以什么标准对传播效果做出评估等，必然要受制于国家的发展大局，受制于主流社会和国家的意志。在专制的体制下，教育传播沦落为强化统治的工具，甚至成为柔性化的国家机器；在民主开放的时代，教育传播虽然具有一定的主体性，但共同的社会愿景、共同的时代精神、共同的价值观念、共同的经济追求，又使以服务为己任的教育传播不可能偏离主流去独辟蹊径。

亚洲金融危机冲击下的我国，主流媒体向国民传播的是爱国、奉献、勤劳、创新的信息和信念。在波及全球的国际金融危机中，美国媒体传播给广大公民的信息是节俭、储蓄、信心和勇气，中国媒体传播出的共性追求则是暖心、消费和社会的稳定。每当处于变动的时刻，传播的价值环境就显身于外，从理念和实践两个层面规范教育传播与社会的主体追求相配合。成人是社会构成的主体，成人的共性追求决定着社会发展的方向，因此，成人教育传播难以须臾离开社会发展的规范。

其次，从经济发展的层面上看，成人教育总要受到经济发展的左右。成人教育不同于正规的学校教育，其传播对象不是学龄期的公民，而是在职从业和曾经在职从业的成年人。这种传播应该是对成人知识技能的锦上添花，而不是普通教育那样的雪中送炭。因此，在一般情况下，政府的经济投入总是优先考虑正规的学校教育。在经济富余的情况下，成人教育可以获得政府一定的能量输入；如果经济状况不好，那么成人教育传播只能从政府之外的其他渠道获得发展的资金支持。投入决定着教育传播的规模、质量和效益。由于政府投入不足，在很多情况下，成人教育传播所需资金往往来自受众补偿给传播组织的学费，或者来自社会的捐助。学费的收取和社会捐助取决于社会的经济水平和个人的支付能力。一般来说，经济发展越迅速，社会资金流动性越强，劳动者的收入就越高，其知识和技术更新就越快，岗位的变化也就越频繁。伴随着大众收入的增加、支付能力的提高、对知识和技能需求的增加，参与学习的积极性就不断提高。在这种情况下，不仅受众的个体需求和支付能力强劲，而且政府的教育支出也会大幅度增加，成人教育传播就会因为能量的充足而充满活力。例如，20世纪90年代初，我国经济处于快速膨胀期，各行各业大量的人才需求和及时有效的投入带来了技能培训和知识传播的高潮，成人教育传播进入了发展的黄金时期。反之，经济越不景气，国民收入就越低，大众的消费意识就越趋于保守，不会主动为学习充电提供过多的投入。政府的投入锐减，社会捐助也会相应地走向消极，面向成人的教育传播就难免走入低谷。这是一个相辅相成的关系。以往我国成人教育传播的发展历程一次次地证明了这一命题：经济和社会发展与成人教育传播的发展呈正相关。

再次，从人的全面发展的角度看，面向成人的教育传播是成人公民持续社会化的有效手段。这个持续社会化的进程，肇始于经济社会发展的需求所引发的人的学习和接受欲望。公民学习的欲望、崇尚知识的时代风尚，是成人教育传播健康发展的"民意基础"。没有这个基础，传播将变为硬性灌输，学习和接受将变得被动，知识和信息难以内化升华。从根本上说，成人公民完善素质、丰富知识、强化能力、维护尊严、实现价值、追求幸福的个人愿望，既是成人教育传播的内在动力源，客观上也构成传播重要的环境因子。

影响成人教育传播生存发展的因素很多，制度、政策的生产和理念的构建固然重要，但经济社会发展的强力需求和公民完善自身的欲望始终是其长盛不衰的内因。只有找准服务位置，瞄准社会需求的变化，把握社会和经济发展对人才、知识、技术的需求动向，把握受众的学习需求及重点，做好相应的传播服务工作，才能获得发展的不竭动力。

第三节 文化建设和社会氛围的营造

"信息的效应或效用取决于信息本身所作用的社会环境，取决于作为信息携带者的社会主体和社会环境的互动关系。"[①] 环境，尤其是包括文化积淀、社会氛围在内的价值环境，不仅成为传播生态的主体构成要素，而且成为传播活动开展的必要背景。

原始状态下，经验和知识的人际交流和代际的传承，其根源和动力来自生存和发展的必需。既不需要预先建构传播的理念，也不必要为这种传播找寻什么外在理由。近乎本能的传播实践本身就是生存的硬道理。追求实用价值是原始传播的第一特征。在蒙昧时代，教育传播很少需要社会舆论和氛围的养护，也不需要文化的烘托和群众基础的铺垫，只是作为生存和生命的一种形式存在着。但当人类告别了生存需求支配一切的最初阶段，出现了进一步的社会分工之后，教育传播开始与生产劳动相分离，无时无刻不受文化因素和社会环境的熏染和制约。

任何国家，在经济尚不发达、社会文明程度受到经济水平限制难以大幅提升的时期，教育传播的发展往往也受到直接的限制。其中，除了统治阶级漠视、制度生产滞后、社会需求不旺、理论引导欠缺外，还有两个重要的因素：社会文化氛围构建的欠缺，公民求知欲望的失落。这些因素在环境层面上制约了教育传播的健康发展。历史上，在落后的生

---

① 陈卫星. 关于传播的断面思维，转引自《媒介哲学》[C]. 开封：河南大学出版社，2004：122.

产力水平下，人们追求的生活目标首先是温饱，在吃饭穿衣问题还没有得到有效解决的情况下，很难期望他们有更高的追求和更长远的打算。教育传播效益具有滞后的特点，经济的落后很难使人们对滞后的效益投入过多的时间、精力和财富，也难以形成有利于教育传播的环境和氛围。相反，随着经济发展以及社会进步对智力需求的递增，社会的主流舆论和文化氛围将体现出对知识和人才的重视，这无疑是包括成人教育在内的教育传播得以发展繁荣的重要社会基础。

求知的欲望、尚学的风气、自由的环境、创新的追求，是教育传播健康发展的环境基础。作为传播主体和接受主体的人掌控着传播活动的整个过程，控制着信息选择加工和传播通道的确认与运行。人的思想观念、生活追求、思维走向、目标愿景决定着传播活动的规模、走向和效益。环境不仅决定着要不要教育传播，还决定着怎样传播和传播什么。

在欧洲，从公元476年西罗马帝国的没落到15世纪文艺复兴时代开始，这是一个基督教盛行和罗马天主教会主宰社会的时期。当时的教育传播主要集中于大量的教会学校，少量的世俗学校教育受到严格的限制。在中世纪早期，"许多修道院中都设有初级学校。学校分为两类。一类叫作内部学校，设在修道院内；另一类叫作外部学校，设在修道院外面。内部学校接收那些准备出家修道的儿童，这些儿童被称为'修道生'（oblati）。外部学校则接收普通的儿童，这些儿童被称为'通学生'（extemi）。学校对学生不收费，而是依靠捐赠来维持运转"[①]。这一时期，对宗教的膜拜成为人们精神的一大特征，教会的势力渗透到社会生活的方方面面。人们大脑臆造出来的所谓超自然力量彻底控制了人的行为，成为生活甚至生命的主宰。教育传播成为基督教和天主教的工具。教育传播的内容与基督教和罗马天主教不可分割。即便是世俗学校，其传播内容与教会学校

---

① 王挺之. 欧洲中世纪的教育 [J]. 四川大学学报，2001（3）.

并无什么明显差别。不仅传播的内容被限定在宗教的范畴之内,而且传播的通道也为宗教势力所完全控制,传播的目的是培养宗教精英和社会统治人才。在宗教势力最为猖獗的查理曼时期,欧洲几乎每一个教堂和修道院都办有学校。基督教神学是学子们追求的最高境界,修道院学校和教区学校主要是为进一步学习神学打好基础。"学习的教材一般是由修道院中的修道士自己撰写,内容大都是一些圣徒传记或编年史。"①

到了12世纪,在一些著名的城市中,一些有声望的学校逐渐具有了学科特色,并且拥有一批优秀的教师,包括一些声名卓著的思想家。这些学校的学生不仅仅来自于本地,而且来自于欧洲大陆的各个地区。大量学生汇集到这些城市的学校里,使学校的规模逐步扩大,教师的人数日益增多,学术水平不断提高。就这样,这些学校在原有的基础上逐渐发展成为"通学院"(Studium Generale)②,以后逐渐称为大学。在欧洲,大学诞生后的相当长时间内,它们仍然处于教皇、教会、皇帝、国王的控制之下,其神学色彩依然浓重。欧洲的大学教育真正走出教会的阴影,实现充分的世俗化,进而成为现代意义上的高等学府,已经是15世纪文艺复兴以后的事情了。以宗教为核心的文化建构和社会氛围,从内容、形式、途径等各个方面制约和禁锢了中世纪的教育传播,使其成为宗教的附庸,时间持续了上千年。

文艺复兴以后,经济发展和社会进步对知识和技术的渴望成为共性的社会心理。摆脱了宗教长达1000余年的束缚,对宗教的崇拜开始转化为对人性的探索,转化为对科学的追求和对艺术、文化的着力建设。人们的科学观念、文化意识和生活愿景共同构建了新的蓝图,求知成为生存和发展的前提。人们认识到,只有通过学习知识和技术,才能创造财

---

① H.G.Good, A History of Western Education, New York, 1947 : 69.

② R.S.Rait, Life in the Medieval University, Cambridge, 1931 : 5.

富和幸福，尚学于是成为风气。

当时，工业的发展苗头初现，遍及欧洲大陆的手工作坊成为规模化工业的滥觞。家庭手工作坊的生产规模不断扩大，需要不断补充熟练帮手。于是，对新成员的最基本的技能培训成为生产运作环节的一部分。这个时候的培训基本是以师傅带徒弟的家庭传承方式进行的。后来，随着生产规模的进一步扩大，同类作坊之间的竞争日趋激烈。当生存竞争发展到一定程度时，同类作坊的合作乃至合并成为趋势，不同的作坊经过合并成为专门化的工厂。这个时候，工厂开始设立专门的技术和信息传播机构，负责对新员工进行技能培训和对在岗职工传播新的信息和技术，专门化的教育传播机构开始出现。这就是现代西方技术教育和岗位培训的最早发端。求知、尚学成为新的经典，尊重知识、崇尚科学、追求财富的心理取向和社会氛围始终与工业革命相伴而行。也只有在这样的社会氛围和社会环境下，才能孕育出工业文明，孕育出近代意义上的成人教育传播。

一般说来，文化氛围、社会意识、大众追求对教育传播尤其是成人教育传播的影响体现在以下几个方面：

其一，对传播主体的影响。社会大众的学习观念、生活观念、价值观念往往影响到传播者的行为方向和行为方式，影响到传播主体的参与性。崇尚知识、尊重人才的社会氛围能有效调动传播者的积极性，增强其责任心，有效壮大传播组织，扩大传播者队伍，从而使教育传播走向繁荣。相反，如果社会忽视知识和人才，反对民主与科学，沉迷于迷信和崇拜，那么，教育传播就没有市场，传播主体必然逐渐萎缩，陷入寂寥与没落。

其二，对受众的影响。良好的社会氛围、积极的社会追求、健康的生活方式，有利于促进人们学习的欲望、尚学的态度和丰富完善自身的欲求；反之，则必定使大众消极颓废、不思进取、得过且过。受众的萎缩是教育传播走向末路的开端。

其三，影响传播内容。不同的文化氛围、社会环境，不仅影响着传播者和受众的参与意识，而且影响到传播内容的选择。传播民主、科学，还是宣扬迷信、专制，在一定程度上都受到环境和文化的制约。

同时，文化环境和社会氛围还影响到传播模式的选择和传播效益的评估认定。回想"文革"时期，民生凋敝，科学不张；经济衰落，文化堕落；学校关门，教师歇业；科学和民主遭到亵渎，个人崇拜盛行，社会陷入愚昧的深渊。改革开放以来，重视知识、重视人才成为社会的共识，求知、尚学成为风气。在这样的环境和氛围下，成人教育各级各类传播平台迅速建立，从中央到地方，从城市到乡村，各级传播网络快速完善，成人教育逐步走向繁荣。正规的课堂传授、短期的职业培训、潜在的环境熏陶、即时的操作示范和现场指导并存，科技推广、文化传授、生活娱乐、养老保健相配合，成人教育传播广泛适应和满足了成年公民的生活和从业需求。仅就学校传播而言，截至20世纪90年代末，我国成人学校和成人教师的数量达到历史最高水平，成人教育传播的经验得到了国际上的充分肯定。

当社会文化和氛围滋养了生存的环境时，成人教育传播健康发展、走向繁荣高效是必然的。

第四节　国民教育传播体系的科学构建

依据现代教育理念，完整的国民教育传播体系不应该有任何空白点。教育传播不仅关注学龄期的受众，也应当充分关注非学龄期的广大成人；

不仅要重视学校传播，也要从理念上把学校的围墙彻底推倒，把传播的平台推广到整个社会，充分利用社会资源向广大受众提供全面的信息服务，不仅要重视社会主流群体的学习要求，更要关注社会弱势群体的求知愿望；不仅要注重科学和技术的传播，也要关注人文建设、精神培育和人格的养成。终身教育体系和学习化社会的建设，是现代社会发展的重要标尺。完整的教育传播体系不排斥任何受众，不回避任何有益的信息，不拒绝任何可以利用的形式和通道，敢于拥抱任何传播平台，当然也勇于接纳任何传播组织和传播者。因为接受信息和从事学习是基本人权，所以教育传播服务于全体国民；因为任何有益的信息对人的生存发展都能发挥积极作用，所以必须把任何有益的内容都纳入传播的范畴；因为学校传播难以完成覆盖国民终身和社会全员的任务，所以必须充分利用任何有效的传播形式，开发任何有效的传播通道，为广大受众服务。这种非学校的、任何形式的、面对非学龄期受众的传播任务，是由成人教育传播来完成的。

目前，在世界范围内，面向广大成人受众的教育传播越来越受到重视。比如在美国，成人教育的发展得到政府和社会的全力支持。首先，美国的成人教育是一个全方位开放的社会系统，服务是这个系统的核心功能。它针对社会的各种实际需求，目标多样，方法灵活，服务周到，逐步成为国民教育中一个重要而独立的传播领域。其次，它本身充分的开放性吸纳全社会的广泛参与。政府侧重干预公共的或紧急的项目，社会各界根据需要积极开展或支持成人教育传播活动，个人则从不同角度为传播提供志愿性服务或捐助。各方面的力量相互补充，有机配合，使成人教育传播实现充分的社会化，成为全社会的事业。它与社会各系统、个人生活及行为充分结合，"既全面地完善自身，又与社会各方面保持有效的互动关系"，实现了生态化的健康发展。

在欧洲，由历史演化而来的、由职业培训和人文教育两翼构成的成人教育，历来在国民教育体系中占据重要位置，成为社会发展进步尤其是公民整体素质提升的重要动力。在日本，面对在职从业者的企业教育一贯受到重视并被纳入企业发展计划，而提升社会人文水平所倚重的社会教育也具有重要的地位。日本的社会教育，"主要阵地是公民馆和社会教育中心，此外还有文化中心、会馆、青年之家、图书馆、博物馆、农民大学等……教育的目的是使社区居民提高修养、陶冶情操、强身健体、充实文化、提高生活质量。教育形式有课堂文化补习、专业讲座、展览、联谊、讲演、讨论、咨询等"①。遍地开花的成人教育传播组织和平台，彰显其地位的重要和功能的强劲。此外，在加拿大、澳大利亚、韩国，甚至在印尼、肯尼亚、埃及等发展中国家，以不同名称存在的面向成人的教育服务，都作为一项事业得到政府、法律和社会的保障。

成人教育的国际组织也发挥着重要的作用。联合国教科文组织专设成人教育总干事，负责协调总部与各成员国以及各成员国之间有关成人教育的各项事宜。世界成人教育大会已经召开了六次，其确定的目标和愿景成为各国国民教育改革的参照。如果说面向学龄期公民的教育传播是为国家的未来培养、储备人才和智力的话，那么面向广大成年公民的教育传播，则是为经济和社会发展提供最现实、最有效的生产力。

要满足全体国民接受教育传播的愿望，就必须完善国民教育传播体系。在教育受众的选择上不能偏废，在内容的评价上没有高下优劣之分，在传播形式上兼顾并重，对不同的传播主体应一视同仁，必须在成人教育传播和其他形式的教育传播之间建立协调和平衡。客观上，这种平衡应当体现在以下几个方面：第一，立法及定位的平衡；第二，信息流、能量流、物质流输入的平衡；第三，管理和约束机制的平衡；第四，评

---

① 黄尧. 面向21世纪中国成人教育发展研究［M］. 北京：高等教育出版社，2002：58.

估体系的平衡。

　　首先是法律地位的平衡。不同的教育传播类型之间,如基础教育传播、高等教育传播、职业教育传播、成人教育传播等,并无根本的优劣高下之分,其目的都是通过有效的传播活动,提升受众的知识、能力和整体素质,进而传承、延续和发展人类文明。它们的差别主要体现在传播主体、传播内容、传播形式和受众方面的不同,核心是受众和传播内容有比较大的差别。其他形态的教育传播,其传播对象是职前性质的学龄期公民,直接目的是为他们进入更高层次的学习乃至进入社会做知识和能力的储备;其形式主要为学校传播。成人教育传播面对的是占公民群体大多数的在职从业者以及曾经在职从业的公民,直接目的是有效提高受众的整体素质、从业技能和生活知识,提升其生产和生活水平。相应地,其传播形式打破学校的束缚,体现出时时处处和灵活机动的特征。传播形式不一,传播对象和方法有别,传播内容不同,但这些并不妨碍其最终目的的一致性。

　　构建完整的适应现代经济和社会发展的国民教育体系,任何教育传播类型都必须兼顾,不可偏废。正因为教育传播从环境到内部运作具有人工的性质,根本区别于自然生态的优胜劣汰、适者生存,所以教育传播内部的平衡,首先应当体现为各种教育传播形态在法制层面上的地位平等,以及法制生产的完善而不缺失、兼顾而无疏漏。各个形态的教育传播,彼此之间形成互为因果、相互依托又相互制约的关系。任何有意的冷落和无意的漠视,都可能造成整个教育传播系统的失衡。法制的规范必须覆盖教育传播的各个领域。通过立法,科学合理地确定各类教育传播的定位、性质、范畴、宏观思路和具体措施。在法律的保障下,教育传播才能有效实施和健康顺利发展。

　　必须从法制角度明确成人教育传播是整个国民教育体系的有机组成部分,具有不可替代的功能和优势,以法律的形式体现教育和学习基本人权的性质，从立法的层面规范政府的教育思维和意识，引导国民的学习观念从传统的学校转向更广泛的社会。这是成人受教育权利得以实现的基础工程。事物的发展总是遵循着这样的规律：整体大于局部的简单相加。局部发展的滞后带来的很可能是整体传播效益的低下以及教育传播最终目的的不同程度的失落。所以，成人教育传播的法规建设成为保证其健康发展、实现传播效益最大化的重要环节。

其次是投入的平衡。投入包括物质的投入、经济的投入、人力投入和信息的投入。由于传统观念把学校传播看作教育传播的全部，因此带来一个根深蒂固的思维定势：谈到教育，就是指学校内的传播行为；谈到投入，就总是考虑学校的扩建、设备的增加、人员的配备和软件建设的加强，而很少考虑通过增加投入，使全体国民的学习接受变得通畅便捷甚至实现无障碍化。事实上，国民教育投入的目的，应该不是教育计划的完成与合格毕业生数量、质量的达标，而应该是去除任何形式的教育和学习门槛，为国民的学习提供全方位的支持，使学习实现无障碍化、个性化和最终的生活化。从这个角度看，必须引导投入在各类教育传播之间逐步均衡。从一定意义上说，投入代表着政府对教育传播的政策导向。教育传播人工生态的本质，决定了其均衡发展首先应当是政府的政策和行为的平衡，舍此，所谓均衡发展只能是空谈。

其三，管理的平衡。教育传播作为一种社会事业，人工生态的本质决定了其顺利运转与否取决于管理是否到位。只有措施得力，管理到位，才能获得效益的提升。尤其对于成人教育传播而言，其不正规、多样化、分散化、随时随地等特性，增加了管理引导的难度，但也突显出加强管理的必要。以往我们重视学校传播，其管理机构设置、人员配备、制度建设、措施落实都有一整套完善的思路，所以在受众规模不断扩张的情况下，其运转仍然堪称自如。但自从20世纪末至今，面向成人受众的传播尤其是社会性传播却多半处于自生自灭状态。不仅缺乏完善的管理机构，即使有相应的机构存在，其管理功能的发挥也难称到位和完善。这是教育传播结构性失衡的重要表征。因此，要满足广大成人的学习欲望和迫切要求，促进成人教育传播健康高效运转，政府的管理必须到位。纵观世界发达国家和地区，其经济发展和社会进步，无不依赖作为公民主体的成人的素质提升和能力强化，最终取决于成人教育传播的推展和效益的提高，其中，有效管理是前提。这是值得我们借鉴的。

其四，评估及指标体系的平衡。不同类别的传播具有不同的特点，具有各自不可替代的优长，所以对不同类别教育传播效益的评估应该具有个性化的标尺，不能一刀切。在教育传播提供给广大受众的盛宴上，不仅应该有高蛋白的鸡鸭鱼肉，更要有富含各类维生素的新鲜蔬菜，两者缺一不可。不能以蛋白含量的高低评价蔬菜，也不能用维生素含量的高低来评价各类肉食。面向学龄期受众的传播，重在知识、技能的积累、储备；面向成人的传播，重在现实能力的强化、生活质量的提升和整体素质的完善。不同的追求取向具有不同的传播思路和效益水准。评价作为对过程和结果的反馈，应该客观和个性化。

制度建设与理念的建构、经济社会发展与公民完善自身的需求、文化建设和社会氛围的营造，以及宏观教育传播体系的科学构建等，既是成人教育传播的制约因素，同时也共同构成了传播的生存环境，成为其人工生态的主体构件。这些因素的任何波动和变化，都会在某些环节对传播形成影响、冲击，并最终对传播效益产生作用。只有各个要素适切配合，相互协调，才能构建传播的最佳生态，实现传播效益的最大化。

第四章
我国成人教育传播生态失衡写真

　　成人教育传播具有独特的个性优长，它打破了学校的束缚，冲出了校园的围墙，回归本体而全面走向社会，覆盖成人的所有活动领域。由于受众群体庞大，任务艰巨复杂，因此其外在特征十分明显：传播主体分散多元，接受主体庞大复杂，教育信息丰富多样，传播媒介兼容并包。这些特点既是成人教育传播的优长所在，客观上也是其作为特殊的教育传播类型，难以规范、管理和掌控，容易引发生态失衡的内在根源。在信息化程度日益加深的今天，尤其如此。其间，任何环节的非理性波动，都可能造成整体生态的不同程度失衡甚至紊乱，影响到传播目的的实现和效益的圆满发挥。

　　就我国的实际情况而言，先不考虑其他构成要素，单单超过九亿的受众规模，更兼其需求多样、情况不一、类别各异、层次复杂，那么，由这个超级庞大的受众群体的多样化需求所启动的信息传播活动，地位之重要、规模之宏大、任务之艰巨、困难之众多，以及生态之脆弱、稳定推进之艰难，是不难想象的。作为基本上的人工生态，如果得不到基于理性认知基础上的人力的全方位滋养与维护，那么成人教育传播所追求的和谐与动态平衡就难以实现。从这个思路来分析，我国的成人教育传播正面临着一系列的困境。

第一节　传播主体模糊，功能职责交叉

目前，我国成人教育传播主体群体性模糊，功能与职责混乱交叉是一个不争的事实。其主要表现在以下两个方面：

一、传播主体群体性模糊，边界不清晰

在我国，承担成人教育传播的主体到底应该是谁，这是一个比较模糊的概念。从法规和管理的层面看，这个问题始终没有一个明确的答案，其内涵缺乏明晰的厘定，外延和边界更不清楚。

一个严酷的现实是，由于相关的法规制度只对学校平台成人教育的概念、任务做了宏观的界定与确认，而对具体的操作缺乏相关的制度规范，因此成人教育传播到底由谁承担的问题一直没有根本解决。就学校传播而言，普通高等学校、独立设置的成人高校，以及各级各类中等层次的成人学校、培训中心，分别承担着成人高等和中等学历教育的任务；同时，一些学校的成人教育职能，开始由学历教育向更广泛的非学历性质的培训转变。到目前为止，这是成人教育传播领域传播主体最为明确的部分。但是，学历教育在成人教育传播中毕竟占有很小的比例，而占有绝对比例的、包括从扫盲到大学后继续教育的各级各类培训和信息服务，尤其是社会性质的技术推广、信息传播、现实指导、技术咨询、文化生活信息服务等，其主体是谁，是政府教育部门、企业、民间团体、社会组织，还是公民个人，其身份如何认定，权益如何划分等，并没有明确的界定。这个群体规模有多大，在全国范围内区域分布如何，是否存在区域流动性，

是否都能够胜任传播任务，这个群体的进化状态如何，其发展更替有什么规律，其外延边界在哪里，等等，也都没有明确的答案。群体形象从内涵到外延处于模糊状态，缺乏理性的、量化的分析与掌控。

特别是在社会信息化程度加深的大数据、自媒体时代，传受一体，信息的传播者和接受者一体两面，传播与反馈同步，反馈甚至即时成为延续传播的启动因素，反馈和传播即时换位。这一现实揭示出以下更加难以掌控的趋势：其一，信息传播主体泛社会化甚至全民化，海量信息自然形态的构成凸现无中心、浅层化和碎片化；其二，单一的传播活动很难再做清楚的内部要素划分；其三，随着信息从诞生到湮灭的生命周期的缩短，传播过程和效益的评估难以进入量化的程序。相对地，成人教育传播也出现新的发展走向：相对于大众传播，虽然其规范化程度更高，但是传播主体由专业机构向整个社会扩展的趋势不可阻挡；传播主体泛化所带来的彼此内涵交叉、边界模糊、个性缺失、同质同构在所难免；传播主体的宏观定性把握可期，而量化管理和具体掌控难度骤增。传播主体不同程度的不可控，成为传播生态调适难度加大、不可测因素增加的表征之一。

二、传播主体职责与功能交叉重叠，同位竞争普遍存在

作为人工生态系统，其演化需要理性与制度对各个生态要素加以规范，其中包括科学规范各个要素的定位、外延、作用、职能等，使其内部构成要素各安其位，协调配合，各展其能。只有这样，才能实现整个生态系统协调、平衡与平稳进化。但在我国成人教育传播领域，由于传播任务繁重、规模庞大而又淡化了制度的规范与引导，各传播主体失去了明晰的主体意识，职责、权限不明。

与职责不明、主体意识欠缺紧密相连的，是层次紊乱、功能交叉和同位恶性竞争。这是构建和谐健康的传播生态首先需要解决但至今并未

解决的问题。制度生产滞后，导致宏观的政策对传播主体缺乏明晰的任务和职责厘定，在更多的情况下只强调主体群对传播责任的共性承担，强调齐抓共管，但缺乏彼此之间的协同、制约机制。客观上，齐抓共管成为管理不到位的体现，共管在实际操作上表现为不同传播者主体意识的失落，表现为都不管或者盲目跟从和被动适应。职责观念和主体意识一旦丧失，容易使传播主体缺乏长远的目光，陷入近视的、功利的泥潭，影响传播生态的稳步发展和效益的充分发挥。

由于受众群体规模大，层次跨度大，信息需求量大，再加上地域分散，传播的任务十分繁重。同一区域的任务很难由一个或者几个传播主体完全承担，客观上刺激了同质同构传播主体在同一区域空间的大量复制和衍生。在缺乏有效管理和理性调控的情况下，传播主体数量的复制和膨胀必定带来恶性的竞争，使传播只追求眼前利益，走向群体掠夺式开采、非理性捕食的恶性循环，出现争资源、争受众、争经费、争规模、争地盘乱象，而且出现脱离实际的跨层次传播、追热点传播并由此导致资源浪费和传播低效的情况。

就成人学历教育而言，一方面，各高校之间生源的竞争一直激烈，热门专业数量的非理性扩张，导致各个学校着力于生源的争夺而无暇顾及管理的强化与质量的提高；另一方面，大量中等层次的传播平台跨越传播层次，大量开办高等学历教育，由于质量得不到保障，造成群体信誉的逐步丧失和受众市场的不断萎缩。

非学历性质的各类培训、信息服务也是如此。比如，相关领域的技能培训，不仅行业和系统的专职培训机构在做，各类社会力量举办的办学实体在做，国办的各类职业技术学校也在做。这些传播主体从传播对象、传播内容、传播通道到具体的时空选择、传播手段几乎完全一致。功能重叠，同位竞争普遍存在。再如，面向广大农民的信息服务与技术推广，也存在着多主体并存及恶性竞争的局面。教育、农业、科技、妇联、共青团、专业协会，还有农业科技带头人、种养专业户等，都可以承担信息和技术传播的任务。众多的层次、复杂的构成、庞大的群体，彼此层次混乱，功能交叉。重复传播、过度传播、争抢受众的现象并不鲜见。缺乏统一的政策规范和常规管理，一切似乎都处于自然状态。作为人工生态，由于管理协调功能的缺位，其生态的人工成分退化，人为的调适功能淡出。对于这个传播群体，我们只能笼统地、定性地给出模糊的描述，无法明晰地量化其具体成分、规模、状态和实际能效。即使对同一领域不同类别和层次的传播主体，在技术层面上也很难对其功能、定位、职责做出清晰的认定。这是目前我国成人教育传播生态面临的困局之一。

第二节　受众群体缺乏量化掌控，歧视和排斥现象严重

理论上，我国成人教育受众是一个超过九亿人口的庞大群体。其层次跨度之大、类别分布之广、综合规模之巨，堪称世界之最。从文化层次最低的文盲半文盲到大学后的高级专业技术人员，从刚刚毕业走向工作岗位的稚嫩新手到白发苍苍的耄耋老人，从第一产业、第二产业的劳动者到蓬勃发展的第三产业的庞大从业人员，成人教育的传播对象囊括了基础教育、职业教育、高等教育传播对象之外的所有公民。同时，这个庞大的群体纵向的层次间、横向的行业间以及不同地域间的流动，形成了世界上规模最大的人口迁移现象。这是我国成人教育面临的独特的受众现实，只有通过明确的量化把握，才能准确厘定传播的对象、目标和实施的路径。戴维·阿什德在分析传播与环境的关系时指出："当代社

会生活越来越受组织化的和技术化的标准的指引和评价，这促成了新传播范式的发展。"[①]对受众群体的规模、层次、行业、取向、性别、年龄、需求的清醒分析与把握，无疑是适应社会行为标准化和技术化发展趋势，促进传播范式创新，实现传播有的放矢、集约化、针对性，从而确保传播质量与效益的有效途径。

但是到目前为止，我们对这个群体的分析不得不止于宏观和总体的估计。就现状看，我们对成人教育传播对象的宏观评估和定性把握，一直在替代具体传播活动所必需的战术的、定量的、细致的分析评价。在不少领域里，面向广大成人的信息传播还停留在"看起来重要，说起来次要，做起来不要"的尴尬局面。比如：农村成人群体该如何详细分类，应对的传播措施该如何设计和落实；两亿多流动人口是改革开放以后我国社会出现的独特现象，这一群体的教育需求既必要又迫切，那么对这个群体我们必须有详细的分析和梳理，包括流动的基本走向、流动的基本规律、群体的文化和技能水平状况、群体的心理特征、教育和学习的基本需求等，但到目前为止，这一工作基本是空白。

受众的群体性模糊，使传播只能摸着石头过河，盲目和随行就市，很难做出顶层设计、总体规划，难以制定具体步骤，更难找到准确的突破口。如果我们只是大致明白成人教育传播拥有超过九亿的受众和他们大致归属的几个基本类群，而对于这个群体的详细构成、素质状况、行业分布、接受能力、学习需求、经济情况、职业诉求、年龄层次、生活方式等量化元素缺乏基本掌控的话，那么成人教育传播在总体设计上真的如老虎吃天——无从下口了。尤其在建设终身教育体系和学习化社会的今天，受众群体情况的模糊不清可能带来两个消极的结果：其一是政府

---

① [美] 戴维·阿什德. 传播生态学 [M]. 邵志择译，北京：华夏出版社，2003：6.

和社会对占据成人教育绝对比例的社会化传播无能为力，只能放手，人为因素淡出其生态调控，使其进入放任、无序的自生状态；其二，传播主体以利益为主导的恶性竞争和由此而来的生态恶化不可避免。最终的结果，是正规学校围墙之外的教育传播"丛林化"，其公益性和价值理性无从谈起，建构终身教育体系和学习化社会成为梦中的"理想国"。

受众群体模糊除了导致传播的盲目甚至无所适从外，还带来传播对受众的无意识排斥和歧视。在这一方面，社会弱势群体和处于产业链低端的劳动者最容易成为受害者。

首先容易被排斥和遗漏的，是处于第一产业尤其是从事种植、养殖业的农村劳动人口，他们参与信息活动并从中直接受益的可能性大大降低。因为处于产业链的初段，其经济活动的附加值普遍较低，按市场价值来判断，其对经济增长的贡献率同样不高，所以他们的学习要求容易被忽视甚至漠视。目前，一些农村地区，尤其是西部和边远地区农村，林区、库区和少数民族聚居区，从业人口参与信息传播和从事知识、技术学习基本处于自然的、自发的原生状态，缺乏正规组织的规范引导、促进和激励措施的有效促动。最近几年，"乡村社区学习能力构建（CLC）"的工作已经取得进展，[①]处于新的试点阶段。这个由中国联合国教科文组织全国委员会着力推行的项目，尽管得到了国家有关部门的重视和地方管理部门的积极配合，但大规模推行还需要一个漫长的过程。

其次是社会弱势群体被不同程度忽视，其中涉及8000万残疾人口、

---

① CLC是联合国教科文组织与中国联合国教科文组织全国委员会合作开展的面向中国农村、实施人力资源开发、促进农村社区学习能力建设的项目。目的是通过强化农村社区的教育传播和信息服务能力，促进农民在个人需求和地方产业的带动下，加强学习，实现知识、能力和素质的提高，促进农村经济发展和社会进步。其具体做法是选择试点社区，进行政策、规划和资金的扶持，增强其学习能力的建设。目前前期试点已经取得初步的成功，新的试点已经开始。

农村和城市贫困人口、妇女群体等。尽管我们不否认几十年来我国残疾人事业、妇女工作以及脱贫和社会保障工作取得了巨大成绩，但是到目前为止，在成人教育传播领域，因为贫困和社会地位因素所造成的受众遗落现象仍不鲜见。这是教育传播工具价值极端化的一个突出表现。在一定程度上，这个问题已经成为成人教育传播对应然受众实施全覆盖，进而实现教育平等、保障教育人权的阻力，也是成人教育传播现实生态位与基础生态位不相协调的表征之一。

一些传播主体受现实利益的支配，对社会低收入群体、低支付能力群体的信息需求和学习愿望表现出功利性漠视，这是一个严重的问题。它关系到教育传播工具理性和价值理性的协调与融合，关系到教育传播公益性价值的实现。尤其是信息化高度发展、掌控和使用信息的能力在一定程度上就是生存和发展能力的今天，社会性的教育传播应当排除任何死角。8000多万残疾人也是合法公民，其接受教育、从事学习的权利任何人都无权漠视和剥夺，这是现代社会文明进步的标志。教育传播的公益性、社会意义和价值理性应当在这个方面得到突出体现。残疾人群体、低收入贫困群体、社会流浪群体、弱势妇女群体，他们教育人权的实现，绝不是残联、扶贫办、民政部门、妇联和一些社会团体的努力就能解决问题的。这应当是全社会的事业。各级政府是这项事业的最终受益者，也应当是第一责任人。推进这方面的工作，靠政策，靠投入，靠管理，靠打造社会性的、无障碍的、有针对性的教育传播和学习接受环境，需要创造无障碍、零负担、有激励、为他们所喜闻乐见的学习途径和形式，真正实现他们学习的权利。

依据教育人权观和学习化社会的理想，面向成人的教育传播对受众不应有任何选择和排斥。"有教无类"、有求必应，应该是成人教育传播应然的品格。但现实中，这种选择和排斥受功利的驱动，依然严酷地存在着。现实传播中的受众与理论上的受众规模还有很大的差距。对基本受众的模糊判断和有意无意的歧视、遗漏，是目前我国成人教育传播面临的困局之二。

第三节　传播媒介杂居共生，融合不足，新媒体的负效应凸现

一、关于媒介融合

目前，媒介融合已经成为媒介研究领域的一个重要课题，引起了众多研究者的兴趣。媒介融合研究成果不断出现，成为媒介理论研究的前沿领域。社会信息化程度的加深和新媒体的强势介入，改变了人们传统的感知范式、思维习惯和时空观念，也打乱了传统媒介之间业已形成的脆弱的平衡，在媒介形态和功能发挥上出现了变异，媒介融合成为媒介发展进化的优选途径。

（一）媒介融合的内涵

2016年2月19日，习近平总书记主持召开党的新闻舆论工作座谈会，就媒介融合问题发表了重要谈话。总书记强调："推动传统媒体和新兴媒体融合发展，要遵循新闻传播规律和新兴媒体发展规律，强化互联网思维，坚持传统媒体和新兴媒体优势互补、一体发展，坚持先进技术为支撑、内容建设为根本，推动传统媒体和新兴媒体在内容、渠道、平台、经营、管理等方面的深度融合，着力打造一批形态多样、手段先进、具有竞争力的新型主流媒体，建成几家拥有强大实力和传播力、公信力、影响力的新型媒体集团，形成立体多样、融合发展的现代传播体系。"总书记的

这段重要讲话我们至少可以做四个方面的内涵解读：其一，媒介融合已经是当今世界媒介发展的应然趋势和不二途径，总书记的讲话就是最好的表征；其二，媒介融合要坚持基本的原则，那就是"要遵循新闻传播规律和新兴媒体发展规律，强化互联网思维，坚持传统媒体和新兴媒体优势互补、一体发展"；其三，媒介融合要有科学的路径与范式，即"坚持先进技术为支撑、内容建设为根本，推动传统媒体和新兴媒体在内容、渠道、平台、经营、管理等方面的深度融合，着力打造一批形态多样、手段先进、具有竞争力的新型主流媒体"；最后，指出了媒介融合的最终目标——"建成几家拥有强大实力和传播力、公信力、影响力的新型媒体集团，形成立体多样、融合发展的现代传播体系"。这一重要讲话，将成为我国大众传播媒介融合发展、科学进化的基本指导思想。

媒介融合这一概念诞生的时间并不长。20世纪70年代，传播学大师马歇尔·麦克卢汉在一系列讨论和座谈中就涉及了媒介融合的问题。他指出："如果印刷文字或书写词语处在危险之中，另一种媒介就可以拯救它，或支持它……各种媒介彼此扶持，使它们不会互相抵消。例如广播让语言纯正，文学张扬，电视有助于语言教育，各有所长，应该防止一种媒介排斥另一种媒介导致的浪费。"麦克卢汉终其一生没有提到"媒介融合"这个词汇，但是他有关媒介之间相互"拯救""支持""彼此扶持"、避免"排斥"与"抵消"的认识，已经成为媒介融合研究的滥觞。

1983年，美国麻省理工学院教授伊契尔·索勒·普尔的著作《自由的科技》的出版，对研究媒介融合起到了巨大的推动作用。他第一次使用"媒介融合"这个概念。他认为电子技术的发展促成了媒介融合，并且指出媒介融合表现为不同种类媒体功能的合并。过去由不同媒体所提供的服务，如今可由一个媒体提供；过去由一个媒体所提供的服务，如今可由不同的媒体提供。在媒介为社会实践提供服务的过程中，融合将成为一种常态。

此后，不少媒介研究学者，包括美国西北大学教授李奇·高登、鲍尔州立大学教授戴默以及我国不少学者，都从不同的角度对这一问题进行了深入的探讨。

事实上，所谓媒介融合，是指面对信息技术的突飞猛进，在市场营销背景下，为实现优势互补和传播效益最大化，最终实现媒介生态化生存和发展，不同形态的媒介在产权归属、组织结构、资本运作、媒介形态、内容、技术以及功能发挥上的有机交融与整合。这不是物理意义上的简单归并，其结果是媒介联合体的出现和新媒介形态的诞生。诸如网络电视、手机报纸、在线期刊等，就是媒介融合所促生的新媒介形态。目前已经广泛普及的智能手机，就是媒介融合后最典型的融媒体。

（二）媒介融合的利弊分析及发展趋势

媒介融合是网络时代大众媒介发展的必然选择。其价值主要体现在以下几个方面：

其一，融合发展是媒介进化的有效手段。目前，网络媒体与传统电子媒体、平面媒体之间的冲突成为媒介发展进化中的"突发事件"，网络媒体的强势入侵大大压缩了传统媒体的生存空间。在功能发挥上，网络也以强大的优势占有了绝对的受众群体，网络快速、便捷、全方位、个性化的信息服务使传统媒体相形见绌。但是，无论生存空间如何被压缩，生存之路如何艰难，传统大众传媒以其信息传播的规范化、稳定性及一批稳定的受众群体的存在，彰显其仍然是大众媒体种群中不可或缺的品种，具有永恒的生存价值。在这种形势下，如何促进其健康发展和进化成为一个现实的问题。媒介融合提供了协同、整合、依附、共栖、互补、兼容这一现实而有效的路径。

其二，融合意味着优势互补、取长补短，意味着扩大交集、消融极端的个性，也意味着简约化、通行化，更意味着有效避免了彼此间冲突、恶斗、弱肉强食的丛林法则，避免了无为的能量消耗和资源浪费，成为实现媒介绿色传播的有效途径。

其三，融合发展也是维护媒介生态多样化的积极措施。从生态学的角度看，一个稳定的生态一定体现为多样化的生存。媒介生态的健康稳定期待种群内部媒体的多样化存在，平面媒体、电子媒体、互动媒体彼此的繁荣共处是评估媒介生态的重要指标。它们彼此间不可取代的优势可以通过融合发展得以保存和延续。这一融合后的种群，在功能发挥上将获得集约的、总体大于部分简单相加的良好效益。

媒介融合作为新生事物，也有负面的影响，这集中表现在两个方面：首先，在融合的视域下，传统媒介个性优势将不同程度丧失，在运营中难免出现趋同倾向；其次，不能排除融合对媒介从业人员职业化形成的冲击，通才将取代专才，传统媒介人的职业化程度将大大降低；同时，媒介融合可能会消融掉不同种类媒体个性化的声音，如果管理失当，那么"话语垄断"将成为新的问题。

在融合的背景下，媒介的发展将呈现新的态势。

态势一，政策革新与传媒结构调整。眼下，制约媒介融合发展的重要外部因素是传统政策法规的约束，这是需要改革的。改革的着眼点是增强宏观控制力和微观组织活力。对媒体自身而言，融合的重点是以结构调整为主线推进改革。合理布局，盘活存量资产，优化资源配置，发展集约经营，形成规模优势。同时运用联合、重组、兼并等形式，组建一批主业突出、品牌名优、综合能力强大的媒介集团，实行规模运作，推动产业结构、产品结构、组织结构调整，促进跨地区发展和多媒体经营。

态势二，媒介形态将逐步相互兼容，受众地位提升。随着媒介基本技术的趋同和不断出新，不同媒体间的界限越来越模糊。媒介的边界消失，功能趋同。现代信息技术的不断应用，使传统媒介的运行方式不断变化，媒介形态加速演变，不同媒介间的黏性和依存度提升。同时，媒介受众由纯粹的信息接受者转变为媒介消费者和用户，对媒介运营拥有了空前的话语权，用户参与媒介运营将不再罕见。

在这种情况下，掌控信息市场的主体由传统媒介转变为媒介集团。事实上，目前在我国，主导信息市场格局的不再是一个个独立的报社、广播电台、电视台、网络公司，而是媒介集团。集团利用多样化的传播手段，以细化的市场需求为核心进行资源、结构、技术重组，从经营产品转变为经营产品群。

态势三，媒介从业者能力和素质的变革成为必需和必然。媒介融合追求的是效益的最大化。在媒介融合的蓝图上，人的因素始终是一个关键点。在媒介融合的背景下，媒介边界的模糊使以往高度细化的专业分工成为历史，高度细化的专业技能更显得单薄而缺乏普适性。传统媒介环境下媒介从业者形成的观念、思维定势、素质架构、能力结构、职业习惯，在媒介融合的背景下将显得老化与不适应，必须通过系统的岗位培训、专业教育使从业者具备与岗位需求相适应的素质与能力。具体的目标是在岗位需求的规范下，由单一技能走向复合技能，由高度职业化走向通才化。

（三）媒介融合评价

媒介融合是媒介发展的必然趋势，但媒介融合的效果和效益该如何评价，怎样的融合才是成功的，目前尚无统一的量化的指标体系，对理想化的融合只能做出定性的描述。

第一，真正的交融整合而非简单的形式上的归并。判断媒介融合是否成功，要看不同媒介的融合是简单的归并，还是实质意义上的从组织结构、资本运作、媒介形态、愿景到内容、技术、功能上以优化融合为目的的统筹设计和规划实施，要看是否做到了集约化、低代价，是否避免了内耗。

第二，高效的传播系统。融合后的媒介集群是否实现了传播的全方位、全渠道、全时空、高效率和信息服务的充分人性化、个性化。

第三,低成本的发展模式和良性循环的媒介经济。有效规避了粗放型、高消费、功利化的媒介模式,避免了恶性竞争、恶性垄断、信息污染和由此带来的社会冲击;媒介运营实现"生产—消费—再生产"的循环产业模式,正确处理媒介与人、社会、自然之间的关系,实现研发、生产、传播、流通、消费全程的集约化运作。坚持不浪费资源、不污染身心、不影响社会稳定的"三不"发展模式,走可持续发展的道路。

二、成人教育传播媒介融合不足,内耗严重

成人教育传播广泛的社会性,使大众传播媒介客观上成为成人教育传播广义上的工具。媒介融合于是就成为成人教育传播研究难以漠视的一个问题。我们分析媒介融合的种种问题,就是为了理清大众传媒介入成人教育传播的定位和功能优长,以及传播实践中这种功能发挥的局限及原因。

理论上,在面对超过九亿受众的时候,任何传播媒介都会显得捉襟见肘。为此,把能用的工具不管是刀枪棍棒还是斧钺钩叉全部用上,这也是情理中的事情,前提是管理要到位,基本规范须遵守。现实的情况却是,"媒体多而无序,信息杂而失调,传播生态也面临灾难的考验"[1]。我国成人教育传播生态失衡,属于媒介方面的表现主要有以下几个方面:

目前,成人教育传播媒介是一个超级的混合体。从最原始的口语、书写和文字媒介、电子媒介,到最现代化的互动媒体,都在传播领域纵横驰骋,发挥传播功能。这本来应该是成人教育传播的特点和优势。在市场经济环境下,媒介生存、成长于"社会环境"的需求、促动和"价值环境"的约束与制衡之中,受到经济和社会文化等外力的作用。这种环境成就了媒介社会文化功能和产业经济功能的融合与共生共存。"作为

---

① 支庭荣. 大众传播生态学［M］. 杭州：浙江大学出版社, 2004 : 64.

公共产业的媒介,除了要履行告知功能、表达功能、解释功能和指导功能等组织层面上的专业功能之外,还必须发挥政治功能、经济功能、教育功能和文化功能等社会层面上的公共功能。"[1]但是,市场经济的逐利性,往往使媒介的价值取向更多地转向经济。这一现象具有世界范围的普遍性。美国传播学者雪莉·贝尔吉曾理性地指出:"要了解美国媒介,首先要了解的概念是,驱动美国媒介的中心力量就是赚钱的渴望:美国媒介是产业,巨大的产业。"[2]在其他国家和地区,情况大抵也是这样。

层次多样的媒体介入成人教育传播活动,彼此间需要相互融合、优势互补。"以彼此间资源共享、整合配制、价值链接的合作来共同参与更大规模的竞争"[3],以取得功能和效益的集约化和最大化。事实的情况却是,在传播过程中,受到利益的驱动,媒介彼此的分化严重,各自为战,与传播环境、传播任务及受众之间难以做到适切配合。媒介之间彼此消耗,与效益传播所要求的媒介运作集约化还有很大的差距。

学校是成人教育传播比较规范的一个平台。在学校传播中,一方面,传播者总期望通过较为明晰的计划、方案和程序,为传播活动提供最基本的规范和指导,使媒介作用的发挥目标集中,避免功能的分散与重叠;另一方面,又尝试以程序化促使媒介运作尽量实现效益和集约化。比如,尝试使口语讲授、仿真实验、电子模拟、网络课件、在线互动等手段共生共存,努力使传统媒介的优势借助电子媒介和互动媒介得以充分发挥,使新媒体借助传统的传播形式找到生存的根基。事实上,新媒体成为唯一的幸运儿,受到特别推崇和关爱,网络课件、实验动画、微视频几乎

---

① 邵培仁. 媒介管理 [M]. 北京:高等教育出版社,2002:35.

②[美]雪莉·贝尔吉. 大众媒介概论 [M]. 赵劲松译,大连:东北财经大学出版社,2000:23.

③ 朱德全. 竞合时代,都市报文娱新闻传播的对策与方法 [J]. 青年记者,2005(2).

成为主要传播形式，人际语言交流、文字沟通淡出传播实践。受众痴迷于新媒体的快速便捷和人性化，传统文字媒体、面对面交流已经不是他们获取知识的主渠道，新媒体和传统媒体的融合共享成为空话。在学校传播这个平台上，还有一个现象必须引起我们的注意，那就是媒介堆砌所产生的浪费。不同的媒介集中于课堂，口语的、文字的、电子的、互动的，按照同一个程序重复传递同一的内容，造成重复传播、过度传播和资源的浪费。媒介融合不是媒介堆砌和归并，这是我们利用融媒体实施教育传播必须明白的一个命题。

非学校平台的社会传播，媒介的自由度彼此可以发挥到较大程度，各种媒介可以发挥自身的特点，满足受众个性化的学习需求。现实却是，新旧媒介随意进出、混乱无序、各自为政、缺乏掌控。媒介集团和新生媒体对社会化的成人教育传播缺乏内在的兴趣和服务的动力。

一方面，由于受众经济能力、文化水平的制约，新媒介的使用在一些领域往往存在不同程度的阻碍，难以及时占据应有的地位，充分发挥相应的作用；另一方面，传统媒介由于自身的局限，难以实现传播的充分成人化和个性化，没有充分体现由受众的需求所带动的传播的优势和特点，对受众需求差别的非理性漠视，制约着媒介效能的发挥。

比如，在一些经济社会发展相对落后的地区，地域分散，交通阻隔，基础设施不完备，更重要的是，由于宏观管理和技术规约的缺失，电子媒介、互动媒介的介入还只停留在初级阶段，难以发挥应有的作用。更由于传播主体趋利的本性，新媒介的传播服务对不同的领域多有取舍。在一些传播领域诸如农业技术推广、在岗技术传授、市场信息传递、流动人口专题培训等低营利项目上，新媒介鲜能有所作为，口传身授仍然大有市场。借助新媒体可以在短暂的时间内完成的面广量大的传播任务，通过传统的口语传授却可能事倍功半。以社会为平台的传播，媒介更新迅速，传播缺少制度、管理和技术的规范，媒介运作处于自发自然的状态。这在客观上也制约了传播效益的实现。

事实上，媒介在成人教育传播领域的有机融合必须建立一种"和谐的媒介生态"。"不但要依赖媒介生态的平衡互动与整体联系，而且要依赖诸种媒介生态资源流动的良性循环，否则媒介生态系统就会失衡、退化、甚至瓦解。媒介生态系统只有保持其内部以及内部与外部之间稳定而有规则的资源流动与循环，才能维持媒介特定的结构和功能"①，才能实现媒介运作的集约化和效益最大化。很显然，我们距离这个要求还有很大差距。

三、新媒介的冲击全面而巨大

社会信息化是我们这个时代最突出的特征，不管我们是否欢迎，新媒体已经把信息化的步伐稳定地推向社会生活和我们生存的每一个角落，无时无刻不在影响着我们的工作、生活甚至生命的律动。以信息技术和互联网为标志的信息化的膨胀性扩张，使新媒体对教育尤其是成人教育传播形成全方位的冲击。强大的功能和令人难以抗拒的吸引力，使其在较短的时间内完成了对传播各环节的渗透。从外在看，它冲击了传统的、平静的、按部就班的课堂和校园，构建着一个更有魅力的虚拟世界；从内在看，它冲击了传统的传播模式，打破了传播者和接受者的心理定势，让人充分体验了人类所创造的客观存在如何反过来支配和控制人类本身。传播者和接受者的身份同时淡化，传播活动的肇始和结束已经不再重要，大家所关心的恰恰是信息流动的过程。这种在不到30年的时间内完成的对教育传播传统程式的颠覆，打破了人们传统的传播心理，逼迫大众在尽可能短的时间内全面适应新的现实。

对我国成人教育传播尤其是学校平台的传播而言，由这种冲击引发的传播技术的全面更新已经基本实现；但受观念更新、基础设施建设、

①支庭荣. 大众传播生态学 [M]. 杭州：浙江大学出版社，2004：117.

管理措施完善、技术软件开发等因素的制约，新媒体对非学校传播实现科学和理性的控制还是一个漫长的过程。

应该说，新媒体对成人教育传播的冲击以及双方的磨合和最后的融合成功，还有待时间来见证，而正是冲击中的磨合带来了阶段性的不协调和动荡。一方面，新媒体在努力全面控制社会受众，步步紧逼，不遗余力。另一方面，受众也在努力维护其已经定型的接受心理和习惯，表现出对新媒体的矛盾心态：既有渴求，又存在心理、技能、条件甚至经济因素的困扰；既为新媒体的灵活、互动、丰富和光怪陆离所吸引，又在经济、技术阻碍和海量超载信息的冲击下陷入迷惘和无所适从。需要特别警惕的是，这种矛盾心态和行为带来的结果可能使新媒体的介入走进一个怪圈：介入的形式大于内容，过场式的形式虽热闹非凡，但喧哗与骚动过后，初始的目的能否达到，传播的预期效益能否实现，就难说了。被新媒体的花红柳绿所吸引，受众主体意识出现暂时的迷失也不是毫无根据的杞人忧天。

新媒体最大的优势是推进教育传播和学习接受的充分个性化。当这一优势由于基础设施、环境和受众因素而难以充分发挥时，当受众流连于新媒体的丰富、艳丽而使最初的信息需求不同程度失落时，网络传播的优势就大打折扣了。在可以预见的未来一段时间内，新媒体对社会性成人教育传播的介入可能更多地表现为面上的推广，而不是质量的提升。更糟糕的情况是，由于传统媒介受到挤压而新媒介的运作尚不成熟，社会化传播的效益还可能出现阶段性的徘徊。目前在一些地区，信息传播、科技推广、文化推展的效果不明显，广大成年公民的学习效益与新媒体的全方位运用难以成正相关。这至少从一个角度反映了，新媒体不是万能的良药。一旦环境和受众因素促使其弱点被强化、被放大，那么它给传播带来的就不一定是福音，而可能是非效益性的冲击和消耗以及传播生态的又一个困局。

第四节　传播内容两极分化
——普教化与随意化并存

　　成人教育传播，内容繁杂，包罗万象，难以用统一的标尺加以衡量。目前，我国成人教育传播内容方面的问题，集中体现为一种两极分化的倾向：学校传播内容的普教化和社会传播的随意化。

一、学校传播内容的普教化

　　学校传播一向被看作成人教育传播领域最正规的构成部分，虽然在整个传播中所占比重不大，但一提到成人教育，人们首先想到的是正规的学校传播。这里所说的学校传播的普教化，主要是指传播的内容设置脱离成人教育由受众的需求启动和引导这一特殊性，传播仍然遵循由教学计划、教材和固定的程序构成的程式化的流程，从而系统地克隆标准件的传统模式。传播活动僵化，凝固化，脱离受众的实际需要是主要标志。具体体现在以下几个方面：

　　第一，受众选择和传播过程的普教化。包括有类似普教化的招生计划、招生录取过程，有普教化的教学计划、教学过程设计、管理措施、考试以及毕业制度等。学校形式的成人教育传播，实际上是普通教育传播的压缩版或者局部调整、修正后的产物，骨子里并无本质的变化。

　　第二，传播者普教化。学校平台的成人教育，作为传播者的教师几乎全部由普教教师兼任，个别专职教师也多由普教教师转化而来，或者是正规师范院校的毕业生。我国还没有专门为成人教育传播培养师资的教育机构。20世纪90年代，曾有专家呼吁在重点师范大学开设成人教育学专业，以专门培养成人教育师资和管理人才，但没有得到呼应和落实。目前，虽然在全国范围内建立了一批成人教育学硕士学位和博士学位授权点，培养成人教育高层次人才，但相比成人教育师资的庞大需求无疑是杯水车薪。况且，这些学位点培养出来的学生，大多从事管理和科研工作，真正到教学一线工作的寥寥无几。部分学校尝试从生产建设第一线聘请技术专家担任教师，执行技术传播任务，也有不少学校尝试推行"双元制"教育传播模式，但这类做法大多局限于理工和技术类专业，不能推广到成人教育传播的全部领域。传播者普教化仍然是成人教育面临的一个难题。

第三，内容的普教化。这是最能体现成人教育传播普教化的一个明证。到目前为止，我国还没有建立成人教育传播的独立内容体系。学校成人教育传播的内容大多是同类普通教育内容的机械翻版或者压缩版，不能适应成人受众的需要。学非所用，用非所学，和受众参与学习的初衷相背离。具体讲，内容的普教化一方面表现为课程知识体系的普教化，追求理论体系和知识结构的完整，与成人学习的实用目的背道而驰。专业技能和实践能力的培养在课程体系中占比过低，课程设计以厚知识、打基础为目的。另一方面表现为考核验收方式普教化。以知识和理论考核为核心的考试制度远远偏离了实践的轨道，把成人受众统一驱入背着口袋装知识的歧途。

而事实上，成人学习"最后应导致行为的改变，不应只是取得一些新资讯，也不应只是产生一些新构想而已"①。如前所述，既然成人教育传播以受众的需求为动力和传播的起点，那么对传播内容的选择必须紧

_____

① ［美］彼得·圣吉. 第五项修炼——学习型组织的艺术与实务［M］. 郭进隆译，上海：上海三联书店，1994：232.

紧围绕"需求"二字，从"需求"出发设置传播的内容体系、技术架构、思维范式和评估指标。知识和理论传播以"必需""够用"为度，重在传播和培养能力、提升素质。目前的实际情况却正相反，在内容上对普通教育亦步亦趋，步步紧跟，结果失去了自身的个性，丢掉了生存的根基。当放弃独特的生态位，与普通教育寻求一致和吻合时，实际上就失去了自身生存的依托。人们总说成人教育质量不高、水平低下，就是以普通教育指标体系作为参照做出的评价。同样的教师、同样的传播渠道、同样的传播内容，效果差别分明，质量低下的评价当不是偏见。放弃个性，以自身的短处和普通教育的长处相比，质量低下的评价是必然的。

二、社会性传播内容的随意化

与学校传播恰恰相反，大量非学校的社会传播走向了另一个极端。因为失去了普通教育传播这个依托和参照系，内容选择的盲目和随意就普遍存在了。

客观地说，成人教育作为一种社会化的教育传播，在内容尤其是非学校传播的内容选择上，要掌握以下几个基本原则：第一，内容选择要严格瞄准受众的需求，要有判定、有筛选、有加工，没有需求的信息一律淘汰；第二，要注意内容选择的实用性和可操作性，尽量避免机械的知识传授和理论灌输；第三，由于成人受众尤其是生产一线的受众存在工学之间的矛盾，所以内容加工、课件制作必须简单明了，通俗易懂，易于传播和接受。内容建设最核心的原则是服务和适应，服务受众需要，适应经济和社会发展的需要，满足受众丰富自身的需要。现在看来，我们还达不到这个要求。具体表现为，内容的筛选环节基本缺失，既缺乏制度和程序的基本规范，也鲜有机构和人员的配置与管理，自发状态下，随意性很大。比如：在城乡日益发展的社区教育，其传播内容只有切合受众尤其是广大老年群体的具体需求和接受能力，并考虑他们的接受习惯、学习时间等因素，才能真正做到传其所需、教其所用；必须把工作做细，避免盲目、凌乱、应付所带来的随意性。而事实并不理想。又如农业信息技术传播与市场信息的把握、传递，直接引导着农民经营的决策和方向，但在农村，市场信息的传播却比较随意，缺乏基本的验证和筛选程序，良莠不分，真假难辨，有时候让人无所适从，更严重的会误导受众，造成损失。还有，相关农业技术的推广，必须与当地的气候、环境、资源甚至土质相联系，因地制宜才能发挥作用。如果没有筛选和认定的环节，大水漫灌式地盲目传播推广，结果可能帮倒忙，恰恰违反了受众的需求，打击受众继续学习的积极性。

新媒体的介入，总体上是成人教育传播的福音，但是传播中"把关人""守门员"角色的缺位，导致了信息筛选环节的失落，网络于是成了信息泛滥和信息超载的代名词。在信息化社会里，"媒体总是将'现实'处理成'信息'才传递给受众。而信息量的无限膨胀、信息传递速度的提高以及信息更替频率的加快，都使信息的'真实'愈来愈不可验证，这便为信息的无度虚构提供了方便"[1]。"信息无处不在，无孔不入。它不仅左右政治，左右决策和政策法规的出台，而且影响经济的运行，影响一切个人行为……人成为漂浮于信息海洋上的浮萍，其主体意识逐渐被信息的巨浪吞没而丧失。"[2]在这种情况下，作为服务成人需求的传播活动，强化传播的信息筛选环节，在缤纷的"信息迷雾"中为受众开辟出一条便捷有效的接受途径，比盲目的信息展览更有价值、更重要。目前的社会性传播，缺少、至少有待强化的正是这个环节。如果缺乏起码的选择与规范，鱼龙混杂，泥沙俱下，缺乏针对性，必然造成低效、无效

[1] 支庭荣. 大众传播生态学 [M]. 杭州：浙江大学出版社，2004：51.
[2] 陈明欣. 信息化的负效应与媒介社会责任的强化 [J]. 新闻与传播，2004（12）.

甚至有害信息的泛滥。科学而合理的社会性传播应当做到：一旦受众陷身于信息的海洋、失去自我的主体意识、无力对信息做出明确的选择时，传播活动应当发挥积极的向导作用，引导受众走出信息的迷雾，迈上选择和接受的理性之路。这是社会性教育传播的应然义务。由此可见，社会性的教育传播，其内容的筛选环节是非常关键的。

　　成人教育传播作为一种社会行为，时时处处受到社会环境的制约。从传播活动的基本构成要素出发，我们可以从上述几个方面宏观地分析传播生态失衡的外在表现。但由于我国地域广阔，各地发展水平差别巨大，同样的传播活动在不同的地区面临着不同的具体环境，所以，宏观上对传播生态现状的把握并不能完全涵盖局部的生态分析。对具体地域传播活动的生态问题应该具体问题具体分析，不能一概而论。

　　我们谈到成人教育传播生态的失衡，首先容易关注外部环境因素的影响，比如政策突变导致的传播取向变更，能量输入的突然中止带来的传播停顿，资源配置的变化带来的传播能效的转移等。这些因素是研究传播生态必须首先关注的，也是传播生态构成中最显性的部分。但是，我们必须明白一个道理，那就是，传播生态并不完全等于外部环境，传播生态与传播活动的关系不是表与里的关系，而更像是鱼与水的关系。鱼在水中游，其存在和游动本身就是生态的构成因素，同样，具体的传播活动本身其实就是其生态的有机构件。不同的传播活动适应并影响着环境，在有些情况下，恰恰是传播活动本身的变化引发整个生态的波动。比如受众需求的骤然膨胀或者锐减，传播主体的服务视角和服务重点的非理性转移，传播媒介大规模更替，新媒体的骤然入侵，传播内容的淘汰周期骤然缩短，都可以看作教育传播中的生态性事件，其影响都是全局性的。

　　需要特别指出的是，不论外部因素还是内部因素诱发的生态失衡，结果都有积极与消极之分。积极的失衡一般处于可控制的范围，预示着生态环境的演化上升，是生态进化的必然过程。比如政策出现重大利好、受众接受欲望的大幅度攀升、传播内容的适切性更新、媒介效能的逐步强化等，都可以客观地促进环境的进一步优化和传播效益的提高。消极的失衡主要表现为环境的骤然恶化、失控，对正常传播活动形成阻碍，导致传播活动的效能低下甚至停顿，而且短期内难以恢复。比如：政策出现重大利空，经费投入骤减，管理骤然缺位，受众规模大幅度萎缩（如因高校扩招导致的成人高等学历教育受众严重萎缩等），传播媒介因功利导向骤然转向等。这样的失衡将带来传播功能的部分丧失，并可能进一步导致传播的低效甚至无效化。积极主动的传播活动从来不拒绝、不恐惧生态的失衡，而是积极引导传播活动与外在需求、与环境的适切配合；引导传播活动并促使其生态环境避免消极的失衡，促成积极的变化，进而实现传播生态有序进化。

第五章
我国成人教育传播生态失衡的原因诊断

　　目前，我国成人教育传播出现的包括传播主体、受众、媒介、传播内容在内的诸多问题，可以从教育学的视角集中概括为一系列矛盾现象：成人教育传播任务繁重，但地位迷失，法制缺位；目标明确，功能巨大，但管理失灵，必要的投入严重不足；灵活、实用、多样化是其本质，但又总是受到学校传播模式的类比、约束；新媒体的介入带来了空前的机遇，但功能的发挥还远远没有到位；社会性传播作为成人教育传播的主体，至今仍处于无序、放任的状态；现实生态位与理想生态位渐行渐远，分离严重。

　　"存在就是合理的。"这个古老的命题昭示着这样的内在逻辑：任何感性的客观存在都有其内在的必然性，有其存在的机理与根源。外显的问题往往隐含着内在的因由。上述种种矛盾与问题，我们可以在分析问题的基础上追寻其内在和外在根源，为化解矛盾、解决问题奠定基础。本章我们从五个方面分析我国成人教育传播生态失衡的原因所在。

第一节　法规生产严重滞后

对现代社会而言，法制的完善是一个基本的前提。法规和制度应当是人们一切社会行为的基本规范，法规的生产和制度的建构应成为一切事业健康发展的基础。对教育传播而言，法规与制度标志着国家意志和公民的期待，不仅决定着教育传播的方向、模式和基本走向，而且控制着能量、物质和信息输入，规范着教育传播的效果以及与社会需求的契合程度。因此，法制建设是教育传播面临的最核心的生态组件。我们说教育传播生态具有基本的人工性质，"人工"并不是随意而为，相反，一切行为总要遵守一定的约束和规范，在一定程度上还必须受到刚性的制约，这些约束、规范、制约的力量即来自于法律和制度的作用。

但对我国成人教育事业来说，法制建设难说已配套和完善。我国教育的基本法《中华人民共和国教育法》1995 年正式颁布实施，此后，《职业教育法》（1996）、《高等教育法》（1998）、《义务教育法》（2006）等相继颁布，并在我国教育事业中发挥作用；但到目前为止，在我国国民教育的四个有机组成部分中，成人教育的专项立法还是空白。长期以来无法可依，给成人教育传播实践带来了阻碍和困惑。传播所必须依赖的法律环境与制度规范严重欠缺，法制生态链缺损，人工生态远离了法制的理想，逐步堕向人治甚至滑向非理性的自生自灭的境地。综合成人教育传播的法制现状，可以用一句话概括：法规生产严重滞后。具体表现在以下几个方面：

一、教育基本法的规范与界定过于笼统

作为国民教育体系四大组成部分之一，作为受众覆盖面最广、任务

最艰巨、内容最丰富、层次多样化的教育传播类型，成人教育传播的地位在宏观法规制度的层面上得到了基本的确立。1993年，中共中央、国务院印发的《中国教育改革和发展纲要》指出："成人教育是传统学校教育向终身教育发展的一种新型教育制度，对不断提高全民族素质、促进经济和社会发展具有重要作用。"①该纲要还对实施的原则、范畴做了基本规定。1994年，《国务院关于〈中国教育改革和发展纲要〉的实施意见》对成人教育传播的类别、目的、形式、程序、对象做出了更具体的界定。1995年颁布的《教育法》，以法律的形式把成人教育作为一项基本教育制度确立下来，规定国家实行"成人教育制度"，并指出"国家鼓励发展多种形式的成人教育，使公民接受适当形式的政治、经济、文化、科学、技术、业务教育和终身教育"。"从业人员有依法接受职业培训和继续教育的权利和义务。国家机关、企业事业组织和其他社会组织，应当为本单位职工的学习和培训提供条件和便利。"②

就成人教育的法制建设而言，单单一部《教育法》中个别条文的笼统规范是不够的，因为《教育法》对成人教育的基本内涵、外延、基本程序、操作评估不可能进行具体的界定。同时，《教育法》作为教育的基本法，其立法的基本视点是学校教育，而成人教育的主体是非学校教育，这一矛盾也在客观上决定着《教育法》中关于成人教育的规定难以操作和落实。这些具体的内容、要素，需要成人教育的专项法规来明确。

二、专项法律缺位

成人教育事业的发展，其功能、作用的充分发挥，需要适切的法制

---

① 国家教育委员会成人教育司.成人教育政策法规 [M].中国人事出版社，1996：248.

② 国家教育委员会成人教育司.成人教育政策法规 [M].中国人事出版社，1996：228.

环境，需要专项的成人教育法规保驾护航。成人教育具有个性化的内涵、外延、功能、地位、实施主体、受众、基本程序、实施原则、方式方法等，这些具体的要素需要有关法规加以明晰和界定。但是长期以来，我国成人教育的专门法律却一直处于缺位状态。虽然学术界很早就酝酿并倡议制订《成人教育法》，但几经周折，一直没有提上立法的日程。

立法滞后有多方面的原因。首先是有关立法部门重视不够，有意无意漠视了成人教育的价值和功能，忽视该领域法制建设的重要性；其次，由于成人教育不同于正规的学校教育，其不规范、流动性、规模层次不易把握等，客观上给立法增加了难度。面对成人教育立法的困境，有学者提出，如果制定《成人教育法》时机不成熟，可以首先制定《成人学习法》《成人教育促进法》等边缘法规，促进成人教育传播健康发展，但这样的倡议一直未能受到重视。

专项法律的缺位，使面向成人受众的教育传播长期处于无法可依的尴尬局面，给事业发展带来一系列的负面影响。

其一，成人教育的法律地位一直得不到保障。尽管有关的文件一再强调成人教育地位重要，但由于没有法律的明确认定，成人教育始终地位含混、模糊。一旦地位不明确，那么在教育资源相对贫乏的今天，其生存发展的需求便很容易被忽视和"遗忘"。

其二，实施主体、受众范围、传播途径、效益评估一旦缺乏法律的明晰规范，传播实践必然不同程度地表现出人为的随意性：传播主体模糊，职责功能交叉、重叠；受众群体缺乏量化的掌控，遗漏和排斥现象严重；传播媒介杂居共生，缺乏有机融合；传播内容缺乏科学的规范和设计；等等。究其根源，即在于缺乏相应的法律规范。这在客观上造成传播的空耗、低效，同时也带来社会的消极评价，影响其生存发展。

其三，由于专门法律缺位，成人教育只能寻找相近的法律来规范自身的运作。于是在成人教育传播领域就出现了学校传播普教化的局面，失却了本身的个性优长，成为可以被"淡化"或被其他教育类型"合并""取代"的对象。

其四，没有法律保障，传播活动就在很大程度上失去了社会和价值环境的呵护，只能全面依赖市场的调节。趋利是市场经济的本质，一旦成人教育进入市场化运作，经济效益成为最基本的驱动力，那么其功利化就难以避免。人们总是指责成人教育过于功利化，原因有两个：一方面是缺乏法律的公益性规定；另一方面是市场化运作的自然选择。因此，立法是成人教育健康发展的生态需要。以中国成人教育协会为主的一些学术团体，受有关方面的委托，曾经进行过相关的立法调研工作，我们渴望成人教育专项法规能尽早问世。

三、行政法规的局限

为了弥补专项法律的缺失，推动成人教育的正常发展，国务院及我国教育行政主管部门，依据需求相继制定了一些行政法规，用以规范成人教育传播的开展。这些行政法规有《国家教育委员会关于改革和发展成人教育的决定》《国家教委关于进一步改革和发展成人高等教育的意见》《扫除文盲工作条例》《关于开展岗位培训若干问题的意见》《关于大力发展乡（镇）、村农民文化技术学校的意见》《成人高等学校设置的暂行规定》《普通高等学校函授教育暂行工作条例》《关于开展大学后继续教育的暂行规定》《民办高等学校设置暂行规定》《高等教育自学考试暂行条例》《关于社会力量办学的若干暂行规定》等。这些诞生于改革开放以后的一系列行政规章，对20世纪80年代到90年代末我国成人教育的发展发挥了重要作用，但行政法规的局限性显而易见。

第一，它们不具备法律的权威性和强制性，属于操作层面的行政法规，关注实施的过程和具体的操作，对具体的技术问题加以规范和约束，仍然不能为成人教育传播提供有坚实保障的法制环境。

　　第二，上述所有规章只把学校传播纳入规约的范畴，对占主体地位的社会性成人教育少有问津，这是一个巨大的缺憾。这个缺憾，是一般的行政法规难以弥补的。这是立法的空白区，不是行政法规的责任。

　　第三，行政法规对社会性传播认知与规定的缺失带来了认识和实践两个方面的误区。认识上，容易误导人们漠视社会性传播的教育功能、价值和现实地位，在认识上仍然把教育传播的范畴限定在学校的围墙之内，进而也就有意无意地否定了作为成人教育传播主体构成部分的社会性传播。这与信息化的社会现实及建设终身教育体系和学习化社会的目标是背道而驰的。实践中，由于规章的缺位和人们认识的误区，社会性教育传播只能进入无序、混战、逐利和自生自灭的无政府状态。这绝对不是教育传播生态化发展进化的正确路径。

四、地方和部门规章的无奈

　　为了弥补立法的不足，地方人大、政府部门以及各行业系统也相继出台了一些地方法规和行政性规章。各省市区出台的招生办法、培养流程、考核手段、毕业程序、证书发放等规定，以及各行业系统的培训计划、轮训措施、评估指标等，都作为行政规章发挥了不同的作用；但局限于具体的操作层面，不可能对宏观的问题产生本质的影响，不能改变成人教育传播所面临的法律困境。

　　目前，我国成人教育传播所面临的法制生态就是这样。专项法律缺失，《教育法》有关成人教育的条文又宏观笼统，难以操作，导致传播的法制环境难以理想化。伴随着终身教育体系的构建与学习化社会的建设，成人教育的法制建设必须尽快提上日程，必须以良好的法制环境促进成人教育传播又好又快地发展。

第二节 有效管理缺失

"人对人类生态系统的决策与管理往往决定人类生态系统的状况与质量。"①管理是促进人工生态系统有序进化的关键因素，但立法的缺失带来的最直接结果是管理的失据、无序、滞后。

无法可依是成人教育传播目前面对的最尴尬的局面。由于无法可依，所以地位不稳，容易受到任何环境因素的冲击，可以被取消、被淡化、被取代、被撤并；也正由于无法可依，所以相应的管理机构建设、人员配备、费用落实、监督完善等也就无从谈起。有效管理失灵、质量效益下滑也就不足为怪了。而这一切，通过近20年来成人教育传播的一系列波动可以得到很充分的证明。

1998年，国务院机构改革全面推行，其目的是改革臃肿的行政机构，精减人员，压缩政府开支，提高工作效率。在教育部机构改革的过程中，缺乏法律支撑的成人教育受到直接冲击。原来业务独立的成人教育司被撤并，其职能被分解到其他五个司局。随着教育部成人教育专门管理机构的撤销，省市县等各级教育行政部门都相继撤并了成人教育专职管理机构，其人员分流，职能分解，集中管理的优势不复存在。一时间，各级教育行政部门对成人教育的宏观把握、分析和掌控能力骤然丧失。分散到其他部门的职能，由于人员流失、业务生疏、相关行政规章失效等，也难以得到有效落实。在这种情况下，除了比较规范的学历成人教育尚能按部就班地维持运行外，其他社会性的教育传播陷入迷惘状态。遍及

---

① 周鸿. 人类生态学［M］. 北京：高等教育出版社，2001：124.

全国乡镇的农民文化技术学校陆续解散或改制，村一级的农民文化业校几乎荡然无存，企业的培训中心和社会的专门培训机构也陷入生存困境。传播平台、传播主体大幅度萎缩，受众的学习热情受到冲击。而这些靠以往的管理措施可以得到圆满解决的问题，由于专门管理机构的消失和职能的淡化而变得无能为力。

管理是人工生态的主要构成元素，而管理机构的完善则是管理职能发挥的基础。当管理机构不存在的时候，再谈有效管理就是一句空话，最好的局面只能是维持运转。在这个情况下，作为本身就非常不规范的社会性成人教育传播也只能停留在盲目、无序的自生状态。目前，我国社会性成人教育传播的局面就是如此。

管理失灵是我国成人教育传播生态失衡的最关键原因，它带来了如下消极的后果：第一，导致传播在技术和操作层面上的混乱。缺乏有效的专职机构和组织对传播主体、受众、技术和内容的科学管理，以及缺乏明晰的层次掌控和类别的划分，混乱的局面不可避免。第二，造成传播活动自身的发展缺乏主动性和计划性。由于没有专职管理机构的宏观谋划、运筹，缺乏顶层设计，所以对传播的市场走向、需求动态不能做出有效的把握和科学的预测，导致传播的整体性盲目，传播媒介和技术的更新也不可能做到迅速、及时和有效。第三，缺乏专业化的有效管理，还带来一个最大的弊端，那就是传播失去个性优长。优长和个性的养成需要借助有效的定向的管理，没有有效的管理作为外力加以约束，传播活动就会出现趋同性的依赖和模仿。普教化和随意化就是成人教育传播与学校传播、大众传播趋同的直接结果。

管理的缺失是人工生态的悲剧。对一切社会行为来说，如果失却法制规范下的有效管理，生态中的"人工"成分必然淡化，必然丧失人工生态的理性化约束，逐步陷入非理性的"自然"状态，至于目标和效益的实现就勉为其难了。

第三节　能量输入先天不足

生物的进化依赖物质、信息和能量的输入，其中，能量的输入是关键。进化就是生物与环境相互作用所发生的物质代谢、信息传递和能量转换的过程。对人工生态而言，因为排除了自然选择的因素，所以，不论物质代谢、信息传递还是能量转换，都需要依据一定的目的，遵循科学的程序，按照事物发展与环境的适切性，进行规划和实施。比如教育传播，其健康发展所需要的能量输入（费用投入），就需要在客观分析的基础上，依照其规模、发展与经济社会适切性的要求，做出科学合理的安排。当然，这个投入不只是政府的财政投入，更应该包括市场运作机制下各种社会力量对教育传播的资金投入。政府的资金投放在很大程度上对社会资金的流动发挥着引导作用，不管政府投入的资金所占比例有多大，毕竟代表着政策和政府意志，代表着政府关注的重点和方向。在教育传播的投入上，政府的决策和行为发挥着决定作用。

在传统教育传播视域中，学校传播始终是政府关注的核心和焦点；而在学校教育中，普通教育又是重中之重。在教育投入捉襟见肘的时候，成人教育传播是资金投入首先被淘汰的对象；所以，且不说规模宏大的社会性传播，多年来学校成人教育传播也是在资金严重短缺的状况下维持运转的。能量输入的不足影响了成人教育事业的可持续发展。传播主体积极性丧失，传播媒介老化陈旧，受众的学习需求难以得到个性化的满足，进而，规模的扩张和质量的提升都受到严重限制。社会舆论指责成人教育传播质量效益低下，不能和普通教育相提并论，但在能量输入严重不足的情况下，要求成人教育传播实现优质高效，实在难脱苛求之嫌。

最近20年来，我国普通高等教育大规模扩张，在短短几年时间内，便从精英教育大步迈入大众化高等教育阶段。校舍要扩建，设备需更新，师资要充实，管理要配套，规模的骤然扩张带来的是物质、信息、能量的膨胀式需求与消耗。基础教育全面落实九年义务教育并免除全部学费，所需费用由政府财政全额负担。同时，应对工业化和信息化对技术人才的庞大需求，我国职业教育被提升到重要的位置，进入了发展的快车道。目前，仅就高中阶段的教育来看，中等职业教育和普通高中的教育规模已基本相当，政府的巨额投入促进了职业教育快速发展。

唯独成人教育是被政府投入遗忘的角落。至于社会性教育传播，历来与政府投入无缘。在缺少法制保障、有效管理和经济支持的严酷环境里，社会性成人教育传播只能向受众和市场寻求能量补偿，市场化运作就成为无奈中的必然选择了。应该说，这是一个悲剧性的生态抉择。法制的缺失、管理的式微和投入的欠缺，造就了学校成人教育传播尽量向普教靠拢，依靠普教的余热温暖自己，在缝隙中寻求发展；社会性传播，则只能靠自身的能力杀出一条生存之路，在适应与服务中获得生存的能量。在这样的境况下，要保证成人教育传播的有序、健康、公益和质量效益，与极端功利化保持距离，只能是一厢情愿的事。

第四节　逐利的社会风气形成的冲击

改革开放近40年来，以经济建设为中心的基本国策，尤其是社会主义市场经济体制的建立和逐步完善，促进了我国经济的快速发展，社会财富大幅度增加，人民生活开始向全面小康迈进。但是，市场经济的趋利性也给社会发展带来了一些负面影响。目前，我们无论如何都难以否认一个事实，那就是畸重物质利益的时代氛围和急功近利的社会风气，正让我们过往的价值观念发生严重的扭曲变形，对社会生态几乎产生了全方位的冲击。

社会的功利导向带来的消极影响集中体现在以下几个方面：其一，社会实践的评价标准发生畸形偏转，经济效益被放在首位。人们用经济效益的高低评价社会事物和人的行为、规范自己的取舍。其二，对经济效益的追求陷入急功近利的泥潭，缺乏长远的眼光，追求眼前利益最大化成为不少公民共性的心理。造假、欺骗、侵权等行为屡见不鲜。其三，忽视社会道德完善，漠视精神及文化建设，人文精神失落。本来，伴随着经济的快速发展，社会文明应该同步提升；但是，在不同的地域和不同的社会群体中，互助的传统、奉献的精神、共处的理念、人道的情怀、公平的观念、感恩的心理、公益的追求等人文建设领域的重要元素，在功利追求的冲击下不同程度地淡化乃至失落。其四，享乐主义成为时尚。目前，我国社会面临着一个两难的困境：一方面，经济的持续发展、产业结构大规模调整迫切需要知识和技术的强力支撑，社会发展需要公民尤其是在职从业的成人公民技能和素质的提高与强化；另一方面，社会心理出现了充满矛盾的流变，摆脱贫困、迈进初步的富裕后，享受仿佛成为对过往辛苦劳作和付出的回报，享乐心理充斥整个社会，休闲、放松、享乐、猎奇成为时尚。成人教育传播作为社会运作的有机构件，受到直接的影响。功利主义的消极影响还体现在一个更重要的方面，那就是公民尚学之风的式微和对自身知识完善的漠视。追求功利的风气难以培养尚学之风。重商的社会氛围从来不会给带有公益性质的教育传播留下令人满意的空间。学习效益的滞后性为功利选择所不取。功利之风劲吹，带来的结果是甘于寂寞、潜心求知的人越来越少，读书的风气、学习的欲求、求知的传统淡出人们的日常行为。这种现状对成人教育传播的冲击是全方位的。

首先，它必然造成受众接受欲望的衰减和受众规模的萎缩。经济的发展，生产力水平的提升，社会保障措施的建立和完善，带来了人们劳动时间的缩短与休闲时间的空前富余，这本来可以为学习提供极为有利的基础，为传播提供更充裕的时间和大规模的受众群体。珍妮特·沃斯和戈登·德莱顿在《学习的革命——通向21世纪的个人护照》一书中分析道："男性平均寿命至少为70岁，总数超过60万小时。如果我们睡20万小时，在雇佣工作上只花5万小时，我们会有35万小时花在休闲、教育、旅游、嗜好和其他一切上。""休闲业、旅游业和终身教育将会成为主要增长工业的组成部分。"[1]但我们面对的现状至少部分是：鼓起的荷包、增加的非劳动时间、不断扩大的休闲人群似乎很少与教育和学习结缘，而不同程度地成为娱乐、赌场、迷信活动的要素储备。在一些地区，赌博之风盛行，餐桌和牌桌临街排列，吃了赌、赌完再吃成为生活的模式；有些地区娱乐场所遍地开花，浮艳绮靡的生活方式诞生了黄赌毒等社会痼疾，难以根除；还有一些地方迷信盛行，修建寺庙不遗余力，求知学习骤成另类……这些既然是功利追求的产物，我们就不能乐观地期望它们在功利盛行的氛围中自然消除。在最需要终身学习的知识经济时代，经济的狂热、功利的追求和享乐至上，可能制造出精神的失落、人性的悲剧、文化的沙漠，失去通过学习唤回人性与道德之美的最后机会。

其次，重商的风气和功利的追求带来了教育媒体尤其是大众传媒不同程度的功利化。在知识经济所必然促生的学习化社会里，大众传播客观上已经成为教育传播的重要途径，但功利化本身必然使其对传播行为

---

① ［新西兰］戈登·德莱顿，［美］珍妮特·沃斯. 学习的革命——通向21世纪的个人护照［M］. 顾瑞荣等译，上海：上海三联书店，1998：33.

做出功利目标的筛选。客观的事实往往是，"最终赚钱的欲望往往胜过发表不失偏颇而有益于社会的消息的意念"①，这种"赚钱"的价值取向往往引导畸形的消费和享乐。"透过大众传播，各类新闻中的伪善煽情都用种种灾难符号（死亡、凶杀、强暴、革命）作为反衬来颂扬日常生活的宁静。而符号的这种冗长煽情随处可见：对青春和耄耋的称颂、为贵族婚礼而激动不已的头版头条、对身体和性进行歌颂的大众媒介——无论何处，人们都参与了对某些结构的历史性分解活动，即在消费符号下以某种方式同时庆祝着真实自我之消失和漫画般自我之复活。"②这样的概括可能有些武断甚至极端，但却折射出一个严酷的真实，那就是，在重商和逐利的氛围里，大众传媒的非理性取向的确发挥着推波助澜的作用。求知、尚学、理性、人文、陶冶这些人之为人的根本元素，可能被功利、享乐和喧哗骚动排挤到最阴冷最寂寞的角落里。

传播的公益本质淡出，经济追求更加显性化，逐利的倾向必然使传媒对成人的学习需求做出利益驱动下的选择，而不是提供受众所需要的信息服务。比如：现在的电视，娱乐频道红红火火，科普节目倍受冷落，原有阵地步步萎缩；经济频道纵横捭阖、长袖善舞，娱乐板块花红柳绿、惊险刺激，教育板块经营惨淡、少人问津，更别说广告商主动上门送钱了。平面媒体上，娱乐、浮艳、猎奇的板块一扩再扩，广告版面艳丽动人；教育内容、知识传授则多方受压，有的干脆取消为快。这些，对成人教育传播形成了生态的阻碍，难以逾越和消除。

功利的追求导致传播环境不同程度的趋利倾向，在政策激励、经费

---

① ［美］赫伯特·阿特休尔. 权力的媒介［M］. 裴志康等译，北京：华夏出版社，1989：337.

② ［法］让·波德里亚. 消费社会［M］. 南京：南京大学出版社，2001：100.

走向、人员配备、资源划分、效益评估等各个方面，体现出利的内在驱动作用。传播主体在功利的抉择面前，其最渴望得到的一般也是利益而不是公益，是更近、更大、付出更少就能得到的更多的利益，而不是滞后的社会效益，不是大量付出后在盼望中等待的遥远的未来。这就是为什么一些教育传播主体对高端的收费培训全身心投入，对有稳定收入的学历教育笑脸相迎、乐此不疲，而对公益培训、农技推广、扫盲教育则踌躇不前、兴趣索然的根本原因所在。功利驱动下的利益导向，已经把面向成人的具有丰富需求的传播无形地分类，谁给钱、谁给的钱多就为谁服务已然成为潜规则。

第五节　自身个性化建构不完善

立法、管理、投入、氛围属于外部生态因素。成人教育传播生态的失衡还往往诱发于传播自身，包括服务定位失准、生态位失调、竞争失控、与媒体不能适切配合、理论建构不足以及对自身形象塑造的忽视等。这些因素既作为传播生态的构成因素而存在，研究生态的失衡与调适就不能回避它们。

一、传播与需求对接错位，功能发挥失序

前面已经分析过，目前我国成人教育传播面临两个非理性的倾向，即学校传播越来越趋于普教化，以普通教育的目标、原则、标准来规范自身；但由于投入、管理等因素的制约，其最终的质量和效益与普通教

育难以同日而语，陷入被不同程度否定的困局。社会性传播又走向另外一个极端，完全以市场机制促动传播的运作，其逐利趋向表现得越来越突出，事业本性和应有的公益内涵在人们的惊诧声中丧失殆尽，同样受到社会不同程度的否定。

应该说，这两个倾向都偏离了成人教育传播的本质和优长，导致其所提供的服务与经济社会需求及受众的现实需要难以实现无缝对接。

首先，规范管理的缺乏使传播活动多元分散、各自为政，单一的传播主体和传播平台无力也没有兴趣对市场需求进行深刻分析和信息的准确把握，对经济和社会发展的动态走向及相应人才和信息的需求缺乏动态的追踪与掌控，传播陷入盲目、摸索状态，只能跟着感觉走，与经济和社会发展难以找到最佳的契合点。一个时期，社会上电脑培训、文秘培训、财会培训遍地开花，但社会对此类技术人才的需求早已过了高峰期，结果造成低效甚至无效传播和资源浪费。宏观上盲目和技术层面的短视，几乎是各地社会化传播面临的共性问题。

其次，与普通教育传播的趋同导致了生态位重叠，失去自身的个性，失去了不可取代的优势。比如，成人高等学历教育与普通高等教育盲目趋同，在专业、课程、知识结构、传播模式、评价指标等方面追求一致，结果，成人高教成了低水平的高等教育。再如，一些社会力量举办的教育传播活动，鲜有沉下心来进行系统的市场需求调研和传播能力提升的情况，而是受利益的驱动，盲目跟风，目光短视，片面逐利，缺乏宏观运筹和长远打算，其功能的发挥自然难以持久。总之，传播的整体盲目性、短期行为和逐利倾向，是其功能不彰、与经济社会发展不同程度脱节的根源所在。

二、恶性竞争泛滥，缺乏统一协调

成人教育传播层次丰富，类别多样，彼此的和谐相处与协同进化需要避免激烈的同位竞争，而要以追求生态位分离为手段，各自实现个性化的生态存在。依据生态学的基本规律，当同一个领域里同一种群的个体密度超过资源的承载量时，个体之间的生死竞争将难以避免。作为人工生态，成人教育传播的生态环境需要人工的调适，以使同一领域的传播密度保持在资源（受众、媒介、经济能力、社会需求潜力、人口、消费）承受的耐力范围之内。对于过多的传播主体，可以通过功能转型、目标分散、服务重点转移或传播层次分化等措施，化解同质同构的恶性冲突，实现不同传播主体、不同传播活动的和谐共生。相反，如果失去宏观的调适，那么类似自然生态领域的恶性竞争、掠夺、捕食将难以避免，这是人工生态应当竭力避免的。

客观地分析，我国成人教育传播的现状并不乐观。由于宏观调控不力，不论是学校还是社会化传播，同类竞争普遍存在。在学校，这种竞争表现为同一地域、同一系统或者行业的学校竞相开设热门专业，以致培养目标、课程设置、课程结构、培养规格趋同。在趋同的背景下进行激烈的师资竞争、生源竞争、收费竞争，结果造成传播活动的高度重复。在非学校领域，传播扎堆的现象也不鲜见。政府扶持、社会支持、经济来源稳定、有收益保证的传播服务倍受青睐。随之而来的是，为了吸引投资和受众，争取竞争的有利地位，不实广告、虚假宣传、欺诈行为开始出现，以致违背成人教育传播的客观规律，不着力打造传播的内涵和服务实力，而把招徕受众作为传播的着力点，争夺投入，抢夺生源。对热门传播项目一哄而上，对公益传播却鲜有问津。这种忽冷忽热的盲目与冲动，对健康传播环境的构建并无多大益处。社会和经济发展对人才和信息的需求是一个渐进的持续的过程，集体扎堆热闹一阵子后，结果必然是受众逐步流失，最终寂然散场。市场化运作如果缺乏长远的规划和设计，陷入利益主导的竞争旋涡，带来的就只能是急功近利。

三、对新媒体的应对和运用失去主动权

成人教育传播对新媒体的出现和"入侵"经历了一个从好奇到被动接纳的过程。网络是信息化的宠儿，在实现传播与反馈同步、充分实现传播民主的同时，也带来了一系列负面效应。

尽管从信息化的角度看，网络传播实现了速效、便捷和海量的信息传递，但"信息膨胀必然带来信息泛滥、信息超载，带来无益甚至有害信息的滋生传播。诸如国际上强势国家的信息输出、信息侵略，生活中凶杀、暴力、色情、欺诈、迷信及其他消极信息的流传，等等。有害信息的广泛传播，对国家安定、社会进步、民主文明建设乃至对人们健康心理和健康生活方式的形成都有百害而无一利"[①]。况且，网络总是在信息平等和传播民主的幌子下，力图使所有受众按照它设定的"霸王条款"——特定的、不可更改的规矩、程序、模板——来实施信息的传播和接受，让受众彼此平等地共同成为它的"工具"。"网络导致了人性的丧失；网络导致了人格的扭曲；网络导致了人际关系的障碍；网络导致了人的疯狂；网络导致了人对技术的盲目崇拜，人成了网络技术、网络信息的奴隶……"[②]我们只有按照"网络的思维"和模式才能介入和利用网络，它的程序一旦确定就没有商量的余地，它的设置一经成型便没有更改的可能。我们只能按照它确定的程序和规矩求得它的支持。正如戴维·阿什德在分析新的传播技术和媒介时所说的，传播手段的"'电子式升华'（electrical sublime）并未创造出许多人所盼望和预言的理想国。相反，它使我们完成工作（如我们时代的交流）要受到附属的机械、范式和'逻

---

① 陈明欣. 信息化的负面效应与媒介社会责任的强化 [J]. 新闻与传播，2004（12）.

② 鲍宗豪. 论网络人文精神 [J]. 社会发展论坛，2002（6）.

辑'的影响"①。

网络优劣一体，缺憾与优长并存。当它以自身的媒体优势深入到社会的各个角落、渗透到每个人的生活进而以各种面孔控制人的行为时，它对成人教育传播，尤其对社会化信息传播的影响就无处不在。它对成人教育传播最初的"入侵"带来的是好奇和无限的诱惑。当人们了解到网络与生俱来的缺憾和这种诱惑的致命性之后，它实际上已经反客为主地控制了人们的生活，控制了人们的思维和行为，人们只能躺在网络制造的信息幻影中享受看似智慧的美梦。与此同时，人们失去了信息掌控的主动权，失去了对信息过滤的主体意识和择取的能力，不假思索地接纳网络所提供的一切。人们的主体角色和意识由淡化逐步发展到迷失，不知不觉地成为网络系统的一个部件，为网络而疯狂地运转、付出，成为不折不扣的网络奴隶。

以需求启动传播是成人教育传播的本质特征，学习主导传播成为其基本模式。在普通教育传播里，传播主体具有信息选择的责任、义务和基本能力，传播者在传播活动中成为自觉的信息"守门员"和信息迷雾中的"导盲犬"，受众接收到的信息，是他们按计划该接受的东西，是按照一定的原则、标准和目的经过筛选和过滤的东西。但是，在社会性教育传播中，受众可以直接向网络寻求信息，他们身兼信息需求者、信息守门员和"导盲犬"多种角色。当他们的理智被网络的光怪陆离、花红柳绿所淹没时，为自我守门和导盲的意识便荡然无存，他们接受的只能是没有经过重新加工过滤的原始网络信息，鱼龙混杂，良莠难辨。他们甚至可能对最初渴望的信息无所用心，而醉心于那些光怪陆离的信息。这样的接受无疑偏离了最初的轨道，难以达到预期目的。

---

① ［美］戴维·阿什德. 传播生态学［M］. 邵志择译，北京：华夏出版社，2003：7.

我们必须承认，这是目前社会性教育传播低能低效的一个原因。从这个侧面不难看出，缺乏理性把握和制度规范的信息传播是多么容易偏离合理的轨道而进入误区。在这种情况下，我们热烈欢呼的信息化所带来的速效便捷，在一定程度上可能要被信息超载和信息混乱所带来的信息困惑所抵消。成人教育传播失去对信息的主动选择功能，这是导致低效传播的重要原因。

四、个性化理论建设不足

只有科学的理论才能正确指导实践。在我国，理论建设滞后于实践的状况一直是成人教育传播面临的一个问题。由于理论建构的不足，所以理性地确立成人教育的地位一直未能实现。也正因为理论的欠缺，所以对成人教育传播内涵、外延的厘定一直欠清晰，对其功能质和运作基本规律的认识还比较模糊，对其动力的研究还几乎是空白。现有的理论成果出现两个分离的倾向：纯理论研究脱离传播实践，且未能跳出普通教育理性思辨的窠臼，对具体的传播实践缺乏切实的指导价值；实务性研究又始终拘泥于实践本身，缺乏理性的高度，思辨与现实难以有机融合起来。出现这个局面的原因是多方面的：

其一，研究缺乏有效的组织网络，队伍分散。拥有超过九亿受众的庞大复杂的成人教育传播，其健康的发展有赖于理论的科学引导，理论机构和队伍的建构应当是整个事业发展的一个重要的方面。研究机构网络化、队伍结构合理化、研究活动常态化应当是基本的要求，但到目前为止仍然没有达到这个最基本的要求。全国只有几个省市建立了专门的科研机构，人员配备不足。一些高校的成人（继续）教育学院虽然也设立了相应的研究机构，但大多由兼职人员组成，繁忙的事务性工作使科研成为业余的选择甚至纯粹的摆设，专心和深入成为奢望。而且各个科研机构之间缺乏有效的联合与协作机制，科研人员各自为战，力量分散，未能集中优势兵力，也未能实现优势互补，至于更深层次的协作和攻关，现在还谈不上。

其二，学科建设力量不足，相关理论研究薄弱。在我国国民教育学科体系中，教育学被确定为一级学科，成人教育被定位为教育学的下位学科——二级学科。这个定位已经被1986和1992年公布的国民教育学科名录所认定。而且，这个定位具有扎实的现实依据：在教育学成为一级学科的高校，成人教育学普遍作为二级学科来设置；全国范围内已经建设了30个成人教育学硕士学位授权点和3个博士学位授权点；在教育学没有被认定为一级学科的一些院校，成人教育学专业也获得了硕士学位授予权，这在客观上佐证了成人教育学科的相对独立性，说明离开一级学科的包容与呵护，成人教育学科已经具有独立的生存能力。

学科是学术研究的基础和依托，没有独立的学科地位，成人教育发展就失去稳定性，学术研究就没有方向和内在动力。目前，我国成人教育学科的理论建设还非常薄弱。首先是研究力量不足。目前全国有兴趣和实力从事成人教育学科理论研究的专家寥寥无几，而相应的科研成果，除了《中国成人教育》特设专题栏目予以刊载外，其他期刊对相关成果的刊发基本处于零打碎敲的状态。其次是研究缺乏系统性。关于学科基本架构、学科知识体系的理论建构尚未完善，学科的思维范式、研究方法尚待深入探索，学科的评价指标体系还没有建立。这些问题是学科建设面临的基本问题，需要研究的进一步深化。再次，由于成人教育传播地位不稳定以及由此而来的认识上的误区，相关的科研活动也容易被漠视。整体科研活动缺乏宏观的协调与规划，包括课题的申报、审批往往被边缘化。最近几年，成人教育领域的国家级立项课题几乎不见踪影，省级立项课题也大幅缩减，一些科研机构课题申报的积极性骤降。这一切，对科研活动都是致命的打击。

其三，激励机制欠缺。科研方面的激励机制主要包括两个方面：一是经费的投入；二是成果的认定。成人教育研究的经费大多捉襟见肘，缺乏稳定的投入和支持。长期以来科研经费不足的局面，影响了科研工作的顺利开展和科研产出的数量、质量。因为缺少经费，规模性的调查无法开展，更深入的研究难以进行，闭门造车的思辨和拘泥于传播实践的"写真"、罗列成为科研活动无奈的"替代品"。这些成果到底有什么价值很值得怀疑。而且，由于相关的科研成果数量不多，质量不高，在相关的成果认定、评比中往往难占优势，成果申报也往往被另类处理，这样的局面又反过来打击了科研的积极性，如此的恶性循环带来的恶果是成人教育科研日渐凋敝。

五、自身形象塑造的缺失

成人教育舆论宣传的欠缺也是一个因素。由于受到近利观念的影响，长期以来，各类传播主体对于自身形象的塑造往往不太重视。步入市场化运作的成人教育传播，似乎把每一份精力都投入到了市场的开拓和业务的经营中，少有精力顾及自身形象的塑造，结果给大家留下了不规范、散乱差的印象。事实上，宣传作为对自身形象、实力和优势的传播，也是一个重要环节，在形象塑造中发挥着关键的作用。对这一重要环节的忽视有可能造成生态的缺憾。目前，成人教育传播的舆论阵地小且层次不高，几份专业报刊要么转型，要么改制，为了自身的生存，往往以利益为导向来谋划自身的经营。其他非专业媒体对成人教育传播向来缺少应有的关注，所以在宣传领域成人教育传播声音微弱，无法表征其应有的存在、规模、地位、功能、优势和价值。在此情况下，要通过自身的形象塑造来营造有益于传播的环境和氛围，困难重重。

第六章
追求成人教育传播效益的最大化

　　成人是社会最现实的生产力。成人知识的积累、技能的强化、素质的提升，是社会进步、经济发展、社会和谐的现实保证，同时也是非成人健康成长、顺利实现社会化的前提。不论是需求引导还是计划调控，成人教育传播的现实作用和功能都让人们不能忽视它的存在。到目前为止，世界成人教育大会已经连续召开了六次。每一次会议的召开，都充分关注全球范围内成人教育传播面临的现实问题，并对具体实施提出意见和建议。在世界范围内，成人教育研究蓬勃发展，从法制建设、观念创新、组织建设、管理运行、投入与评价、地域平衡到手段技术更新等，研究已经深入到与传播有关的各个领域。成人教育实践也在拓展新空间，开创新方法，采用新技术，不断提高传播的功能与效益。

　　面对全球范围内成人教育传播快速发展的宏观背景，透视我国成人教育传播的生态问题，在探寻内在和外在原因的基础上，我们认为应该从多个方面进行宏观的和操作层面的调适，以实现传播的生态化运作和效益的最大化。

第一节　传播观念的全方位更新

观念的更新是调适传播生态失衡的第一步。随着经济全球化、社会信息化的日渐深入，我国成人教育传播必须实现观念的全方位更新，而且这种更新不能只停留在认识的层面上，应在法规制定、理论建设、传播实务、管理措施、支持体系等方面体现出来。总的来说，在目前形势下，成人教育传播必须切实树立以下新的观念：

一、树立教育传播的终身观和全员观

教育传播不再是阶段性的任务，而是贯穿公民一生的完整过程。对公民个人来说，终身都是教育传播的应然接受者。生命不息，学习不止，这既是现代社会的要求，也是个人实现人生价值的迫切需要。就教育传播而言，其受众必须覆盖到社会全员，把每一个社会成员都纳入信息服务范围，以满足其信息需求为目的，实施有效的传播服务，这也是教育传播从理性到实践向本体回归的客观要求。

从我国公民接受教育传播的现状看，迫切需要树立教育传播的终身观和全员观。

2000年第五次全国人口普查，我国公民平均受教育年限为7.62年；2009年教育部公布我国国民平均受教育年限为8.5年；2010年第六次人口普查，这一比例上升到8.8年。追溯前几次全国人口普查数据，这一比例也一直呈上升趋势。这说明，我国国民教育对公民纵向上的年龄的覆盖在延长，横向上的覆盖也在扩展，代表着教育传播为经济社会服务的功能在强化，促进公民社会化的程度在加深。从成年公民接受教育的角度看，

2012年，新西兰成年人人均受教育年龄为12.5年，学龄儿童预期受教育年限19.7年，位居世界第一，美国成人受教育年限13.3年，学龄儿童预期受教育年限16.8年，我国这两项统计数据分别为7.5和11.7年。[①]由于缺乏最新的统计，上述数据稍显陈旧，况且只是对学校教育传播的统计，缺乏完整性。但从总趋势上不难看出，我们与发达国家的教育差距非常明显。

从上述数据我们也不难看出，学校传播的短暂以及留给成人教育传播的任务漫长而艰巨。不论7.5年还是8.8年，都只是人生非常短暂的一个阶段，在之外的更为漫长的人生岁月里，公民接受教育传播和从事学习的需求应更为主动、迫切和强烈。这一需求的满足，只能依赖成人教育传播来完成。要满足如此庞大的受众群体的如此复杂的教育和学习需求，如果不树立终身和全员的教育传播观念，仍然以封闭的、阶段性的甚至学校教育的眼光看待和从事成人教育传播实践，那么这一任务是难以完成的。

树立成人教育传播的终身观和全员观要求我们具备这样的认识：其一，学校传播不再是教育传播的全部，从现实来看也越来越不是传播的主体部分，而是一个短暂的阶段和过程。教育传播的主体应该是校园围墙之外的社会性传播，重点是面向成人的教育传播。其二，成人教育传播是教育传播的正常顶点和最后的阶段，它接过学校传播的接力棒，以拾遗补阙和持续的信息服务为己任，最终实现教育传播从摇篮到坟墓的人生覆盖。其三，以满足大众的信息需求为己任，成人教育传播所提供的服务应当全方位、多层次和充分个性化。流水线式地克隆标准件，是与成人学习的规律相背离的，在成人教育传播中永远没有市场。其四，

---

① 洪胜宏等. 我国平均受教育年限及其展望 [J]. 现代教育科学（小学教师），2014（6）.

因为教育和学习是终身的和全员的，因此也应当是一个可持续发展的过程，不仅是时间的持续，更是知识的积累、技能的强化和素质的提升。成人教育传播应当是一个不间断的持续终生的过程。

二、树立传播的人权观

1980年，联合国教科文组织国际传播问题研究委员会通过了《多种声音 一个世界》的报告，指出，任何民族、种族、社会群体以及个人都拥有接近信息来源以及积极参与传播过程的权利。但是，在现实社会中，人们的社会和经济地位是有巨大差别的，"由于社会经济地位高者通常能比社会经济地位低者更快地获得信息，因此，大众媒介传送的信息越多，这两者之间的知识鸿沟也就越有扩大的趋势"[①]。

在我国，农民、妇女、残疾人是社会信息化视野中的"信息洼地"。究其原因，他们的"媒介参与度普遍不高"[②]是共同的答案。比如："农民阶层与其他阶层在媒体资源分配上是一种'零和博弈'的关系，其他阶层对媒介资源占有的'挤出效应'使农民阶层在传播领域中仍是弱势群体。"[③]至于残疾人群体，由于自身的缺陷再加上社会的行为性漠视，他们从不曾获得过信息传播中的优势地位。这一现实需要我们切实树立新的观念——传播的人权观，需要我们采取切实的行动，促进信息化对社会全员的全方位覆盖。

生存权和发展权是最基本的人权，而基本人权总是伴随着人的社会

---

① Tichenor, P.J., Mass Communication and Differential Growth in Knowledge, Public Opinion Quarterly, Summer, 1970, 158–170.

② 张蓉等. 试论农民利益表达渠道中大众媒介的缺位[J]. 新闻知识，2007(4).

③ 徐雪高. 农民传媒资源分配不公问题研究[J]. 燕山大学学报（哲学社会科学版），2007(3).

化而逐步实现的。人的社会化是一个必然但却不能自然完成的持续过程，必须借助规范的教育传播和无处不在的环境熏染方能实现。当教育传播成为实现基本人权的手段和过程时，面向成人的教育传播就成为实现基本人权的重要环节。对告别学校进入劳动世界的广大成人而言，他们仍然有随时回归教育世界的权利，其教育人权不仅没有丧失，而且应该得到加强。接替学校传播的成人教育是现代教育的"正常顶点"，也是最终圆满实现公民学习权利的关键。

成人教育传播的人权观要求我们树立下列科学的认识并落实为具体的实践：其一，人权观赋予成人公民接受教育和从事学习的最基本权利，每个人地位平等、机会均等；受众对传播活动具有同等的发言权，成人教育传播必须体现民主和平等的精神。其二，成人教育传播对受众没有选择的权力，有教无类，来者不拒，做好信息服务是其唯一的责任。其三，传播必须充分关注社会弱势群体的教育和学习问题。据中国人民大学社会研究报告《走向更加公正的社会》所提供的相关统计数据，目前我国包括城市和农村贫困人口、下岗职工、农民工、残疾人等在内的弱势群体人口在1.5亿左右。他们是成人教育传播的当然对象，传播不能遗漏和排斥他们的任何学习要求，因为学习在某种程度上已经成为他们摆脱贫困和社会弱势地位的主要手段。其四，政府和社会应当构建最广泛的教育传播平台，创造无障碍的传播和学习环境，以保证公民教育和学习权的实现。

三、树立传播的经济观

在知识经济社会的今天，我们看待成人教育传播应该有新的视角。一方面，不能否认教育传播是社会性的事业，具有人文价值和公益属性，承担着精神塑造、人文传承、文化构建、道德养成的任务；另一方面，更应该认识到，成人教育传播也是一种经济活动，直接融入社会经济的运作，参与社会财富的创造。科学技术是第一生产力，我们不能否认传播科学与技术、提高劳动生产率的成人教育传播所具有的经济属性。由于成人是社会财富的直接创造者，所以在宏观教育传播领域，成人教育传播的经济价值表现得更为直接，更为现实。

树立成人教育传播的经济观，我们必须认识到：第一，成人教育传播具有突出的经济属性，是社会经济运作的有机构成部分，市场运作的一些规律可以有效地引入传播实践，增加传播的灵活性和内驱力。第二，成人教育传播经济功能的发挥，取决于其对社会经济活动的参与、适应和有效的服务，取决于对社会经济运作的有效的智力支撑，取决于传播服务与经济需求的无缝对接。第三，成人教育传播的经济功能具有内隐性和滞后性。传播的结果首先表现为劳动者知识的增加、素质的提升、技能的提高、人格的完形，进而才是生产率的提高和经济效益的显现，所以其经济功能的实现具有间接性。第四，树立成人教育传播的经济观，还启示我们时刻关注市场需求的变化，找准传播服务的目标和切入点，准确契合经济和社会发展的需要，达到适应、服务与需求的完美对接。

四、树立传播全方位开放的观念

成人教育传播不是一个封闭的系统，而是社会运作的有机构件，应全方位向社会开放，接受社会的检验和评价，接受社会需求的引导、修正和调适。开放包括传播主体的社会化、受众的全员化、媒介的大众化、内容的灵活与多样化，最终实现成人教育传播真正走进每个公民的生活，达到教育和学习的生活化。

一方面，传播要实现从目标到程序全程开放，拒绝封闭、孤立，坚持参与社会并引发社会大众的参与，把传播纳入社会经济文化的整体运作之中；另一方面，传播的标准制定和效益评估坚持实践检验的唯一性，一切从实际出发，满足受众和社会的需要应当是传播的核心目标。同时，成人教育传播必须与传统的学校传播相互沟通协作，实现管理、内容、技术、资源的共享。既然目标一致，那么加强有效的调节就可避免恶性的竞争。此外，传播还要善于利用一切可以利用的平台和因素，科技、文化、卫生、社区以及大众化的娱乐设施等，都可以成为成人教育传播的平台和促进因素。

第二节 法制环境的完善

立法既是政府意志，也是国民利益的集中体现。但"社会处于转型期，制度建设较为滞后"①，这是我国各类教育传播面临的共性环境。具体到成人教育传播，法规制定不到位甚至缺失的弊端已经非常明显。这是其地位不稳、管理失序、个性失落、效益不彰的重要根源。最近20年来，我国成人教育传播出现的一系列问题，都与缺乏法律的保障有直接的关系。调适成人教育传播的生态环境，扭转失衡现象，促使其实现更高层次的生态平衡，应当把专项法规的制定和推行作为突破口之一。这一工作包括以下两个层面：

其一，成人教育系列法规的调研和制定，包括专项法规《成人教育法》以及《成人教育（学习）促进法》《终身学习促进法》等配套法规。目的是把成人接受教育和从事学习的任务、权利、方式、途径、措施等，以及教育传播主体的权利、职责、基本内容规范、传播原则、传播渠道、传播手段方法等，以法律的形式确定下来，做到传播主体和受众明确、

---

① 支庭荣. 大众传播生态学［M］. 杭州：浙江大学出版社，2004：120.

内容科学、通道畅达，确保成人教育传播的健康发展。这一方面，前期的相关工作已有一定进展。教育部委托中国成人教育协会等民间组织进行的前期立法调研工作进展顺利，有关咨询机构也有很好的意见和建议。我们期待着下一阶段的工作能顺利开展，相关的立法程序早日启动，使我国成人教育法制的空白能早日得以弥补。

其二，有关成人教育传播一系列行政规章的修订和完善。现行的一系列规章，大多是改革开放初期计划经济体制下的产物，虽然依据需求进行过修改，但许多条文仍然不能适应新的经济和社会发展的要求。比如有关学历教育规范的普教化、评价标准的模糊和缺乏个性、任务重点与现实的错位、传播评价机制的程序性僵化等，都需要做出大的修订，使成人教育和学习真正实现成人化。

不论是专项法律和相关配套法规的完善还是行政规章的修订，都应当充分关注和考虑下面一些问题：

第一，立法视点，必须彻底打破学校传播的局限，把视野扩展到所有的成人教育传播行为，尤其应当把重点放到社会性的传播上。因为，一方面，成人教育传播大头在校园之外，社会性传播是成人教育的重点，以往的相关规章从未关注过这个重点领域，这是今后立法应该重点关注的问题；另一方面，以往规章对非学校成人教育传播的漠视，导致了传播主体混乱，职责与规模不清，受众主体模糊，层次与边界不明，内容缺乏个性，传播媒介混居丛生。尤其是，目前社会性成人教育传播处于自生自灭的自然状态，混乱，低效，不规范，同位的恶性竞争普遍存在，迫切需要法规的约束和科学规范。建设终身教育传播体系和学习化社会，其主体应该是社会化的教育传播。总体的规划、费用的投入、基础设施的建设、机构组织的完善、传播平台的搭建、传播渠道的安全畅通、传播内容的规范与管理、学习资源的开发共享、传播效果的评价与反馈，甚至公民良好学习习惯的养成、适宜的社会环境的营造等，都迫切需要良好的法规保驾护航。

第二，法规建设应当立足于使成人教育传播实现真正的成人化。长期以来，面向成人的教育传播，尤其是学校平台的传播，之所以始终处于附庸的地位，没有自己独立的品格，难以形成不可替代的优势，一个重要的原因就是传播没有实现从内容、形式到结果的真正成人化。学校传播紧跟普通教育，最多是普通教育的补充。社会性传播又失却稳定性、科学性和基本的教育规范，与大众传播等同，丧失了自身的个性；因此，必须借助规范的法规建设努力实现成人教育传播真正的成人化。包括传播主体与受众群体的规范与厘定、通道与传播方式的成人化、内容的实际实用、工学矛盾的化解、评估手段的个性化等，都应该明确体现在有关法规的条文之内。

第三，立法应充分考虑宏观国民教育传播体系内部构成的平衡以及立法思路的创新。在终身教育体系和学习化社会的理想图式里，国民教育传播体系应该覆盖公民终身和社会全员。也就是说，在以信息化为标志的知识经济社会，教育传播面对的受众是全体国民，不分地域、民族、信仰、年龄、职业、地位、身体状况、经济背景、个人爱好，每个公民都有参与教育传播和从事学习的权利。依照这一理想的图式，教育传播对国民的覆盖不能有任何空白。除以学校为传播平台的基础教育、高等教育和职业教育覆盖的学龄期公民外，成年公民教育权的实现、学习需求的满足，必须借力成人教育传播尤其是社会传播这个途径。因此，立法所关注的国民教育体系的平衡，首先应当是对成人学习需求的充分认定，以及对成人教育传播与基础教育传播、高等教育传播、职业教育传播平等地位的认定。其次，在管理层面和物质、信息、能量输入上，以客观需求为标准实现基本平衡。

依照学习化社会的蓝图，公民一生应该自由往来于两个世界——学习世界和劳动世界。在阶段性教育传播中，两个世界是截然分离的，学习世界位于人生的前期即学龄期，学习世界结束后人生就进入劳动世界，而且这一过程不可逆转。但在学习化社会的理想中，两个世界是相互沟通、自由过渡的，学习成为一种工作和生活方式。普通教育结束后进入的劳动世界，实际上就是另一个新的学习世界，只是学习的地点、内容和方式出现了变化，学习的内容更加丰富和社会化而已。

实际上，宏观教育传播体系内部，基础教育、高等教育、职业教育、成人教育形成了有机的内在生态链。仅就学校平台的传播来说，结束基础教育阶段学习的公民，成为高等教育、职业教育、成人教育的理论受众。他们可以进入高等教育、职业教育阶段，也可以马上进入成人教育阶段。具体进入哪个学习阶段，一方面看个人的爱好选择，另一方面看自身的学习能力怎样，毕竟考试选拔仍然是进入下一学习阶段的必要手段。

在我国，基础教育结束后进入高等教育阶段的受众不足一半。据2017年7月10日教育部门户网站发布的《2016年全国教育事业发展统计公报》，2016年我国高等教育毛入学率达到历史最高值的42.7%，比2012年的30%提高了12.7%。另据2016年4月教育部首次发布的《中国高等教育质量报告》，预计到2019年，我国高等教育毛入学率将达到50%以上，中国将进入高等教育普及化阶段。即便实现了高等教育普及化，每年仍然有一半的基础教育毕业生要进入职业教育和成人教育阶段。

事实上，在基础教育阶段，有一些学生初中毕业后就因种种原因脱离了教育世界，进入社会甚至提前进入劳动世界，这是立法应当重点关注的弱势受众群体。未能正式进入高等教育、职业教育阶段的所有公民，都应当成为成人教育的当然受众。除了义务教育阶段的强制性、杜绝与劳动世界的转换外，立法必须保证公民在其他教育阶段之间选择与转换的自主自由，以及在学习世界和劳动世界之间过渡的便捷。自主自由地游弋于学习和劳动两个世界，是人完善自身、实现充分社会化、实现人生价值的必要路径，也应当成为教育法制新思维的闪光点。

第三节　强化政府意识和行为，完善管理

成人教育传播说到底应该由政府主导，政府是教育事业最大的受益者，当然也应该是第一责任人。教育传播健康生态的营造断然少不了政府这个核心角色。政府角色缺位，对教育传播生态的影响和冲击往往是灾难性的。所以，把促进传播的健康发展转化为政府的意志，进而落实为切实的行为，通过管理的完善和投入的增加，解决面临的一系列问题，是调适传播生态失衡的正确选择。

在法制环境逐步完善的前提下，管理成为生态调适的关键。就我国成人教育传播而言，加强管理尤其是加强由政府主导的系统管理的要求更为迫切。当然，这里所说的管理绝不能是大一统的刚性控制，而应该是遵循传播规律的疏通、调控、服务与协调。

谈到教育，人们习惯把目光投向学校，在管理和投入上也往往离不开学校本位的老思维。这里强调强化政府意识和行为，就是希望"在分配财政资源和人力资源、衡量教育效果、付出教育努力时，都不能脱离其他教育机构（学校之外的——引者加），而应当有联系地思考"[1]。学习的过程是持续终生的，教育传播也必然是一个连续的过程。政府对国民教育的管理和作为，不能伴随着学校传播的结束而结束，而应该不断加强，将这种管理、关怀与呵护延展到教育传播的各个阶段，覆盖到公民终生。

成人教育传播的管理应该有层次之分：在国家层面加强宏观的顶层

---

[1] 范国睿. 教育生态学［M］. 北京：人民教育出版社，2000：26.

设计，以规划的形式设计总体发展目标、基本原则、基本路径；在微观和区域层面加强技术性的任务分解和具体措施的落实。不论哪个层面的管理，都必须坚持这样的基本原则：宏观调控，传播自主，分类指导，追求效益。重点是由各级政府依据经济社会发展的总体规划和阶段性任务，调控教育培训市场，教育培训市场引导各级各类教育传播组织开展传播实践。

成人教育传播规模庞大，层次类别多样。学历教育的规范化、专业证书教育的灵活性、专项培训的速效化、技术指导的即时随地性及彼此间的重大差别，要求管理必须灵活机动。当然，管理不是最终目的，通过有效的协调、促动和激励，促进资源优化、过程集约、优势互补，进而实现生态平衡状态下的效益最大化，这才是管理的本旨所在。

成人教育传播的管理应该包括以下内容：首先是相关政策的落实，比如传播组织和传播主体的资格认证，传播硬件、软件的评估，传播业务范围的确立，受众群体的厘定，不同传播主体任务与功能的划分，等等。其次是相关管理机构、组织的建构，人财物的调控划拨，包括传播所需要的人员配备、物质输入与经济投入等。再次是传播过程的监控和效益的评估、反馈，包括评估指标体系的建立、评估组织的建构、评估的实施与认定，以及对后续传播方案的修正、调适、完善等。

成人教育传播存在着广泛的流动性，这是适应环境、缓解恶性竞争、避免生物性掠食的有效调节机制。流动和扩散"有效扩大了分布区域，扩大了新资源的利用，改变了营养结构"[1]，是传播活动自我调适的手段。不同的主体拥有不同层次和类别的受众、传播通道、评价机制。因此，宏观管理上应当有较为明确的层次和类别划分，以实现其传播生态位的多样化分离或者优化，确保传播活动的互补与共栖，确保传播的通畅与

---

① 支庭荣. 大众传播生态学［M］. 杭州：浙江大学出版社，2004：95.

效益。管理应当促使这种调节更加规范、高效，以实现不同传播活动的和谐共生、协同共进。

上述管理思路、原则和措施，对正规的学校传播不存在问题。对杂居丛生的社会性传播尤其是公益性质的教育传播而言，政府的调控尤为重要，像基层市场信息、就业信息的传播，新知识新技术的传递，新的生活理念的倡导，新的文化生活的引领，良好行为习惯的养成，新的休闲模式的推展，甚至包括养老保健知识的指引，都需要政府以购买服务、直接投资、委托监督、科学评估等方式和途径实施管理。当然这里的管理不是事无巨细、处处插手和严格的计划控制，而是以法律为基本规范和以需求为基本指向的沟通、协调、激励与促进，是政策倾斜、经费划拨、人员配备、路径标示所体现出来的促动、约束和效果的评判。对于各级各类的传播组织和传播主体，必须赋予其最大限度的传播自主权。法制框架内的一切具体传播实务，由各个传播组织和传播主体自行依法实施，传播的方案、方式、途径、过程由传播主体自行控制。只有传播主体的自主性和潜能得到最充分的发挥，其传播个性才能得到最充分的张扬，也才能真正保证传播效益。

有效的管理依赖完善的管理机构。目前，我国成人教育传播国家层面的专门管理机构已不复存在，其职能由相近的管理部门代理。各省市区以及以下各级教育部门的专职机构也相应地被取消，职能被分解划转。在短期内难以恢复各级专职管理机构的情况下，应当强化各职能代理部门的管理工作，通过持续的政策完善、人员的配备充实、措施的配套落实等，把管理落到实处。那种人员兼职代管、管理落于应付的被动局面必须彻底改变。除了政府部门的管理外，一些相关的社会团体、中介机构以及一些民间联谊组织和行业协会等，也可以从技术和实务的层面，发挥包括完善行业内自我监管机制、完善业务督导和效益评估、完善并落实行业行规和行业自律等在内的辅助管理作用。目前，中国成人教育协会、各省市区的相应民间团体、各行业系统的成人教育协会（学会）越来越健全，正从各自的角度发挥着特殊的监督和管理作用，这是传播管理不可缺少的。

通过有效的管理，应该实现三个层面的目标：其一，传播活动外在平衡有序；其二，实现生态位内在分离、优化，实现传播的和谐共生，避免低效甚至无效消耗；其三，最终实现传播的效益化，即通过传播使受众真正成为充分社会化的人、幸福的人，有效促进经济发展和社会进步。

第四节　营造适宜的社会氛围，构建科学的理论体系

传播像条鱼，生存于环境之水。这个环境，包括自然环境、社会环境和价值环境。社会基本的价值取向、人文精神、道德观念、求知尚学的追求等，共同构成成人教育传播所需要的社会氛围。

面向广大成人的教育传播是一个充分开放的社会系统，"它和社会的联系更加紧密，受众容易受到社会因素的影响"[①]。因此，社会风气和环境氛围对成人教育传播形成的冲击也更为直接。目前，社会上物质欲望膨胀，人文追求式微，精神建构乏力，尚学求知的传统逐渐淡化，这是一个不可否认的现实。利，成为衡量一切行为的主体标尺。在这种情况下，健康适切的价值环境的构建就成为调适传播生态的重要手段。这一工作可

---

① 李永健. 教育传播学理论体系重构的研究设想 [J]. 电化教育研究，2006（6）.

以分为以下几个层次：

一、政府主导，引领社会形成求知尚学的优良风气

在知识经济社会，占有知识成为经济发展、社会进步以及个人实现自身价值的前提，谁掌握了知识，谁就拥有了话语权和主体地位。因此，应该在政府的引导和倡议下，从个人到团队、群体、组织，普遍形成求知尚学的风气。

随着经济社会的进一步发展，人们的劳动时间越来越短，休闲时间逐渐延长。把大量的休闲时间科学地利用起来，使富裕且拥有更多休闲时间的大众远离牌桌、赌场，远离庸俗消极的娱乐场所，远离封建迷信，追求健康的生活方式，扩充积累知识，强化自身技能，提高个人素质，这既需要政府的政策引导、措施激励，也需要公民个人的理性、自省和自觉。对此，大众传媒、各种民间团体、社会组织可以充分发挥舆论宣传、引导、激励和促进作用，使公民在富裕和休闲面前始终保持个体自尊、自强，能够抵抗消极因素的诱惑，养成读书上进、求知学习的愿望和习惯，进而在全社会形成尚学的优良风气。

在这个方面，上海市以政府为主导推行的市民"终身学习卡"制度可以为我们提供借鉴。

"终身学习卡"制度是上海市为激励、引导和方便市民依据个人需要求知学习、构建全民学习的学习型城市而建立的一项学习激励制度。目前已经在全市范围内逐步推开。目的是以建设学习型城市为愿景，通过这一制度的建立和完善，培养市民求知学习的习惯，构建人人皆学、时时可学、处处能学的基础平台，为市民学习打造无障碍的环境。

推行"终身学习卡"制度经历了一个渐进的过程。其具体做法是，为市民建立学习的登记卡，全面记录学习过程和现状，充分掌握市民的知识和信息需求，为学习者提供最便捷的服务。这项制度从1998年开始

逐步实行。最初的"学习卡"是纸质的，只能纪录学习的历程，后来逐渐发展成为可以充值的学习卡，设有户名、密码，内涵更为丰富。这类卡目前已发展成为芯片式的电子卡，持有此卡者可以随时随地刷卡学习。目前，上海市已经通过政府行政渠道发放、流动性上门免费赠送、企业组织集体申领等途径，在全市各区向市民免费发放学习卡，规模在逐步扩大，最终目标是学习者人手一卡，实现学习的充分便捷化。学习内容由政府主导建立相应的网络课件，通过购买，制作，对电视台有关科普、保健以及相应信息资源的转化，形成了数千个课件的内容集合，涉及工作、生活、休闲、娱乐、养老保健的各个方面，基本能够满足市民的知识需求。

关于学习卡的管理，上海市的做法也是配套的。首先让市民学习有地点，知道在哪里可以学习，并对每次学习做出详细的纪录；其次，建立配套的学习激励机制，对学习积极分子采用免费订报、送奶、评选学习状元、排名表彰等措施，提高市民学习的积极性；再次，有方便的学习支持系统，如学习导航、网上指导、专家答疑等，及时满足学习者的学习要求。

有政府的强力支持，有便捷化的学习条件，有配套的激励机制，大众的学习积极性空前高涨，尚学氛围的形成是自然而然的事，成人教育传播的健康发展也就顺理成章了。

目前，全国范围内社区教育发展迅速，以社区为基本平台，以社区学习共同体为基本形态，以社会文化生活教育为主体内容，不论是城市社区还是乡镇社区，各种教育服务正逐步走向精细化、人性化、生活化。尤其是随着网络技术的全面普及，线上教育资源直接向社区居民开放，并与线下资源融合对接，为社区受众的学习提供了便利的条件。未来的社区教育将把学习资源的开发、拓展、共享作为主要任务，以便为受众提供全天候、无障碍、零花费的学习资源超市，便于社区居民随时随地学习。每个社区都是一个小社会，社区教育的蓬勃发展尤其是社区学习共同体的健康发展，将对居民求知尚学良好风气的形成发挥积极的促进作用。这也是整个社会形成良好学习风气的基础。

不论是政府主导的学习卡制度的推展，还是自发性质的社区学习共同体的孕育、扩散、成长，都是成人教育健康发展和最终建设学习化社会的福音。当学习由被动的行为变为自觉的实践、信息接收由功利促动转化为一种生活方式的时候，大众求知尚学的良好风气就真正形成了。

二、倡导既重物质又重精神的价值观

精神和物质共同构成了现实世界，彼此不能分离。没有物质的精神和没有精神的物质同样都是残缺不全的。在重商和逐利的环境下，公益性明显、经济效益滞后的成人教育传播必然受到逐利行为的冲击甚至排挤。在这种情况下，要调适传播的生态环境，实现成人教育传播的效益化，就必须加强人文建设，提升精神追求，摒弃逐利的观念和行为。

首先，政府要重视人文建设，加强对社会行为的引导。学习的习惯、尚文的意识、人道的情怀、感恩的心理、公益的心态、奉献的精神、协作的理念以及修身养性的追求，这些看似抽象空洞的东西，其实是我们生活难以须臾离开的。其作用在于促进人们从一个自然的人成长为社会的人。人文建设需要政府引导，包括法制环境的建设、以人为本执政理念的确立与落实、社会发展目标的实践、社会行为标准的完善、社会核心价值体系的建构、学习风气的倡导和养成等，要在全社会弘扬人文精神，消除颓废的享乐意识和唯利是图观念，倡导通过学习为个人心灵撑起一片真善美的天空。

其次，也是最关键的，各级各类教育传播组织应该把人文传播作为重要的内容。从儿童开始，把基础打好了，将来面向成人的人文传播就有了扎实的根基。成人教育传播本身就是其生态的构成部分，人文环境的建构，成人教育传播重任在肩。应当改变目前重技能传授轻人文塑造、重能力养成轻精神熏陶、重就业目标轻素质提升的传播局面。采取调整内容构成、加大实践环节、丰富传播手段等措施，实现人文传播的系统化。总之，要通过学校、社会机构、经济组织、民间团体、社区等，把人文传播落到实处，将其融入每个人的生活。同时，充分利用一切文化、卫生、教育、旅游和娱乐设施，发挥其人文教育功能，借助有目的的传播以及环境的熏染，使人文环境的建构进入稳步、有序和生活化的轨道。

再次，人文精神的建构需要社会大众的自觉。这在客观上也是舆论和媒介的责任。"大众媒介有很强的力量去塑造一种强势的意见气氛，扮演政治话题设定者，不断地创建共识或多数意见，使人无法逃离这样的意见气氛。"① 必须让大众明白，置身于物质追求的旋涡，更应该追求精神的升华。要在社会物欲膨胀的非理性状态下寻求心灵的慰藉，必须为自己开辟一片宁静的精神港湾，读书，学习，修身养性，寻求健康的生活和行为方式。浮躁的氛围、喧哗与骚动的场景、醉心享乐的追求难以养成健康的心态。对社会大众而言，能够在一定程度上超越物质和利益的羁绊，追求精神和文化的享受，才是完整健康的人生。当然，大众的自觉是一个缓慢的养成过程，取决于舆论的引导、环境的熏陶和个人的努力与追求。当大众把学习真正视为一种生活方式和生存的必需，渴望以精神的充实来弥补单纯物质丰富所滋生的心理空虚时，才能真正走向人文的自觉；也只有受众走向了人文的自觉，人文传播才能获得最广泛的受众基础。

三、建构科学的传播理论

除了营造适宜的传播氛围，理论建设也是构建良好传播生态的重要环节。

---

① 翰林. 大众传播理论［M］. 台湾风云论坛出版社，1995：316.

　　建构成人教育传播的理论，应该坚持"主义可拿来，问题须土产，理论应自立"[①]的原则，紧紧围绕终身教育和终身学习理论、学习化社会的理论、传播学理论、信息技术理论、互动传播理论等，立足我国的实际，发现问题，分析原因，探索成人教育传播健康发展的路径。

　　这个理论体系应当包括三个层次：首先要建构成人教育传播学科理论体系，为传播实践打造坚实的理论基础；其次是具体传播原则、规律、特点、模式、构成要素、传播效益、问题、策略等具体范畴的研究，目的是为传播活动构建理想而科学的图式；再次是具体传播程序、措施、通道、内容、受众、评估、反馈等操作层面的理论，目的是实现传播的集约化和效益化。理论体系建构应该实现这样几个基本的目标：其一，成人教育传播从定位、概念、本质到个性规定性得以明晰；其二，传播的规律、原则、模式，以及与政治、经济、科技、文化、人口、消费及其他教育传播类别的关系，得到科学的界定；其三，传播的实施主体、接受主体得到科学的分析和规范，理论层面做到类别清晰、层次分明、个性与需求明确；其四，努力探索使传播内容摆脱普教化和随意性、实现个性化与规范化的方法与途径；其五，有效探索传播媒介科学融合、优势互补的方法和途径，实现传播通道畅达和高效。

　　上述目标的实现，应该从以下几方面着手：

　　第一，加强科研机构和科研队伍的建设。目前在成人教育传播领域，科研机构零散，队伍缺乏有效的组织，科研处于无组织、无协调、无统筹的自发状态。这是很不正常的。当务之急，应该首先以各省市区相关科研机构为依托，进一步明确成人教育传播科研的职能定位，完善科研人员的配备，落实相关的科研任务，使科研工作进入正常运转的轨道。

---

　　① 秦晖. 求索于"主义"与"问题"间，转引自秦晖文选：问题与主义［C］. 长春出版社，1999：438.

其次，充分发挥各级社会团体、民间机构，如中国成人教育协会、各省市区以及各行业系统成人教育协会（学会）的作用，联合社会力量，凝聚科研工作的民间合力和扎实的社会基础，推动科研工作在民间走向自觉。再次，充分发挥目前成人教育学科现有的 30 个硕士学位授权点、3个博士学位授权点的优势和科研实力，实施广泛的横向联合，分工合作，联合攻关，争取尽快有一批有分量的科研成果问世，有效指导传播实践。最后，与相关的国际科研机构和学术活动平台如联合国教科文组织、世界成人教育大会等加强联系，促进科研与传播实务的学习与借鉴。目前，成人教育传播已经成为人类共同的事业。在这个问题上，不仅大家的价值取向、思想观念一致，而且具体的思路原则、方法策略也多有相通和彼此认同之处，这是学术借鉴与合作的基础。

第二，多层级科研课题的立项和创新。自 20 世纪末以来，在国家社科规划课题和教育规划课题中，与成人教育相关的立项课题数目逐步萎缩。诸如 20 世纪 90 年代初立项的"中国岗位培训制度研究""面向 21 世纪中国成人教育发展研究"等，这类能把全国的科研力量集中起来开展科研攻关的大项目已经鲜见踪影。各省市区立项的社科类课题也少见成人教育的踪迹。这个局面应该加以扭转。一方面，应当鼓励全国相关的成人教育科研机构、学位点、传播组织等，积极申报国家相关项目的科研课题；另一方面，应当充分发挥社会团体和民间组织的作用，联合进行课题申报，争取每年都有重要科研项目列入国家社科计划，恢复 20 世纪末曾有的旺盛的科研势头；还要促进教育传播主体、传媒集团、信息服务组织的联系与协作，就它们面临的困难、问题设立课题，进行专项研究，直接为传播实践服务。科研规划、立项和科研活动的开展必须瞄准"创新"二字，从选题、论证、立项到研究方法和评估措施，都必须依据传播实践的变化、传播生态的演化，做出创新的探索，避免科研与传播实践的分离。

第三，科学研究必须深入成人教育传播的实践，以丰富、广泛、扎实的实践研究作为突破口。研究不能闭门造车，不能关起门来做学问，必须沉下去，在实践中发现问题、分析问题、解决问题。因此，大量而深入的调查研究必须开展，与各级各类传播组织的沟通协作必须加深，对社会、经济、文化、教育发展的基本走向必须准确把握，对经济全球化、社会信息化所引发的知识增殖、人才需求必须保持高度的敏感，对教育传播发展演化所突现的问题必须准确而及时地掌控。

如前所述，成人教育传播是一种社会实践，相关的理论研究必须立足和扎根于实践，少做形而上的理性思辨，多做形而中的问题探索和形而下的实务研究。实务研究可以为传播实践提供及时的服务指导，这是构建成人教育传播理论体系的必要根基。

第四，科研激励机制的配套出台和落实到位，其中包括经济支持和成果的评价认定。以往从事成人教育科研工作总面临两个困境：其一，科研经费短缺成为常态；其二，科研成果在社会认定过程中往往受到歧视。正由于成人教育传播法制地位的模糊、管理的缺位，再加上本身多样化、不规范的特征，所以，成人教育科研成果在质量认定、评奖、职称晋升、业务考评等方面常被置于次要地位，分值和权重受到影响。这在客观上也影响了科研人员的积极性。就目前情况来说，科研激励最起码应该做到两点：首先，必须切实保证相关科研经费的来源，逐步实现经费来源的多元化。目前，政府的科研投入是研究经费的主要渠道。实际上，由于成人教育传播与社会经济发展关系密切，加之科研工作本身的服务性，故而应当激励相关的社会经济组织、法人实体和受益于研究成果的传播主体、媒介平台、高等院校等，为科研工作提供相应的费用支持。社会团体中的专门性研究组织也可以收取相应会费，弥补科研经费的不足，保证科研工作的顺利进行。只有保证创新的成果不断出现，才能及时引领传播实践在创新中实现质量效益的提升。其次，倡导科学公正地对待成人教育传播的科研成果，摒除传统的偏见，对相应的成果予以客观的价值认定，使其社会和经济效益得到及时充分的发挥。

第五节　建立科学的传播评估体系

成人教育传播具有工具属性，追求科学的真与实，可以以追求传播效益最大化为目的，进行量化分析和评价。由于它是相对独立的教育传播形态，因此应该建立独立的符合自身特性的评估标准体系。这个体系应该兼顾过程评估和结果评价，而以过程评估为重点。评价体系应该由五个部分构成：传播主体评价、传播内容评价、传播媒介评价、传播受众分析和传播效益评价。

一、传播主体评价

这应该是一种能力和资格的评价。由于成人教育传播充分的社会性和非规程化，对传播主体的认定和评价具有一定的难度。正因为如此，更需要对其加以基本的规范。

对学校传播而言，传播主体稳定，目标明确，评估标准应切实反映成人教育传播的特异性、排他性，尽力避免对普通教育评估标准的变相移植。具体评价内容包括传播的理念、宏观思路、规章制度、保障措施、教师与受众的比例、教师职称结构和学科结构、"双师型"教师的比重、传播的设施设备状况、传播技术与手段等，尤其要重视传播实践的评估，包括实践环节占比、实践课程设置，以及实践教学的场地、设施及其有效性等项目的评价。这些标准要确保传播主体具有向受众实施有效信息传播的基本能力。

对社会性传播来说，由于传播主体模糊，难以明辨，既有较为规范的教育组织、培训中心、社区机构，更有民间团体、群众组织、志愿者团队、公益机构，甚至公民个人，更加上网络传播主客一体，量化评估相当困难，但应有基本的标准加以规范，并积极倡导大家自我评价、自我约束、共同遵守。传播组织和个体要提高素养，遵守国家相关法律法规，充分尊重受众的基本权利，遵循成人教育传播的基本规律，遵守信息传播的基本道德，拒绝任何不良信息，以满足受众的信息需求为目的，追求传播的时效性和高效率，等等。在这方面，国家也在积极采取措施，以促进社会性传播的规范化。如对社会传播主体的登记制度、验审制度、检查制度，以及已经有效运行的网络监管措施、消极信息屏蔽手段、绿色网吧建设工程等，都是积极有效的措施。

对传播主体的评价应该成为一种激励和促动的措施，不应该凝固为纯粹的资格准入和刚性的淘汰制度；因为对面广量大的社会性传播而言，硬性的资格准入制度恰恰可能葬送传播的活力和积极性，进而缩小传播的覆盖面，出现传播中的遗漏和排斥现象。

二、传播内容评价

前面我们分析成人教育传播失衡的原因，谈到传播内容的两极化倾向：学校传播普教化，社会传播随意化。这个问题的出现与成人教育传播缺乏自身个性化的评估标准有关。由于没有自己的认定标准，所以只能陷入一种"沉默的螺旋"，在沉默中寻找类我的形态加以依附，以抱团取暖的心态"随波逐流"。于是，学校平台的成人教育传播，其内容成为普通教育的压缩版或者修订版，失却了以受众需求来决定传播内容的个性本质，成为低等的普通教育。社会性传播更因为缺乏必要的内容规范而陷入信马由缰、任意而为的境地，因此基本的评估标准不仅是必要的而且是迫切需要的。

成人教育传播和经济社会的运作紧密相连，丝丝相扣，传播的实施存在巨大的地域差别，不同地区对传播内容的评估也不能一刀切。不论确立怎样的评价标准，应当遵循的基本原则应该是相同的，那就是：第一，传播的内容必须切合受众的客观需求，追求实用性，这是由成人教育传播的特性所决定的。成人教育传播生存于经济社会发展的需求，生存于受众的个性化需求，是由受众的需求启动和推展的信息传递活动，受众信息需求的圆满实现即代表传播活动的结束；因此，传播内容满足受众切身的、现实的需求是传播的本职所在，失去了这个原则，成人教育传播就与大众传播无异了，其独立生存的根基将不复存在。如果我们强调成人教育传播的工具价值，那么它的职责就是服务，与受众的需求实现无缝对接就是其工具价值的最好体现。求真、求实是内容选择的第一要求。第二，传播的内容必须健康有益，不能夹带任何不良信息，这是成人教育传播规范化的基本要求。成人教育传播的价值理性告诉我们，传播的工具价值之外，还有更高的价值追求。建构人文世界、张扬人性之美、倡导公平正义、传播民主法治、涵养伦理道德、彰显人性之善、鞭挞人性之恶，这既是责任也是义务，是其价值理性的具象化。内容的选择除了满足受众的需求外，还不能与最终的价值追求相违背。求善、求美是内容选择的基本规范。第三，传播的内容必须是本领域最新最实用的成果，追求时效性。信息社会的一大特征是信息的生命周期空前缩短，稳定性让位于流动性。每个学科、每个实践领域，几乎每时每刻都有新知识、新信息的诞生，也有旧知识和信息的消亡湮灭，任何岗位的更新、技能的提升、生活方式的变化都来源于知识的更新。不同于其他教育形态的相对稳定，成人教育传播直面经济社会发展和受众的生活需求。知识在更新，受众的需求在更新，传播的内容必须与时俱进、灵活机动，不能凝固僵化、驻足不前。求新是内容选择的魅力所在。第四，传播的内容必须通俗，方式必须便捷，容易让受众在最短的时间内接受和内化，追求速效性。成年受众置身于劳动和学习两个世界，工学矛盾是其面临的突出问题。迥异于非成人为积累和储备而学习，成人因需要而求知，要求学以致用，学用之间的距离越短越好。这在客观上要求学习过程必须简单、便捷，内容必须通俗易懂、易于接受内化。

总之，内容选择是成人教育传播的关键环节，对内容的评价要考虑到受众面临的工学矛盾，考虑受众的迫切需求。涉及社会文化生活方面的内容，在选择时还要充分考虑到其公益性，对特定群体比如老年受众、残障受众、文盲受众的传播，在内容选择上还要充分考虑他们的接受能力等。

三、传播媒介评价

对媒介的评价是一个棘手的问题，因为成人教育属于复合传播形态，各种媒介杂居共生，发挥着不同的作用，构成不同的生态资源，占据着不同的生态位，但同时发挥着同样的信息服务功能。其作用各有优劣，评价也不可能一个标准规范一切，因此，应该突显成人教育传播最大的包容性，对所有媒介勇于接纳，让其在不同的角度和层次上发挥传播的作用。"在大众日趋分裂为小众群体的今天，满足尽可能多的大众需求的媒介经营原则已不适用，多元化恐怕是一个能与大多数观众建立信任感的捷径。"① 但是，无论如何多元，媒介评价的基本原则应该趋同。

第一，媒介应最大限度地排除噪音的干扰，实现安全而无污染。这是对成人教育传播媒介的基本要求。因为传播的目的是塑造人、促进人的充分社会化，所以传播媒介的选择应以科学、规范、安全为标准，以避免一切干扰，及时、快捷地见到时效。对于非学校性质的社会传播，

---

① 凌燕. 中国电视的双重使命，转引自《媒介哲学》[C]. 开封：河南大学出版社，2004：295.

对大众性的传播媒介也要进行理性的筛选，在媒介的使用上要有独立性，依据受众需求和具体的传播内容选取媒介，减少中间环节，缩短传受距离，减少非传播因素的介入。第二，成人受众工学兼顾，学为实用，他们学习不是从零开始重新建构知识、能力和素质，而是对工作、生活中知识、技能的拾遗补阙，形式上要快速便捷、形象直观，方便受众接受，实现接受的便利化。现场指导、操作视频、知识微课、网络动画等，比系统周全的课堂传授更有效果。第三，传播媒介要富有艺术性，具有吸引力，让受众乐于接受。尤其是网络模拟、线上观摩、网络课件等，要图文并茂，多维化，情境化，增加技能和知识接受中的快乐元素。对于社会文化生活知识和技能的传播，媒介的选择更要以放松、人性化、休闲化、生活化为标准，做到媒介传播融入生活，充分利用手机信息传递、电话访谈、娱乐节目、保健讲座、广场舞展示等形式，寓教于乐，传播不留痕，润物细无声。

在总体原则下，媒介的运作要实现融合、共处、高效。其一，不同的媒介要坚持融合服务、优势互补、集约化、低代价，避免内耗。在传播服务上做到全方位、全渠道、全时空、高效率和信息服务的充分人性化、个性化。其二，鼓励创新，倡导绿色。各种媒介首先应充分发挥自身的优势，对新的媒介形态诸如网络电视、微信平台、网络社区、线上论坛等，要充分利用，功能要充分开拓挖掘，在创新中实现功能的最大化；同时，在绿色、生态的视野下，在受众信息需求的促动和引导下，以健康的、高雅的形式传播健康的内容。其三，提倡多元。多样化是生态系统进化的基本条件。成人教育传播的媒介应实现多元化生存，不排斥彼此的个性，以实现优势互补基础上的功能融合，各种媒介地位平等，各安其位，发挥作用，发挥整体的最大效益。①

---

① 邵培仁. 论媒介生态的五大观念 [J]. 新闻大学，2001(4).

社会性成人教育传播巨大的包容性，促使其对所有媒介兼收并蓄。其传播的内容丰富繁杂，层次多样。作为对媒介的规范措施，上述最基本的评价标准与目标指向应该得到遵守。

对学校传播来说，由于受相对固定程式的约束，传播媒介相对稳定，一般是课堂形式的口语传播、讨论式的交流、文字沟通、平面媒体的信息传递，加上电子媒体和互动媒体的多方位辅助。学校传播的内容尽管具有较为明确的计划性和系统性，但从媒介评价的角度看，同样应当遵守基本评价标准与目标指向，在功能实施上应坚持统一的行为规范，避免不必要的媒介冲突、混乱、浪费和消耗。

四、传播受众分析评价

教育传播受众的评价，主要指对受众群体规模、层次、分布、类群、特性、现有条件、学习需求、接受能力的分析和理性把握，而不单是对其接受和学习效果的评估。这是教育传播顺利实施的基础工作。

就学校传播来说，由于自身的相对规范性，所以受众的分析和层类划分比较容易。一般依据原来的受教育程度和专业分野加上个人的爱好选择，就可以对受众做出明确划分，然后按照专业之别、年级之别、班级之别，有针对性地对其实施信息传授，满足其学习需求。

社会性传播，受众的评价划分和需求评估是一件比较复杂的事情；因为社会性传播"会使学习更像工作，根据需要解决的具体问题或需要完成的具体任务进行学习，以不同年龄层次和各种不同类型能力的小组进行学习，所有这些方法都切实有用"①。因此，应该首先以受众的社会角色和职业类别为标准，把他们大致划分为几个大的类群，如农民群体、

---

①[新西兰]戈登·德莱顿，[美]珍妮特·沃斯，学习的革命——通向21世纪的个人护照[M]. 顾瑞荣等译，上海：上海三联书店，1998：37.

企业职工群体、流动人口群体、市民群体、公务员群体、事业单位职工群体、离退休公民群体和特殊受众群体；然后按照他们不同的学习需求依类别和层次分出不同的对象群体，进一步细化为不同的可以直接实施传播的对象群；再通过最细致的调查取得他们具体的信息需求状况，为实施针对性的传播打下基础。

对于不同的受众群体，实施传播的地点方式各有不同。对农民群体的传播服务可以在农技中心、农技文化站甚至田间地头进行；对职工群体的传播可以在企业的培训中心进行，也可以是直接的岗上指导；市民群体和离退休群体可以在社区中心、老年活动中心接受比较全面的信息服务；对公务员和事业单位员工，可以进行有针对性的诸如政策法规、岗位规范、新技术应用、职业道德、职业能力、身心保健等方面的专题培训，还可以倡导和促进在岗在线自主学习；作为特殊群体的残疾人，既可以到专门的学校从事学习，也可以接受个性化的辅导，有条件的要积极参与线上学习。对受众的分析和评估可以有效地掌握传播服务的规模、方向和层次，提高社会性传播的针对性。

在把握各类受众类群的基础上，还要分析受众的个性化需求。总之，对传播受众的分析越细化，传播的针对性就越强，效果就越好。分析要聚焦两点：其一，要准确把握其现实需求，包括学习目的、学习愿望、学习规划等；其二，要掌握其学习条件、接受能力、学习时段甚至学习习惯，以加强传播的针对性。

事实上，在目前的社会性传播中，由于缺乏全国性的专职管理机构，没有任何组织对社会性的受众群体进行宏观上的把握和划分，对广大受众的信息需求也缺乏精细而深入的社会调查，以致社会性的教育传播先天就带有一定的盲目性，结果只能是哪里有需求的呼声，传播的触角就伸到哪里，缺乏规划和传播的主动性。像上海市那样，在广泛调查的基础上，通过对受众群的科学分析，建立灵活的"终身学习卡"制度，使市民的学习实现无障碍化和完全的自主自由，在全国是不多的。希望在不久的将来，会有功能类似的"学习卡"制度在全国不同的地区陆续出现；同时也希望社会性传播的主体，能尽量避免传播的盲目性，在为自身确定传播坐标时，首先进行准确的社会调查，包括受众的规模、构成、特点、层次、需求走向等，真正为自己找到最佳的个性化的生态位，以保持传播长久的生命力。

五、整体传播效果的评估

"教育传播的最终目的，是要取得良好的教育传播效果。教育传播过程中的教育信息为受教育者所接受、理解以及转化为其知识和能力的程度，是衡量教育传播效果的重要标志。"[①]教育传播的四大要素只有协调配合，彼此处于最佳运行状态，才能实现最佳的功能。

如何评价传播的总体效益，我们认为应该掌握以下几个基本标准：

第一，评估传播过程和最终结果有没有实现两个价值维度的统一，即是否实现了其工具理性和价值理性的统一。要评价有没有在完善发挥工具服务功能的基础上，通过传递信息和传授技能，通过塑造合格社会人而张扬主流价值、传播社会公益、涵养伦理道德、主张公平正义；有没有因急功近利而违背社会共同的价值观和理想信念追求。

第二，评估传播过程中物质、能量、资源的消耗情况。一般情况下，同样的传播任务，消耗越少，则效益相对越高。要评价是否存在传播与接受不适切而造成的资源浪费，或者出现重复传播、过度传播等无效消耗的情况。

第三，评估受众信息需求的实现程度。受众学习需求的实现是传播

---

① 南国农，李运林. 教育传播学［M］. 北京：高等教育出版社，2005：154.

效益的最好表征。受众需求目标是否实现可以做两个方面的考察：一是评估受众对学习过程和学习结果的满意程度；二是客观分析通过学习，受众观念、知识和能力的提升状况。通过这一指标可以间接评估传播的经济和社会效益。

成人教育传播的评估体系应由过程评估和效益评估两个维度构成。对构成要素的评估重在过程和程序的把握，而整体效益评估关注的是对结果的评价，两个方面的结合才能构成完整的评价系统。

第六节　促进传播的生活化和教育的学习化

成人教育传播，本质上是由受众的需求启动并以受众的信息需求得以满足为结束的信息传播过程。在这个过程中，所有的选择、规划、行为和措施都受到受众需求的规范和节制。在这里，教育真正成为一种广义的信息服务，一种由受众的信息需求所主导的信息流动和知识能力建构的过程。成人教育传播由教育主导转变为由学习主导，并逐步实现信息接受和学习的生活化，这是信息化社会的应然选择，而诸如成人自我导向学习、泛在学习和成人转化学习等新的成人学习理论和实践，则为实现这一选择提供了现实而可行的路径。

一、学习主导下的成人教育传播的个性优长

由学习和接受引领和主导传播的过程，这是成人教育传播的优长所在。具体地分析，这一优长集中体现在以下三个方面：

第一，学习主导下的成人教育传播体现着民主平等的精神。学校传

播的特性，决定了普通教育点对面传播方式的相对合理性，也决定了流水线式"克隆"标准件的传播图式难以轻易被放弃。学校传播是按照一定的目的，依据稳定的程序，遵循内在的逻辑和传播计划，对固定的受众群体进行定向的信息传播活动。这个过程基本由传播者主导，信息的基本走向也主要由传播者流向接受者，传播中的互动和反馈主要体现为对传播过程的有限监控和必要修正，以及对传播结果的评价和对后续传播活动的警示。在受众信息需求的促动和主导下，成人教育传播总是反其道而行之，更多地体现为以受众需求为发端的信息沟通、服务和交流，传播中不存在绝对的信息富集地和信息洼地。理想的成人教育传播，传播主体和受众之间地位平等，气氛民主，方式灵活，即使没有需求的明确驱动，但健康有益的信息传播、流动，结果仍然是受众知识的积累、能力的强化和素质的提升。学习主导下的成人教育传播，以坚实的步伐践行着教育平等和教育民主的精神，表征着寓教于乐和教育、学习生活化的理想在一步步付诸实施。

第二，学习主导下的成人教育传播，目的性和集约化程度更高，信息浪费和无效的传播大大降低。学校平台的普通教育传播，其流水线式的传播模式至少有两个方面的负效应：其一，从心理的角度分析，传播与受众的接受心理难以实现无缝对接，传与受的错位普遍存在，受众的抵触心理成为正常而普遍的现象，并且成为传播活动中的痼疾，难以根除；其二，所传播的信息属于基础知识和基本技能建构的范畴，由于和受众的志向、爱好难以完全吻合，所以难免带有硬性灌输的性质。在这种情况下，信息的转化、增殖可能因此丧失来自受众的内在的主动性，传播效益难以达到预期目的。眼下普通教育所面临的学用脱节就是一个很好的证明。上述两个方面的负效应带来的直接结果，就是低效、无效传播普遍存在，传播中消耗巨大，浪费问题难以消除。

由受众的需求所引导的信息传播活动，目的明确、直接，传播的信息不存在含糊和模棱两可的选择，不存在信息捆绑和"搭配销售"的问题，而是直接瞄准受众的信息需求，需求什么，传播什么，重在解决实际问题，实用且实效。它不注重传播的程式化、程序化，而追求实际的传播效果，避免出现信息冗余和过分追求传播的规程化所导致的传播浪费和低效等情况。其目标的实现可能更为直接和充分，过程的集约化和结果的目的性成为成人教育传播的特征之一。

第三，学习主导下，成人教育传播更多地体现为一种生存方式和生活过程。成人教育传播的主体是社会传播，在这一方面它与大众传播取得了最广泛的形似：不受时间、地点的限制，不受具体方式的约束，受众广泛，内容丰富，形式多样。其与大众传播的核心区别在于，受众需求的全方位主导作用和明确的目的性。事实上，当成人的任何需求，不论工作的、生活的、娱乐的、休闲的，都能通过有效的学习和接受得到满足时，学习和接受客观上就成了生活的必需，成了一种生命活动的形式和生活方式。

二、学习主导下成人教育传播的实现路径

"只有当学习能够帮助我们每一个人直接与新时代的需要相连，它才会是完全有效的。"①理想状态的成人教育传播，实际上就是需求主导下的、充分生活化的信息传受过程，这种理想状态应当成为我们追求的目标。实现这一目标，必须有切实的措施和可行的现实路径。

（一）自我导向学习——信息化时代成人学习的理想形态

自我导向学习（self-directed learning）也叫自主学习。这一理念诞生于20世纪60年代，1966年由塔夫（Tough）第一次提出。后经诺尔斯

---

①［新西兰］戈登·德莱顿，［美］珍妮特·沃斯. 学习的革命——通向21世纪的个人护照［M］. 顾瑞荣等译，上海：上海三联书店，1998：3.

（Knowles）、 朗（Long）、戈瑞森（Garrison）、理查德（Richard）等一批理论家从不同角度丰富完善，自我导向学习理论形成了比较完善的理论建构。我们谈及这一理论，是因为在信息化时代它的价值对成人学习而言有更大的成长空间。

自我导向学习理论认为，在理想状态下成人的学习是一种自觉、自主的形态。在这个形态里，受众明白自己所要完成的学习目标是什么，受众自主制订和执行学习计划，采取积极的学习策略和维持学习动机，有效利用一切可以利用的学习资源，并对自己学习的过程和效果进行内隐的自我评估和修正，最终实现学习目标。整个过程受自主心理的支配，更多地体现为隐性的、个性化的运动状态。

自发、自觉、自主、个性化，是自我导向学习的基本特征。这一特征得到理论家们的一致认定。

塔夫从个体认知的角度认为，受众个体具有自主自发学习的潜能，个体学习的自发性隐含着自我控制和自我拥有的特性。他认为，自我导向学习一般要经过13个步骤：决定学习哪些具体知识与技能；决定具体的学习活动、方法、资源或设备；决定在哪里学习；确定明确的学习期限或中间目标；决定何时开始一个学习阶段；决定在一个学习阶段中的学习速度；评估当前知识和技能水平或在获取预期知识和技能过程中所取得的进步；探查任何曾经阻碍学习的因素或发现当前程序中的无效方面；获取预期的资源、设备，或找到预期的地点、教具；准备或布置进行学习的场所、设备或其他物质条件；贮存或获取使用一定的人力或非人力资源所必需的资金；寻找学习时间；采取措施增强特定学习阶段的学习动机。[①]

① ［美］雪伦·S.梅里安，罗斯玛丽·S.凯弗瑞拉. 成人学习的综合研究与实践指导［M］. 黄健等译，北京：中国人民大学出版社，2011: 270.

诺尔斯认为，成人具有独立自主的、成熟的自我概念，自己是一个自我导向的独立个体，能够自我决定，自我管理，并为自己的行为承担后果，因此，希望他人把自己看作自主独立的人。这就为成人的自我导向学习提供了前提和可能。[①]诺尔斯强调学习的责任应回归到学习者本身，自我导向学习的实现并非一蹴而就，而是需要六个基本步骤：营造一种有益学习的气氛；诊断或确定学习需求；形成学习目标；确定人力与物力资源；选择与执行适合的学习策略；对学习结果实施评价。[②]

此后的研究者分别从学习心理建构、合作分享、学习的阶段性、学习的选择与建构等不同角度，对自我导向学习理论进行丰富和发展，使其从基本理念发展为更具现实特色的学习图式，并最终落实为可以操作的过程。

综合自我导向学习的基本理论，我们可以得出以下认识：

其一，成人具有更强的自主性、更丰富的经验和更成熟的心理基础，成人理想状态的学习应该是一种自发自主自觉的行为。成人受众可以自主完成学习目标的认定、学习计划的设计、学习过程的管控、学习工具的选择和学习效果的评价。

其二，在成人的自主学习中，既有的生活阅历、经验积淀和心理建构发挥着重要的作用。一般来说，既有的知识积累越扎实，心理建构越丰富，其学习动机和接受能力就越强；既有知识越短缺，其学习欲望和学习能力就越弱。所以，自我导向学习虽然是个性化的行为，但并不排斥协作、支持与共享。自我导向学习不是一个孤立和封闭的世界。

其三，成人的自我导向学习依赖大量的资源支撑，包括物质资源和

---

① 刘奉越. 西方成人自我导向学习理论发展的比较研究［J］. 现代远距离教育，2014（2）.

② 黄富顺. 成人学习［M］. 台北：五南图书出版公司，2002：226.

精神资源，既有场地、工具、平台、技术、资金的需要，更要有政策、环境、时间、激励的促动。在这个方面，政府和社会的支持至关重要。

其四，成人自我导向学习的动力，既来自生活、工作的现实需要，更有促进自身社会化、实现独立人格与价值尊严、追求幸福生活的个人欲望；但是具体的学习活动，其动机往往更加具体，而且在学习的过程中这个学习动机需要持续维护甚至加强，以避免学习中断。

其五，成人自我导向学习是个性化的行为，虽然它不排斥学习过程中的借鉴、合作，但受主体内在心理活动的支配，更多地存在隐秘性。

其六，从社会的角度看，自我导向学习的个性化造就了社会化学习的多姿多彩，客观上带来了社会化传播和学习的规范难、掌控难和评估难。

成人自我导向学习高度契合信息化、大数据、自媒体时代的现实情况，应该成为当下解决成人教育传播教学错位、学用脱节、普教化、程式化等问题，促使其彰显优长，涵养个性。这是信息化时代应该广泛倡导和普遍推展的成人学习形态。

在我国，自我导向学习作为一种学习的理论刚刚被认知，其本土化改造和符合我国实际的理论建构刚刚起步，真正落实为大众的学习实践还有很长的路要走。解决九亿人的学习问题，绝不是学校和任何社会组织所能完成的任务，只能靠大众自己；因此，自我导向学习是必须走也一定能走得通的现实路径。它需要政策的引导、激励，需要社会打造无障碍的学习环境，开发广泛的学习资源，建立随时、随地、随意、随需共享的机制，以最大限度地满足成人学习的需要。

自我导向学习将有力地促进面向成人的教育实现学习化，使传播迈向生活化。这应该成为信息化时代我国成人学习的基本取向。

（二）转化学习——促进成人学习从单纯接受向创新性学习发展

传播走向学习化，并实现对纵向的个人终生和横向的社会全员的覆盖，这是成人教育传播追求的理想境界，也是学习化社会的基本特征。从技术的层面看，以需求为动力的成人学习，不应是简单的信息和知识接受过程，不是成人受众的知识扩容，而应当是以解决问题为指向的创新建构过程，即将接受的信息内化、升华，转化为内在的素质和可以显性化的创新能力，完成在否定既有自我基础上对自身的重新塑造。这是一个连续的过程，包括心理反思、现实批判和结果的创新。在这一方面，成人转化学习理论可以为我们提供有益的借鉴。

成人转化学习又叫成人转换学习、成人质变学习等，是基于反思、重塑和创新的成人学习理论，由美国哥伦比亚大学杰克·麦基罗教授（Jack Mezirow）于1978年首次提出，并于1991年以其专著《成人学习的转化维度》的出版为标志，完成了理论体系的基本构建。此后不同的研究者分别从不同的角度发展和丰富了转化学习的理论体系。

依据成人转化学习理论，成人的学习包含着从信息接受到内化、升华和质变的动态过程。这个过程包括以原有知识和经验为参照系对信息的选择接受，对既有知识体系、思维范式、行为方式的反思和批判，以及自身主体性、素质和能力的创新升华。麦基罗认为，转化学习是成人对一系列假设和愿景等参照系（Frames of Reference）进行变革的学习，旨在使他们更具有包容性、鉴别力、开放性、反思性以及在情感上更容易变通。[①]转化学习包含着一个破旧立新的动态过程。

转化学习的核心是反思和批判。一般情况下，人们对外在信息的接纳并不是不加选择地兼收并蓄，而总是习惯于接纳自身心理建构所乐于接受、便于融合、避免对抗的信息。在这一方面，固有的心理定势发挥着强大的作用。转化学习的启动恰恰来自于迷茫和问题引发的对既有建

---

① Jack Mezirow.Transformative Learning as Discourse[J]. Journal of Transformative Education，2003（1）.

构的反思、审核、批判，旨在打破既有的定势，使既有建构融进新的元素，产生质变，实现升华。

转化学习不是学习接受的普遍形态，而是一种高水平的学习，是一种创新性学习。它是一个理性化的过程，带有浓重的问题解决色彩。麦基罗提出，转化学习过程一般要经历十个具体阶段。其一，遇到一个迷惘困境（Disorienting Dilemma），已有的意义观点和意义体系受到挑战或威胁。其二，反思，进行自我检验。其三，针对内在化的角色假设进行批判性评估，感受到一种与传统社会期望产生疏离的意义。其四，认识到自己的不满以及转化过程可以和其他人分享与剖析。其五，为形成新的角色、关系和行动而探索供选方案。其六，制订或规划新的行动方案。其七，获取为实施新的行动方案所需要的一定知识与技能。其八，在行动中尝试新的角色。其九，在新的角色与关系中形成或树立能力与自信。其十，依据新的意义观点所要求的条件重新融入生活。[①]由此可以看出，转化学习不是一个盲目的自然而然的过程，一直受理性的把控，包含着设计、过程管控和自我评价。

转化学习不排斥既有经验的作用，虽然定势容易对创新形成天然的障碍，但既有知识为转化学习提供了参照系，哪怕是被否定的参照系。再差的图画总比一张白纸更能引入话题和思考。转化学习也不是一个孤立封闭的过程，受众与传播者以及受众彼此间的沟通协作更有利于新思维的产生和问题的解决。

依据转化学习理论，理想的成人学习作为一个动态的信息接受、反思批判和重新建构的过程，给成人教育传播以诸多的启示。

首先，成人学习出自工作和生活的需求，是一个解疑释惑和解决问

---

① 宋广文，刘凤娟. 转化学习理论与实践的意义探讨 [J]. 全球教育展望，2014（1）.

题的过程，工作的困惑、生活的迷惘需要受众回归学习世界寻求答案。面对问题参与学习，目的性和针对性更强，学习的动力更持久。因此，面向成人的信息传播永远不能是无目的的灌输，而要合作纾困，解决受众面临的实际问题。

其次，既然学习的目的是纾困，成人的困惑又来自工作和生活本身，那么学习也就无法与工作和生活截然剥离，而应该始终是一体化的。传播学习化、学习生活化既是必须也是必然。面向成人的教育不能高居殿堂传道讲经般不沾尘俗，应当生存和作用于成人工作和生活之中，深入和扎根成人生活本身，实现传播的学习化、生活化。

再次，成人学习出自对既有知识和能力建构的困惑与不信任，反思和批判是学习的重点。否定的结果是新范式、新思维的诞生和技能的强化，实际上就是创新，是知识建构和能力结构的更新，所以求新是成人教育传播和成人学习的优长所在，也应该是一个重要的评估指标。从传播的角度看，问题导向的信息传播、有明确针对性的信息服务，较之无目的的信息扩散更有价值。

同时，受众之间、传播者和受众之间既有的经验交流对学习具有积极的价值，所以，成人学习应当广泛推广合作学习、研究学习、以项目带学习、团队学习等模式，而这些学习模式在工作和生活实践中更有广阔的成长空间。不论在生产企业还是在商业公司，一个项目带动一个学习型团队，伴随项目的成功造就一批技术精英和业务骨干，这样的例子举不胜举。这是转化学习的成功范例。

促进传播的生活化和教育的学习化，促进信息接受向创新性学习发展，最关键的是调动成人受众的积极性。首先要为成人受众创造想学习、敢学习、能学习的现实基础，同时从政策、管理、投入、舆论、激励等多方面促进劳动、生活、教育和学习世界的兼容与沟通。这不仅是疗救重商的时代氛围和重利的社会风气的切实措施，也是建设学习化社会的必由之路。

　　因此，转化学习应当是目前我国成人教育传播全力倡导和引领的一种学习方式。从这个角度看，成人教育传播的任务不单是知识的传递和技能、素质的培养，更应该教会广大在职从业者如何进行创新性学习和通过学习实现工作的创新。

（三）泛在学习——引导成人奔向学习的"自由王国"

　　信息化促进着学习方式和接受方式的变革。在不到30年的时间里，大众的学习历经了传统课堂学习、数字化学习、移动化学习和泛在学习几个阶段。"泛在学习"成为目前大众学习的理想形态。

　　泛在学习（U-Learning），又名无缝学习、普适学习、无处不在的学习等，概而言之就是指任何时间、任何地点、任何人都可以进行的学习。它代表了信息化时代信息流动、传递、接受与教育、学习的融合，是任何人可以在任何地方、任何时间获取所需的任何信息的学习形态的最佳描述。具体讲，就是利用现代信息技术提供给受众一个可以在任何地方、随时使用手边可以取得的科技工具来进行学习的活动，也被称为4A学习模式（Anyone，Anytime，Anywhere，Anydevice）。"泛在学习"既是信息化社会的一种学习理念，也是教育传播和学习接受作为社会实践发展的理想境界，彰显着信息化时代信息传播教育化、信息接收学习化的基本内涵。

　　源于20世纪80年代美国科学家马克·维瑟（Mark Weiser）"泛在计算"的思想、此后在西方国家受到推崇的"泛在学习"，之所以能成为当今教育传播追求的一种理念和实践发展的愿景，根本上是因为它与信息时代的现实需求高度吻合，普适于大数据时代教育学习化的倾向。"泛在学习"主张建构智能化的环境让受众无障碍获取学习信息，创造让受众随时随地、利用任何终端进行学习的教育环境，真正实现以受众为中心和目的的教育。在泛在学习环境中,受众根据各自的需要在多样化的空间、以多样的方式进行学习，现实所有的空间都是学习的空间。知识的创造、获得、储存、加工、传递、接受、内化将实现完全的个性化、生活化和随时随地化。作为理念和愿景，泛在学习有自身的优长和特点。

首先，泛在学习有效整合了数字化学习和移动化学习的优势，真正实现了资源化学习。在这种情况下，教育的作用在于打造无障碍的学习和接受环境，为学习资源的开发、推展和便利化学习提供条件。

其次，泛在学习本质上是"以人为中心，以学习任务本身为焦点"的高度个性化的学习。在这种情况下，受众的学习成为自觉、自发、自控和自我评估的活动，受众关注的是具体学习目标和任务，而不像传统学习那样，重点关注环境因素、学习规划和学习工具。

再次，泛在学习是学习者个人兴趣和工作生活需求驱动的学习行为，目标明确，动机清晰，时间安排高度个性化。同时，不同的学习者之间可以借助便捷的数字化平台实现即时的交互沟通，网上学习社区、虚拟学习空间、专题交流平台、在线兴趣类群等将成为基本的学习组织形式。

同时，泛在学习使受众的学习和工作、生活、休闲融为一体，实现场景化和实践化学习。学习不再被单独剥离出来与工作、生活相脱离，有效规避了学用不一、工学矛盾等成人教育传播中的痼疾，使学习活动工作化、生活化。这也在客观上昭示着，学习已经真正打破了传统教育的阶段性，实现了终身、全员的理想境界。

对广大在职从业者和曾经在职从业的公民而言，泛在学习是一种理想的境界，是学习化社会的核心标识，也是信息化时代成人学习的"自由王国"。在这个"自由王国"里，学习完全融入劳动和生活之中，学习的动力更集中地来自受众的求知欲望而不是外在的要求，学习的过程更加个性化、隐性化，而不是受到大众旁观的社会行为，学习效果的评价不集中体现为外在客观标准的衡量比对，而是来自学习者个人的内省和反思。在这个王国里，学习已经在很大程度上淡化了工具的属性，它本身既是过程也是目的，已经成为受众的一种生存方式甚至生命形态。学习在塑造完美社会人的同时也在塑造完美的自身——使学习更加便捷而无门槛，更加快乐并释放无尽的吸引力。

这一目标的实现有赖于各级政府改变观念，把政府的职能由管理调整为服务——本质的、无条件的、全心全意的服务。以政策、投资和管理为手段，为成人受众创造无障碍的学习环境，开发和完善丰富的生活化的学习资源，以数字技术为核心，创新便捷的、移动化、个性化的学习平台和工具。一句话，打造普适、丰富、完美、便捷的学习超市，使面向成人的教育传播真正进入个性化和自由自觉的资源化学习的新时代。

依据自我导向学习、成人转化学习和泛在学习的理论，就我国成人教育传播而言，由传播向成人自主学习的转变需要做好以下三方面的工作：

首先，必须充分发掘、张扬成人教育的生态优长和传播个性，促进传播主体全方位的信息服务。成人的信息需求是全方位的，举凡工作、生活、交往、娱乐、休闲、养老保健等，无不需要适切的指导和信息服务。现实的成人教育传播把服务的目光仅仅盯在成人的工作需要和岗位需求上，实际上陷入了传播服务的误区。成人受众需要的绝不只是科技知识的累积和工作技能的更新，更重要的是生活、娱乐、休闲、养生等方面的知识和技能，是生活、生存的幸福指数的提升。

成人教育传播的个性在于其深深扎根于社会生活的土壤，和成人的生活融为一体，从而获得旺盛的生命力。活跃于成人教育领域的各级各类传播主体，应当客观分析自身特长，找准并把握合理的生态位，不随众，不盲从，强化自身的特色与长处，避免生态位的泛化，避免恶性竞争，实现协同发展。或立足高端的培训，或瞄准科普推广；或立志于流动人口素质的提升，或服务于社区居民的社会文化生活需求……不排斥、不遗漏受众的任何信息需求，把握受众对象，精选传播内容，优化传播通道，提升传播的效益，使成人信息需求的任何领域都有及时、便捷的传播服务，实现受众引导下的传播服务的生活化和常态化。

其次，准确把握受众的信息需求状况，这是效益传播的前提。迥异与普通教育传播的计划性和程序化，成人教育传播必须以大量的社会调查和广泛的常态化的需求预测为基础，以避免盲目传播。调查和预测的内容包括受众群体的构成、规模、层次结构，信息需求的状况、重点、类别、趋势，受众理想的媒介、平台、通道，受众最便捷的信息接受地点和适宜的时间等。应该说，成人教育传播，功夫在传播之外。只有通过具体传播过程之外的、大量的、常态化的受众调查和及时、准确的需求预测，才能真正掌控受众及其具体需求，也才能以这种需求为基本导向进行具体的传播。

目前，在具体的传播过程中，不少传播主体面临一个问题，那就是传播不以广泛的需求调查为基础，对受众群体、内容需求、传播的具体要求不甚了了，盲目跟风逐利，一定程度上造成传受对接错位。解决这一问题的措施应该从多方面入手。

宏观上，应该充分关注、把握国家大政方针调整和社会经济发展给信息需求带来的变化。比如"一带一路"倡议、城镇化建设战略、大力发展第三产业的决策、建设社会主义新农村的部署、东北老工业基地振兴、国家产业结构调整升级，以及劳动用工制度的变化、流动人口政策的调整、劳务市场准入制度的完善等，都会对劳动者的知识结构、技术技能和整体素质提出新的要求，形成新的冲击，从而给人才市场、教育传播带来新的机遇和挑战。准确把握宏观形势和基本的信息需求走向，可以避免传播的盲目。

微观上，具体的传播活动必须做到受众明晰、内容科学、媒介通道高效便捷，而实现这一目标的前提同样是具体的、扎实的、详细的信息需求调查和科学的市场预测。由于传播总是在一定的区域内进行的，所以，相对于宏观层面的政策分析和对经济社会发展的把握，一定区域内的具体的调查研究更有现实意义和操作层面的价值。应当从政策上激励各个传播主体真正深入社会实际，广做调查研究，找准服务切入点，实施个性化的传播服务。当每个传播主体都能充分发挥自身的传播个性和优长、实现传播与需求的圆满对接时，成人教育传播的生活化就开始由理想变成现实了。

再次，实现成人教育传播的生活化，还必须最充分地开发和利用社会性媒介的教育传播功能。

第一，必须打破传统的学校传播模式，树立教育传播尤其是成人教育传播泛社会化的新观念。我们再也不能把教育传播只看作教育部门和各级学校的事情，不能把接受教育和从事学习看作学龄期公民的专利，而应当将其视为一项最基本的人权。作为各级各类成人教育传播的主体，在传播观念上必须走向生活化。事实上，"不仅小学或学院在从事教育，图书馆、博物馆、日托中心、电台和电视台、办公室、工厂、农场、家庭等，都在进行教育。必须把教育视为贯穿人的一生、在许多情况和机构中都在进行的事情"[①]。由观念的生活化到传播实践的生活化、社会化，这是教育传播发展的大趋势。

第二，充分利用大众传媒以及具有教育传播功能的宣传、信息、科技、文化、体育、卫生、旅游等社会资源，为成人的学习服务。对超过九亿的庞大群体实施有效的教育服务，这是单纯的教育部门永远难以承担和圆满实现的任务。因此，利用一切可以利用的平台、资源和设施，动员和鼓励一切可以利用的人财物因素，为成年公民提供所需要的信息服务，就成为现实而且必然的选择。除了报刊、影视、网络等大众传播媒介之外，诸如信息中心、图书馆、博物馆、书店、文化站（馆）、科技馆、体

---

① 范国睿. 教育生态学［M］. 北京：人民教育出版社，2000：26.

育馆、科普推广站、群众卫生机构、社区中心、旅游景点、老年活动场所等，只要因势利导，都可以发挥独特的教育传播功能，为建设学习化社会做出贡献。

目前，我国已经成功实施的广播电视村村通工程、家电下乡、网络走向农村等社会发展项目，既是缩小城乡差别的重要举措，也为农村成人教育传播打下了坚实的基础。这是成人教育传播的利好因素。构建有利于成人教育传播的社会文化环境，营造人人皆学的良好社会氛围，带来的不仅是信息渠道的通畅，更是观念的更新、学习氛围的营造和生活品质的提升。当人人都可以利用现实的基础和条件、通过主动的学习来满足自身的信息需求时，理想中的学习化社会就雏形初现了。

第七节　寻求传播规模、效益和地域发展的平衡

经济社会发展对成年公民知识、技能和整体素质的要求不断提高，成人教育传播任务迫切而艰巨。当前，社会性传播仍然处于规模扩张阶段，其重要任务是将信息传播服务覆盖到每个有信息需求的成年人，体现出规模的优势。同时，必须充分关注传播质量和效益的提高，实现传播规模和效益的平衡。由于我国各地的经济社会发展水平不一，不同地域的成人教育传播面临不同的具体任务，处于不同的发展水平，因此从宏观的角度来看，成人教育传播还必须充分关注地域之间发展的平衡。

一、传播覆盖面的扩展

传播覆盖面的扩大是目前我国成人教育传播的当务之急。全面贯彻

以人为本、可持续发展的科学发展观，体现教育民主和教育平等的精神，落实教育传播的人权观，就必须首先扩大成人教育传播的覆盖面，最大限度地将信息服务覆盖到每一个有信息需求的成年公民。

现实中，"随着大众传媒的信息进入社会体系的增多，人群中具有较高社会地位的那部分人比地位低的人更快地接受信息，这两部分人的知识差距就会增加而不是减少"①。这是知识和信息鸿沟深化的内在原因。再加上，"社会上的强势集团总是通过对各种文化机制（包括教育出版行业、大众传媒等）进行有形或无形的控制，通过操纵这些文化机制对某些话语的开放、对某些话语的限制和紧闭，获得本集团在思想上、道德上的领导权，最终把自己的意志权威强加于弱势群体，确立自己在思想意识方面的垄断权，同时将弱势群体话语排挤出社会主流话语的领域"②。看来，实施面上的全员覆盖，使大众接受信息传播的机会均等，这是实现教育民主和教育平等、最终实现成人受教育权的第一步。

成人教育传播应以公民终身和全员为目标，通过广泛而有效的信息传播，弥补知识和信息的鸿沟，消除传播对特定受众群体的排斥、忽视和遗漏，使每个已经告别学龄期的成年公民都能随时得到及时有效的信息服务。

第一，要加大对成人教育的投入，开拓筹资渠道。充足的资金来源是传播活动顺利开展并使其规模快速扩展的前提。必须依靠国家资金的导向作用，引导大批社会资金进入成人教育传播领域，彻底改变传播能量输入严重不足的局面。

---

① ［美］奥格尔斯等. 大众传播学：影响研究范式［M］. 北京：中国社会科学出版社，2000：324.

② 卫凤谨. 大众传媒与农民工话语权——从农民工"跳楼秀"谈起［J］. 新闻与传播研究，2004（2）.

第二，有效壮大传播主体的队伍。现有非学校性质的传播主体分散于社会各个领域和阶层，零散、凌乱、不规范，一直是管理和评价的盲区，而恰恰是它们构成了社会性教育传播的主体力量。对这部分庞大的传播力量要加强政策引导、专业化管理和针对性评价，使其扩大传播服务的面和层次，充分发挥功能。同时要借助自媒体时代新媒体的巨大优势，构建网络学习群、线上学习社区、学习型社交论坛、在线专业学习空间等平台，兼以公益性传播组织、志愿者服务群体、个人传媒爱好者的作用，使线上、线下的传播力量和学习资源充分融合，优势互补，使成人教育传播的覆盖面不断扩大。

第三，要加大传播、学习平台和渠道的建设。过去，成人教育传播主要依托普通教育的传播平台和技术求得生存，受到多方面限制和约束，这个局面要逐步改观。现实的选择是：一方面，利用一切可以利用的资源、设施和平台，包括文化、科技、体育、卫生等领域的一切资源，挖掘其潜在的教育功能，为成人提供信息服务；另一方面，成人教育传播自身也必须拥有相对独立的资源系统，各级各类成人学校，企业的人力资源开发中心、培训中心，城市的社区中心、学习中心，农村的乡镇文化学校、文化站、村民业校、科技集市等，应当在进一步完善的基础上成为传播实施的平台。

第四，进一步开拓、丰富传播手段。传统的面对面的传播形式固然有其独特的优势，但毕竟传播的规模受到客观的限制。要扩大传播的覆盖面，就必须及时采用远程教育和网络传播的手段，突破人际传播的时空限制，最大限度地扩充传播的容量。为此，应当把现代远程传播技术、网络技术及时地、有目的地、逐步地引入传播领域，在可控的情况下，让其发挥作用；应当在广泛调研的基础上，对受众进行科学的类别和层次划分，然后针对不同的类别和层次，设计不同的传播平台和传播形式，既让受众便于接受，又使其喜闻乐见，调动其参与学习的积极性，以最大限度地扩大受众的规模。

二、传播质量和能效的提高

传播的质量与能效包含以下三个潜在的命题。

第一，传播的质量和能效首先体现在传播的低耗、高效上，即在特定的时间和资源空间内，传播的信息量实现最大化，充分满足受众的信息需求。不因信息的加工以及媒介和通道的原因，或者由于噪音、干扰，造成信息拥堵，造成受众接受的障碍。应该说，质量和能效首先表现于技术的层面。优秀的传播者、适切而精粹的内容、便捷的媒介通道和积极的受众，是保证传播质量和能效的基本因素。成人教育传播能够通过要素的集约、过程的优化来追求低噪音、低能耗和最直接的传播效果，实现质量与能效的提高。在这一方面，现代信息技术尤其是网络技术可以发挥独特的作用。

第二，质量和能效同时体现在受众信息需求的满意程度以及知识、能力、素质的提升状况上。"传播效果位于传播过程的最后阶段。它是诸种传播要素相互作用的集合效应，也是受众受到信息作用在某些方面发生的具体变化。"[1]如果通过一系列传播活动，受众的信息需求得到了充分的满足，而且通过对已接受信息的内化和建构，受众自身的知识水平、能力状况、整体素质、生活质量得到了有效的提升，那么，这样的传播就是优质和高效的。

成人教育传播，直接的任务是使受众的信息渴望和需求最便捷地得以实现。传播对受众信息需求的满足越直接、越便捷，则表明传播的质量和效能越高，反之则越低。因此，以广泛的需求调查为前提，准确把握受众群体及其信息需求，实现信息传播的针对性和个性化，应当是正

---

① 邵培仁. 传播学［M］. 北京：高等教育出版社，2002：269.

确的选择。

第三，传播的质量和能效，在宏观上应当体现为对经济发展、社会进步和受众社会化进程的有效促进。成人教育传播作为一种社会行为，欲为经济和社会发展提供最有力的智力支撑，必须对经济社会的发展走向、战略重点、阶段任务有明晰的分析和把握，对社会和经济发展的人才、信息需求有清晰的判断，以使自身的传播服务与经济发展和社会进步的需求相吻合，避免传播服务的错位、低效甚至浪费。同时，要关注受众的心理、精神和文化需要，为社会人文环境的构建做出贡献。

三、实现传播地域间发展的均衡

一个国家尤其是像我国这样的大国，不同地区信息的流动、传播是不平衡的。施拉姆在《大众传播媒介与社会发展》中指出，信息不仅在国家间流动失衡，在国家内的流动也不平衡，信息水平总是随着与城市距离的增加而迅速下降，大城市比农村地区更容易得到信息，这种差距在发达国家要小一些，在不发达国家则非常明显。[①]在我国，经过改革开放以来大众传播事业的持续稳定发展，地域之间信息化水平悬殊的局面有所缓解。据复旦大学张国良教授等对上海和兰州这两个东西部标志型城市所做的实证分析，现在东西部城市之间，大众传媒的构成、层次、类别、运营模式等，差距已经不大，但传播的能量、效益仍不能相提并论，尤其是各地强势和弱势受众群体之间的"知沟"（信息鸿沟）仍然普遍存在。[②]至于城市和农村之间，信息差别就更大了。对比城市的信息优势，

---

① Wilbur Schramm（1964），Mass Media and National Development, The University Press & UNESCO.

② 张国良，丁未. 中国大众传播媒介与"知沟"现象初探——以上海和兰州为例［J］. 新闻记者，2002（11）.

广大农村由于媒介设施的短缺、传播手段的老化、新媒体的不同程度缺位等原因，仍然处于层次悬殊的"信息洼地"。同一地域内城乡差别巨大，不同区域城乡之间的差别更不能同日而语。

　　成人教育传播同样面临这样的形势。因为经济、文化和技术发展的不平衡，成人教育传播在不同地域的发展水平、层次、效益也存在巨大差别。我们强调成人教育传播地域发展的平衡，不是追求水平、层次的统一，而是着力实现不同地域的成人教育传播与当地经济社会文化发展的水平和需求相适应，真正为经济发展、社会进步和公民自身的发展完善提供有力的智力支持。

　　成人教育传播带有很强的社会公益性，具有社会公共服务的性质。社会公共服务应该均等化，这是社会服务的要义所在。公共服务均等化指的是政府应该本着公平公正的原则，为社会成员提供大致均等的公共服务。其含义是：其一，不同地区、不同阶层的人所接受的公共服务起点应当是相等的；其二，在提供均等公共服务时，要充分考虑个人意愿，根据个体特征提供针对性的服务；其三，公共服务供应的结果应是均等的，个体差异不能导致太大的结果偏差。

　　公共服务均等化有助于公平分配、实现公平和效率的统一。当前，我国基本公共服务的非均等化问题比较突出，并由此使地区之间、城乡之间、不同群体之间在教育、公共医疗、社会保障等基本公共服务方面的差距逐步拉大，并已成为影响社会公平、公正的焦点问题之一。实行公共服务均等化在当前具有非同寻常的意义，实现基本公共服务均等化是缩小城乡差距、贫富差距以及地区间发展不均衡的重要途径。

　　作为国民教育重要组成部分并具有公共服务性质的成人教育传播，其服务对象是广大成人受众。无论城市还是农村，无论经济发达地区还是经济落后地区甚至相对贫困地区，政府面向广大成人所提供的教育服务不仅起点要均等，最重要的是，最后的结果不能出现大的差异。为实现这个目标,必须对农村地区和贫困地区的成人教育传播实施政策、管理、投资的重点倾斜,实现地域间发展的基本平衡,其中的关键是以均等化为目的的管理措施的到位。

第一,在传播生态中,政府的角色和职能举足轻重,具有对传播环境的直接调控作用。"在目前的情况下,政府的这种调控主要是通过各种措施来对媒介和信息资源进行二次分配。在二次分配的过程中,分配的方向应主要向中西部、农村和城市弱势群体倾斜。"[①]这是调适失衡的有效措施。政府的经济支持和相应的激励政策的实施,应该考虑平衡地域间的差距,对那些相对落后的地区更应该在教育传播的政策、费用调拨、基础设施建设、远程教育传播通道构建以及信息技术的推广等方面给予优先考虑,以缩短与发达地区的差距。

第二,管理机构建设、传播平台的搭建,落后地区应该先行一步。在经济发达地区,伴随着经济社会的快速发展,大众的学习要求强烈,信息需求外显化。因此,接受知识和信息进而丰富自己,客观上成为受众的内在要求。强劲的需求助推成人教育传播成为一种自然而自觉的行为。上海市的"终身学习卡"制度之所以能在全市很快得到推展,这和市民强劲的学习需求不无关系。而在相对落后的地区,参与传播和从事学习可能被视为额外的负担,有限的支付能力也使受众对教育传播敬而远之,所以迫切需要有效的管理来调动人们的积极性。要通过搭建便捷的传播平台,构建更适切的传播通道,使大众的学习和接受真正实现低付出、便捷化。

第三,实现地域平衡不要求以统一的模式和标准来衡量不同地域的传播水平,而是强调不同地域的传播与地方经济社会发展的紧密结合,

---

① 汤浩. 媒介排斥论——基于对弱势群体媒介传播现状的考察 [D]. 博士学位论文,浙江大学,2009.

实现适切的传播服务。"从教育生态系统来说，教育发展的数量、规模和速度，要在国民经济的承受范围之内，否则，今天发展了，明天就要退下来。"①这种"承受"，可以理解为经济对教育传播的规范、制约，以及教育对经济的适应与对接式服务。二者的平衡，集中体现为传播适应、服务和依赖经济社会的发展。如果不同地域的成人教育服务都能基本满足经济社会发展和大众完善自身的要求，不同形态和模式的传播都能为区域经济社会发展提供智力支撑，那么就基本实现了成人教育传播的地域平衡。

第八节　理性应对新媒体的冲击

到目前为止，成人教育传播对网络媒体的应对一直处于盲目、被动的状态。这种被动状态体现在以下几个方面：

首先，对网络媒介巨大传播功能的开发应用缺乏主动性和主体意识，失去个性化的调控和选择权，客观上导致以网络为代表的信息技术长驱直入，并以其巨大的优势反客为主地取得了话语权，使社会性质的成人教育传播在技术层面面临失控状态，管理基本失效，以网络为平台和技术手段的教育传播进入自生状态。即便以规范著称的学校，网络教育也远没有达到理想化的水平。事实上，在网络的世界里，"技术的'智慧'开始引领一切；人类被要求扮演配角……越来越多的技术系统占据了优

---

① 吴鼎福，诸文蔚. 教育传播学 [M]. 南京：江苏教育出版社，1998：133.

先地位并且成为人类行为的基础"①。在这种境况下，如果对网络的开发使用没有计划性和主导意识，作为主体的人必然被异化为网络的奴隶。而以网络为主体手段实施教育传播，如果被技术所控制，绝对不是利好。

其次，对网络的负面效应缺乏明确的分析和掌控，网络传播成为亢奋而无目的的信息倾泻，信息接受成为疯狂而盲目的消费和狂欢。由于对网络的批判意识、批判能力的丧失，"理性—批判论争也就逐渐被消费所取代，公共交流的网络也就消解为个人接受行为"②。在这种情况下，接受对传播的反馈、修正和调适功能基本丧失。

再次，在具体的传播过程中，网络媒介与传统电子媒介、平面媒介缺乏整合与调适，彼此各自为战，没有形成互补的优势。这些都导致网络传播的能效未能很好地发挥，而负面效应却步步凸显。

网络是新生事物，是信息革命的产物。它既不是天使，当然也不是魔鬼，而是标示社会信息化的一把双刃剑。其功能的圆满发挥，取决于使用者的目标、思路和措施。事实上，对待网络，正确的态度应当是将其看作必然出现的客观存在，分析其优长，加以科学利用，明确其缺憾，加以规避和管控。

一、立足成人教育传播本体，开发和利用网络资源

成人教育传播对网络媒体的拥抱和接纳是一个大的趋势。网络媒体不仅促进了传播时空的拓展和外延的变化，而且促进其内涵的嬗变，促

---

① ［美］戴维·阿什德. 传播生态学［M］. 邵志择译，北京：华夏出版社，2003：15.

② Habermas, J., The Structural Transformation of the public Sphere, Cambridge: MIT Press, 1989：161.

进传播和接受进一步大众化、生活化和常态化。学习不再是任务、义务，而成为生活的方式。但是，对于网络这一功能超级强大的新媒体，成人教育传播的应对和接纳不能盲目、被动，应当有规划、步骤和措施。而且，对网络媒体的开发利用，必须始终立足于成人教育传播本体，择取，拿来，为我所用。这在客观上要求传播自身要有明确的规划和实施方案，包括网络传播推进的宏观思路和基本程序，对最终的目标也应该有明确的规划和预期。

据《第40次中国互联网络发展状况统计报告》，截至2017年6月，我国网民规模达7.51亿，半年共计新增网民1992万人。互联网普及率为54.3%，较2016年底提升了1.1个百分点。我国手机网民规模达7.24亿，较2016年底增加2830万人。网民中使用手机上网人群占比由2016年底的95.1%提升至96.3%。中国网民中农村网民占比26.7%，规模2.01亿。截至2017年6月，中国网站总数为506万个，".CN"下网站数为270万个。

以互联网为代表的数字技术正在加速与经济社会各领域的深度融合，成为促进我国消费升级、经济社会转型、构建国家竞争新优势的重要推动力。商务交易类应用保持高速增长，促进消费，带动转型升级。2017年上半年，商务交易类应用持续高速增长，网络购物、网上外卖和在线旅行预订用户规模分别增长10.2%、41.6%和11.5%。网络购物市场消费升级特征进一步显现，用户偏好逐步向品质、智能、新品类消费转移。

关于网络教育，截至2017年6月，中国在线教育用户规模达1.44亿，较2016年底增662万人，半年增长率为4.8%；在线教育用户使用率为19.2%，较2016年底增0.4个百分点。其中，手机在线教育用户规模为1.20亿，与2016年底相比增加2192万人，增长率为22.4%；手机在线教育用户使用率为16.6%，相比2016年底增2.5个百分点。人工智能技术驱动在线教育产业升级。2017年人工智能教育产品陆续问世，从沪江网的"Uni智能学习系统"到学霸君的"高考机器人"，再到英语流利说的"AI英语老师"，人工智能技术开始进入和影响在线教育。目前，人工智能技术在教育领域的落地场景主要包括语言类口语考试和智能阅卷、自适应学习、虚拟学习助手和专家系统，基本覆盖"教、学、考、评、管"全产业链条。

随着时间的推移，上述统计数字还将有动态的调整，数量不断增加将是主要趋势。这些统计数据表明，信息已成为重要的资源，成为生产力，信息产业已经成为我国国民经济的支柱产业。

网络是现代信息产业的核心。对成人教育传播而言，网络是可以利用的集约化平台。网络建设和完善应该以政府为主导。在投资、管理、运营和维护等方面，政府及其指定的专业部门应当承担主要责任，逐步完善一整套行之有效的管理措施，促进网络建设和运营的顺利高效。鉴于我国各地经济文化发展水平的巨大差异，网络传播必须分层、逐步推进，管理上也必须分类指导，坚持效益优先。大致的思路是：先在城市实施网络服务的普及，逐步推展到农村，最终实现网络服务在农村由线的延伸发展到面上的推展；先在发达地区全面推进，然后逐步推展到欠发达地区和相对落后的地区。这种推进不单是基本建设的完善，更应该是管理、服务、维护、更新、使用的及时到位和便捷高效。

成人教育传播对网络的开发利用应当因地因时制宜。对目前已经具备网络基础的学校传播，应当以网络为主导实施传播方式的全面更新，推进传播的网络化，同时不排斥传统的课堂、纸媒、电子手段等途径，达到节约资源、扩大传播容量、提升效益的目的。至于非学校的社会化传播，应当区别对待。对于政府机构、城市社区、各类企事业单位等信息化基础比较雄厚的组织和机构，应当尽最大努力实现教育、培训和日常信息服务的网络化；对于网络触角还没有完全延伸到的经济欠发达地区、少数民族地区、农村地区，则不应求全责备，应当以传统的传播手段为主，辅之以网络手段，逐步实现网络的介入与融合；对于即时的岗位指导、现场咨询、巡回式的科技信息服务等因地点和时段与网络难以挂钩的传播领域，应当稳定传统传播手段的地位和作用，保证受众信息需求得到及时的满足。

二、掌控负面效应，予以科学规避和化解

网络既然是一把双刃剑，其消极作用的存在就是客观的，不以人的意志为转移。的确，网络促进了信息的海量增殖和传播的便捷，但也带来了信息冗余、信息泛滥和信息超载等问题。在一定程度上，信息化所带来的速效、便捷又被信息超载所滋生的冗余甚至有害信息的传播和泛滥所抵消。辩证地看，正是网络化的超级便捷，恰恰滋生了阻止其进一步便捷化的因素。话语垄断的出现、消极甚至有害信息的流行、虚假信息的传播，都可能使成人受众的信息欲求被扭曲。受众不仅得不到渴望中的满足，反而会受到信息的污染和侵袭。这是网络参与成人教育传播必须充分关注并予以规避的问题。

首先，网络媒体在促进社会信息化进程中承担的社会责任必须得到强化。网络是社会公器，其权力总是与责任相平衡。信息民主和信息自由在网络时代似乎得到了完美的实现，但在欢呼权力得到实现的同时，责任意识和使命感丝毫不应该被淡化。网络具有超常的媒介影响力，这种影响力就表现为"对受众在其认知、倾向、意见、态度和信仰以及外在行为等方面所起的一定程度上的控制作用"①。这种控制作用，是通过媒介默默地为我们营造的"拟态"环境来熏染和实现的。因为，我们主要通过媒体来"了解和理解外在的客观世界，从而在我们头脑里形成一个关于这个外在世界的想象图景。然而，这个外在世界的真实图景对于我

---

① 唐朝. 传播学视野中的媒介影响力[J]. 郑州大学学报(哲学社会科学版)，2005(1).

们绝大多数人是'摸不着，看不见，难以想象的'"①。

于是，媒介功能的发挥出现了分化。"一个冷嘲热讽、商业性强、哗众取宠的媒体会在一定时间内创造一群和它一样低级趣味的民众。"②而一个具有强烈社会责任感和使命意识的媒体，会尊崇受众至上的信条，永远不会失落自身的公益性，以营造健康积极的社会意识、人生态度，培养充分社会化的合格的公民作为自己的价值取向。"网络应该而且也可以对信息发挥筛选的功能，在泛滥的海量信息中为受众开辟出便捷有效的接受通道。宣传主流民意、倡导积极向上的时代精神、推展健康无害的生活和行为方式既是其职责的主体，也是其生存发展的依托……强化其社会责任，为受众提供优质、健康、便捷的信息服务的同时，应更好地发挥信息传播'守门人'和信息迷雾中'导盲犬'的作用。"③所以，强化网络媒体的社会责任意识、加强网络信息的过滤筛选必不可少。

其次，最大程度地唤醒受众的主体意识，提升其信息素养，促进其网络使用能力的养成。这是实现成人教育传播网络化的一个基础工作。网络带来了信息对人们生活、工作的全面入侵。不论人们需不需要，接受与否，空前泛滥的信息已经完成了对人类的包围、渗透和全方位的影响。纷繁的信息无时无刻不在刺激着人们的感官，撩拨着大众的神经。但是，人类的接受心理总是默默地遵循着这样的规律：一旦信息的刺激和入侵超过了心理容纳的限度，便会出现接受心理的紊乱、盲目、失序，失却明晰的主体意识，陷入信息致盲和信息失聪的状态。这种状态长期持续，将导致接受心理的疲惫、麻木，出现对信息反应迟钝的情况，导致信息

---

① Walter Lippmann. Public Opinion, New York: Macmillan, 1922 : 29.

② 端木义万. 美国传媒文化 [M]. 北京：北京大学出版社，2001 : 116.

③ 陈明欣. 信息化的负面效应与媒介社会责任的强化 [J]. 新闻与传播，2004(12).

疲劳。受众永远是主体，面对海量的泛滥的信息，受众需要动用自己的大脑去过滤、审视、挑选和接纳。接受什么？拒绝什么？受众应该有清醒的个性化的判断和选择。这和以儿童为受众的基础教育传播具有本质的区别：基础知识和基本技能的灌输与养成需要借助规范化、程序化和相对稳定的过程，而网络环境下成人的学习和接受需要其主体意识的完善发挥。

强化受众的主体意识需要多方面的措施：营造健康的信息传播生态，开展及时有效的信息素养教育等。"信息时代，信息成为经济和社会运转的推进剂和动力源。尤其是信息市场化、商品化的深入发展，使人们不能不充分关注包括信息的生产、销售、分配、使用和反馈在内的信息市场的科学营造问题。"①

营造健康的信息环境，需要政府的科学引导与法制环境的建构。政府的公权力可以通过行政和法制渠道为信息的市场化运作打造规范、健康的环境，包括立法的完善、行政法规的配套、执法行为的规范到位、违法行为的纠正和处罚等。网络传播应该得到更科学的规范，受众的学习和接受行为应该受到法制的合理保护与管理的充分关注。

营造健康的信息环境，要求网络传播走向科学、规范、合理。网络传播法制化、人性化的有机统一，网络自由与规范化、无害化的相互协调，网络反馈与修正机制的建立和完善，受众主动参与意识的调动与强化等，都是信息环境营造的必要因素。

营造健康的信息环境，需要受众信息素养的大幅提升。"媒介文化已经把传播和文化凝聚成一个动力学的过程，将每一个人都裹挟其中。生

---

① 陈明欣. 信息化的负面效应与媒介社会责任的强化 [J]. 新闻与传播, 2004（12）.

活在媒介文化所制造的仪式和景观之中，我们必须'学会生存'。"①这是一个长期的工程，具体的工作可以分为两个方面：一是受众信息素养教育的加强。专门性的教育和培训、大众媒介的广泛宣传、媒介运作过程与网络传播机制的透明化、信息观念的普及、信息理论研究的深入等，可以帮助受众建立应对信息冲击的内在心理机制，建构自身的主体意识。二是呼唤受众的成熟与自觉。在网络的海洋里，受众不能像无根的浮萍那样随波逐流。大众媒介应该发挥自身的优势，引导受众逐步树立对网络传播的主动参与意识、批评意识和积极的反馈意识，培养受众评判和辨别的能力。受众应该多一些理智与判断，少一些激情和冲动；多一些冷静的选择，少一些猎奇式的兼收并蓄，永远做一个主动的、理智的接收者、学习者。

三、实现成人教育网络传播的个性化建设

实现成人教育传播的网络化是一个漫长的过程。其间，政府主导、社会配合、媒介积极应对，这些组合拳式的综合措施的实施是关键。

上海市建成并于2009年4月14日开通的终身学习网（http://www.shlll.net）为我们提供了很好的借鉴。这一针对全体市民的信息需求和学习要求，包罗工作、生活、公民意识、道德修养、家庭教育等丰富内容的网络信息平台，具有独立的个性品格，是对普通网络资源进行个性化改造的产物。不仅资源丰富，而且摒除了普通网络中消极、不健康甚至有害的信息，实现了网络资源的绿色、个性化和成人化。海量信息的困惑、网络"噪音"的干扰被降到最低限度。而且，整个网络向市民全方位开放，加上配套实施的市民"终身学习卡"制度，不但为市民终身

---

① ［加拿大］麦克卢汉. 理解媒介［M］. 何道宽译，北京：商务印书馆，2000：426.

学习提供了无障碍的现实可能，也为终身教育和终身学习体系的稳步建设提供了崭新的现代化平台。

概括上海市的做法，我们可以得出以下几条有推广价值的经验：其一，个性化网络资源的建设与开发，必须由政府及其相关业务部门主导，从目的、规划、投入、运营到管理、完善，各个环节都加强管理和督导，以政府的信誉和实力推动工作的健康发展。其二，必须对网络资源实施成人化的改造，或者构建专门化的成人网络学习平台，诸如"成人教育网""成人学习网""终身教育和学习网"等，让广大成人避开普通网络海量的、难以做出目的化选择的信息，知道去哪里寻找自己需要的知识。其三，通过有组织的系统培训，提高广大成人使用网络的基本能力和信息素养，扫清参与网络学习的个人障碍。其四，网络资源的使用必须充分考虑成人的接受能力和支付能力，无障碍，低门槛，甚至免费向成人开放，以扩大参与学习者的规模。

成人教育网络的个性化建设还必须关注一个问题，那就是，个性化建设永远不是网络自身的标新立异、孤立封闭，也不是对传统媒介的排斥，相反，网络建设需要与传统媒介进行最广泛的融合。

媒介融合是目前大众传播面临的一个大趋势。随着社会化成人教育传播的蓬勃发展，大众传播媒介从口语、文字到电子手段、网络媒介，在成人教育传播中充分展现了其存在和价值。不同的媒介在成人教育传播领域发挥作用，彼此的优势互补和功能融合是形成合力、实现最佳功能的前提。所以，实施对网络传播的个性化调适，促进其与其他传播媒介的有机融合，各展所长，优势互补，应该是成人教育传播应对网络挑战、追求传播效益的积极途径。

成人教育网络传播的理想状态应当是，成人的信息需求能够借助网络便捷地得以实现。当网络科学地、全面地介入成人的工作和生活时，当网络的丰富资源成为成人的信息盛宴，真正成为人们工作、生活、娱乐休闲、养老保健的信息库时，当具备基本条件的每个成年人都能通过网络得到及时、便捷的信息服务时，我们就能说，成人教育真正实现了与网络的有机融合，实现了对网络的理性的、个性化的科学利用，成人教育传播的网络化真正开始由理想转化为现实。

结 语

　　在宏观教育传播体系中，面向广大成人的信息传播最早冲破学校的围墙，主动接受市场的淘洗和筛选。应当说，它是教育传播泛社会化的先锋队和试验田，也是教育传播直接介入经济和社会运作的领路者。相比其他教育传播形态，它与社会、市场的联系更为紧密，其传播效益也更明显地体现于经济、政治、文化、科技、社会等各个方面。如果我们承认教育传播具有生产力属性的话，就应该认识到成人教育传播更是现实的生产力。尤其在构建终身教育体系和建设学习化社会成为我们的追求目标、以人为本和可持续发展的科学发展观成为我国现代化建设的基本指导思想、创新成为现代化建设关键的今天，科学评价我国教育传播尤其是成人教育传播的生态状况，调适其失衡问题，倡导并促进无害高效的绿色传播，追求传播效益的最大化，无论对经济发展、社会进步还是对公民自身的完善都具有积极意义，应该是我们应对全球化、信息化严峻挑战的切实的选择。

参考文献

一、国内论著

1. 马宗荣等. 中国成人教育问题［M］. 上海：商务印书馆，1937.

2. 余博. 中国成人教育新探［M］. 哈尔滨：黑龙江教育出版社，1989.

3. 马世骏等. 现代生态学透视［M］. 北京：科学出版社，1990.

4. 关世雄. 成人教育词典［M］. 北京：职工教育出版社，1990.

5. 邵培仁. 政治传播学［M］. 南京：江苏人民出版社，1991.

6. 刘继武. 成人教育评价［M］. 济南：济南出版社，1991.

7. 邵培仁. 教育传播学［M］. 南京：南京大学出版社，1992.

8. 高蕴奇等. 教育传播学［M］. 上海：上海教育出版社，1992.

9. 任凯等. 教育生态学［M］. 沈阳：辽宁教育出版社，1992.

10. 张新生. 英国成人教育史［M］. 济南：山东教育出版社，1993.

11. 陈明欣. 成人教育学［M］. 东营：石油大学出版社，1995.

12. 国家教育委员会成人教育司. 成人教育政策法规［M］. 北京：中国人事出版社，1996.

13. 谢国东等. 构建学习社会［M］. 成都：四川教育出版社，1997.

14. 叶忠海. 成人教育学通论［M］. 上海：上海科技教育出版社，1997.

15. 高志敏. 成人教育心理学［M］. 上海：上海科技教育出版社，1997.

16. 沈金荣. 国外成人教育概论［M］. 上海：上海科技教育出版社，1997.

17. 吴鼎福等. 教育生态学 [M]. 南京：江苏教育出版社，1998.

18. 张咏华. 大众传播社会学 [M]. 上海：上海外语教育出版社，1998.

19. 王北生等. 成人教育概论 [M]. 开封：河南大学出版社，1999.

20. 程凯等. 成人教育教学论 [M]. 开封：河南大学出版社，1999.

21. 吴遵民. 现代国际终身教育论 [M]. 上海：上海教育出版社，1999.

22. 崔保国. 媒介变革与社会发展 [M]. 南京：南京师范大学出版社，1999.

23. 郭庆光. 传播学教程 [M]. 北京：中国人民大学出版社，1999.

24. 邵培仁等. 知识经济与大众传媒 [M]. 杭州：浙江大学出版社，1999.

25. 李兴洲等. 学习社会的理论研究 [M]. 北京：开明出版社，2000.

26. 范国睿. 教育生态学 [M]. 北京：人民教育出版社，2000.

27. 齐高岱. 成人教育大辞典 [M]. 东营：石油大学出版社，2000.

28. 雷毅. 深层生态学思想研究 [M]. 北京：清华大学出版社，2001.

29. 余谋昌. 生态文化论 [M]. 石家庄：河北教育出版社，2001.

30. 张国良. 新闻媒介与社会 [M]. 上海：上海人民出版社，2001.

31. 汤书昆等. 科技传播与当代社会 [M]. 北京：科学出版社，2001.

32. 周鸿. 人类生态学 [M]. 北京：高等教育出版社，2001.

33. 傅荣校等. 空中校园——网络传播与教育 [M]. 上海：复旦大学出版社，2001.

34. 张海鹰等. 网络传播概况 [M]. 上海：复旦大学出版社，2001.

35. 邵培仁. 传播学 [M]. 北京：高等教育出版社，2002.

36. 尹俊华. 教育技术学导论 [M]. 北京：高等教育出版社，2002.

37. 黄会林. 当代中国大众文化研究 [M]. 北京：北京师范大学出版社，

2002.

38. 黄尧. 面向21世纪中国成人教育发展研究 [M]. 北京：高等教育出版社，2002.

39. 童清艳. 超越传媒——揭开媒介影响受众的面纱 [M]. 北京：中国广播电视出版社，2002.

40. 邵培仁. 媒介管理学 [M]. 上海：复旦大学出版社，2002.

41. 杜骏飞. 弥漫的传播 [M]. 北京：中国社会科学出版社，2002.

42. 吴一舟. 你的教育生态了吗 [M]. 杭州：浙江教育出版社，2002.

43. 蒋录全. 信息生态与社会可持续发展[M]. 北京:北京图书馆出版社，2003.

44. 方晓红. 大众传媒与农村 [M]. 北京：中华书局，2003.

45. 陈卫星. 传播的观念 [M]. 北京：人民出版社，2004.

46. 支庭荣. 大众传播生态学 [M]. 杭州：浙江大学出版社，2004.

47. 朱涛. 成人教育:历程·思考·探索 [C]. 南昌：江西人民出版社，2004.

48. 陆学艺. 当代中国社会流动 [M]. 北京：社会科学文献出版社，2004.

49. 王岳川. 媒介哲学 [C]. 开封：河南大学出版社，2004.

50. 俞香顺. 传媒语言社会 [M]. 北京：新华出版社，2005.

51. 南国农. 教育传播学 [M]. 北京：高等教育出版社，2005.

52. 蔡国芬. 媒介素养 [M]. 北京：中国传媒大学出版社，2005.

53. 潘玉君. 可持续发展原理 [M]. 北京：中国社会科学出版社，2005.

54. 汪凯. 转型中国:媒体、民意与公共政策[M]. 上海:复旦大学出版社，2005.

55. 李岩. 媒介批评——立场　范畴　命题　方式 [M]. 杭州：浙江大学出版社，2005.

56. 张国良. 社会转型与媒介生态实证研究 [M]. 上海：上海交通大学出版社，2007.

57. 谢国东等. 和谐社会的构建与成人教育的使命 [M]. 北京：中国人民大学出版社，2008.

58. 邵培仁. 媒介生态学——媒介作为绿色生态的研究 [M]. 北京：中国传媒大学出版社，2008.

二、主要译著

1. [美] 威尔伯·施拉姆. 传播学概论 [M]. 陈亮等译，北京：新华出版社，1984.

2. [美] 本·巴格迪坎. 传播媒介的垄断 [M]. 林珊等译，北京：新华出版社，1984.

3. [美] 达肯·沃尔德，梅里安. 成人教育——实践的基础 [M]. 刘宪之等译，北京：教育科学出版社，1986.

4. [英] 彼得·贾维斯. 成人教育和继续教育社会学 [M]. 贾宗谊等译，北京：春秋出版社，1989.

5. [英] 戴维·巴勒特. 媒介社会学 [M]. 赵伯英译，北京：社会科学文献出版社，1989.

6. [美] 梅尔文·德弗勒. 大众传播通论 [M]. 顾建军等译，北京：华夏出版社，1989.

7. [加] 阿瑟·克罗普利. 终身教育——心理学的分析 [M]. 沈金荣译，北京：职工教育出版社，1990.

8. [美] 伊里亚斯，梅里安. 成人教育的哲学基础 [M]. 高志敏译，北京：职工教育出版社，1990.

9. [美] 威尔伯·施拉姆. 大众传播媒介与社会发展 [M]. 金燕宁译，北京：华夏出版社，1990.

10.［美］彼得·圣吉. 第五项修炼——学习型组织的艺术与实务［M］. 郭进隆译, 上海：上海三联书店, 1994.

11.［美］菲斯克·泰勒. 社会认知——人怎样认识自己和他人［M］. 张庆林等译, 贵阳：贵州人民出版社, 1994.

12. 联合国教科文组织. 学会生存［M］. 华东师大比较教育研究所译, 北京：教育科学出版社, 1996.

13. 联合国教科文组织. 教育——财富蕴藏其中［M］. 联合国教科文组织总部中文科译, 北京：教育科学出版社, 1996.

14.［新西兰］戈登·德莱顿,［美国］珍妮特·沃斯. 学习的革命［M］. 顾瑞荣等译, 上海：上海三联书店, 1998.

15.［美］戴维·波普诺. 社会学［M］. 李强等译, 北京：中国人民大学出版社, 1999.

16.［美］罗杰·菲德勒. 媒介形态变化［M］. 北京：华夏出版社, 2000.

17.［加拿大］马歇尔·麦克卢汉. 理解媒介［M］. 何道宽译, 北京：商务印书馆, 2000.

18.［英］安东尼·史密斯. 失控的世界：全球化如何重塑我们的生活［M］. 周红云译, 南昌：江西人民出版社, 2001.

19.［德］卡尔·曼海姆. 文化社会学概要［M］. 刘继月等译, 北京：中国城市出版社, 2002.

20.［美］伯纳德·戈德堡. 偏见：CBS知情人揭露媒体如何歪曲新闻［M］. 李昕等译, 北京：新华出版社, 2002.

21.［美］戴维·阿什德. 传播生态学［M］. 邵志择译, 北京：华夏出版社, 2004.

22.［美］詹姆斯·罗尔. 媒介、传播、文化——一个全球性的途径［M］. 董洪川译, 北京：商务印书馆, 2005.

23.［美］塞伦·麦克莱. 传媒社会学［M］. 曾静平译，北京：中国传媒大学出版社，2005.

24.［英］迈克·克朗. 文化地理学［M］. 杨淑华等译，南京：南京大学出版社，2005.

25.［英］尼克·史蒂文森. 媒介的转型——全球化、道德和伦理［M］. 顾宜凡等译，北京：北京大学出版社，2006.

26.［英］约翰·菲斯克. 理解大众文化［M］. 杨全强译，南京：南京大学出版社，2006.

27.［美］戴安娜·克兰. 文化社会学——浮现中的理论视野［M］. 王小章等译，南京：南京大学出版社，2006.

28.［英］格雷姆·伯顿. 媒介与社会——批判的视角［M］. 史安斌译，北京：清华大学出版社，2007.

后 记

　　这本书的主体，是我在浙江大学攻读学位时完成的博士论文。如今回想那段峥嵘岁月，不禁感慨良多。

　　2009年5月，当我给自己的博士论文画上最后一个句号的时候，距离入学报到已经过去整整五个年头。对我来说，年近不惑重回校园攻读学位，真是一件很不容易的事情。首先是工作繁忙，记者、编辑们是天底下少有的忙人，采访、写作、编校，把一个个白天磨成黑夜，又把一个个黑夜熬成黎明，天天如此，月月相似，年年雷同；其次是家务事分心，中年人肩上的担子总觉格外沉重，工作和家务之外，留给读书的时间已是寥寥。毕业论文一拖再拖，回头看看，连低年级的同学们也都纷纷毕业离校，而我仍然整天奔波于浙大西溪校区的宿舍和教室之间，成了名副其实的老学生。真是应了那句欲俗话："起了早五更，赶了个晚集。"

　　也是巧了。2009年初，新任领导改革创新，单位实施岗位调整，我离开了已工作16个年头的杂志社编辑部，到虚设的总编室上班，属于闲职，实际上就等于靠边站了，而且一站就是5年。然而靠边这回站倒是成全了我，空闲的时间骤然多起来，让我得以抽身出来，花三个月时间完成了15万字的博士论文，年底，顺利通过答辩拿到了学位。

回想读博那5年的生活，好比置身于快车道，紧张！劳累！但快乐着！如今想到得来不易的学位，心中的感激油然而生。

感谢浙江大学，使我有机会圆了自己的博士梦。

感谢我的导师邵培仁教授，先生渊博的学识、丰富的建树，使我的眼界、能力得到拓展、提升；而师长的风范、宽厚的人格，也给我以终生的启迪和指引；尤其治学的严谨精益，使后生晚辈终生不敢稍有懈怠。

感谢我的同学们，他们的帮助和付出使我少走了技术含量不高的弯道，截弯取直，我省了心和力。也感谢我的同事们，没有他们的理解、支持和工作上的分担，毕业答辩真不知要拖到何时，而这本小书的出版也许会遥遥无期。如今，能真心为别人分担和付出而无所索取的人是越来越少了。

还有，我贤淑的妻子和一双可爱的儿女，他们的笑容给我信心和勇气，他们的默默付出让我相信：人世间一切收获都凝聚着理解和爱的心迹。

如今，这本小书就要出版了，成色到底咋样，让读者去说。只要觉得不是在沽名、卖弄，而是在认真思考、研究，且有些许新的东西，便于愿足矣。其他，都是次要的了。

陈明欣

2017年11月18日于泉城牧牛山下